应用型本科院校"十二五"规划教材

Applied Writing

应用文写作

（第2版）

主　编　王桂清　郑吉雅
副主编　周彩红　刘　畅　王莫楠

 哈尔滨工业大学出版社
HARBIN INSTITUTE OF TECHNOLOGY PRESS

内容简介

本书共七章,包括应用文写作概述、应用文的写作理论、公文、事务类文书、书信类文书、契据诉讼类文书、科技类文书。

本书从提高应用文写作能力入手,强调实用,写作理论和例文分析相结合,操作性强,适用于高校师生、文秘人员、公务员学习参考。

图书在版编目(CIP)数据

应用文写作/王桂清,郑吉雅主编. —2版. —哈尔滨:哈尔滨工业大学出版社,2013.7(2015.1重印)

应用型本科院校"十二五"规划教材

ISBN 978-7-5603-3487-5

Ⅰ.①应⋯ Ⅱ.①王⋯ ②郑⋯ Ⅲ.①汉语-应用文-写作-高等学校-教材 Ⅳ.①H152.3

中国版本图书馆 CIP 数据核字(2013)第 141260 号

策划编辑	杜　燕　赵文斌
责任编辑	苗金英
出版发行	哈尔滨工业大学出版社
社　　址	哈尔滨市南岗区复华四道街 10 号　邮编 150006
传　　真	0451-86414749
网　　址	http://hitpress.hit.edu.cn
印　　刷	黑龙江省委党校印刷厂
开　　本	787mm×960mm　1/16　印张 17.25　字数 370 千字
版　　次	2012 年 5 月第 1 版　2013 年 7 月第 2 版 2015 年 1 月第 2 次印刷
书　　号	ISBN 978-7-5603-3487-5
定　　价	32.80 元

(如因印装质量问题影响阅读,我社负责调换)

《应用型本科院校"十二五"规划教材》编委会

主　任　修朋月　竺培国
副主任　王玉文　吕其诚　线恒录　李敬来
委　员　（按姓氏笔画排序）
　　　　　丁福庆　于长福　马志民　王庄严　王建华
　　　　　王德章　刘金祺　刘宝华　刘通学　刘福荣
　　　　　关晓冬　李云波　杨玉顺　吴知丰　张幸刚
　　　　　陈江波　林　艳　林文华　周方圆　姜思政
　　　　　庹　莉　韩毓洁　臧玉英

序

哈尔滨工业大学出版社策划的《应用型本科院校"十二五"规划教材》即将付梓,诚可贺也。

该系列教材卷帙浩繁,凡百余种,涉及众多学科门类,定位准确,内容新颖,体系完整,实用性强,突出实践能力培养。不仅便于教师教学和学生学习,而且满足就业市场对应用型人才的迫切需求。

应用型本科院校的人才培养目标是面对现代社会生产、建设、管理、服务等一线岗位,培养能直接从事实际工作、解决具体问题、维持工作有效运行的高等应用型人才。应用型本科与研究型本科和高职高专院校在人才培养上有着明显的区别,其培养的人才特征是:①就业导向与社会需求高度吻合;②扎实的理论基础和过硬的实践能力紧密结合;③具备良好的人文素质和科学技术素质;④富于面对职业应用的创新精神。因此,应用型本科院校只有着力培养"进入角色快、业务水平高、动手能力强、综合素质好"的人才,才能在激烈的就业市场竞争中站稳脚跟。

目前国内应用型本科院校所采用的教材往往只是对理论性较强的本科院校教材的简单删减,针对性、应用性不够突出,因材施教的目的难以达到。因此亟须既有一定的理论深度又注重实践能力培养的系列教材,以满足应用型本科院校教学目标、培养方向和办学特色的需要。

哈尔滨工业大学出版社出版的《应用型本科院校"十二五"规划教材》,在选题设计思路上认真贯彻教育部关于培养适应地方、区域经济和社会发展需要的"本科应用型高级专门人才"精神,根据黑龙江省委书记吉炳轩同志提出的关于加强应用型本科院校建设的意见,在应用型本科试点院校成功经验总结的基础上,特邀请黑龙江省9所知名的应用型本科院校的专家、学者联合编写。

本系列教材突出与办学定位、教学目标的一致性和适应性,既严格遵照学科体系的知识构成和教材编写的一般规律，又针对应用型本科人才培养目标及与之相适应的教学特点，精心设计写作体例，科学安排知识内容，围绕应用讲授理论，做到"基础知识够用、实践技能实用、专业理论管用"。同时注意适当融入新理论、新技术、新工艺、新成果，并且制作了与本书配套的PPT多媒体教学课件，形成立体化教材，供教师参考使用。

《应用型本科院校"十二五"规划教材》的编辑出版，是适应"科教兴国"战略对复合型、应用型人才的需求，是推动相对滞后的应用型本科院校教材建设的一种有益尝试，在应用型创新人才培养方面是一件具有开创意义的工作，为应用型人才的培养提供了及时、可靠、坚实的保证。

希望本系列教材在使用过程中，通过编者、作者和读者的共同努力，厚积薄发、推陈出新、细上加细、精益求精，不断丰富、不断完善、不断创新，力争成为同类教材中的精品。

第 2 版前言

应用文写作是一门公共基础课。教育家叶圣陶曾说过:"大学毕业生不一定会写小说诗歌,但是一定要写工作和生活中实用的文章,而且非写得既通顺又扎实不可。"可见,应用文写作是一门重要的综合性、实践性极强的基础课和能力课。本书通过应用文写作理论学习,使学生掌握一定的应用文写作基础知识,通过大量的写作练习,提高学生的应用文写作能力和书面交流能力。

为适应大学生在学习、生活、工作中的写作需要,本书作了如下探索:

一、强调实用性

本书侧重强调实用性,强调对学生应用写作和应用技能的开发,将基本知识的讲解结合典型的例文展开,创造一种理论和实践相结合的情境,力求使学生从应用的视野把握写作的一般规律。

二、强调时代性

本书在文种选择上,突出了学生的日常文体写作需要和以后就业的写作需求,着眼于相关应用文的介绍,既为学生在校的学习和生活提供切实的帮助,又为学生走向就业岗位从事实际工作打下基础。

本教材的编写原则由王桂清提出,由全体编写人员共同讨论修订。各部分编写分工如下:王桂清:第一章和第二章,字数 43 520 字;郑吉雅:第四章和第六章,字数 119 680 字;周彩红:第三章、第七章、附录一和附录二,字数 129 200 字;刘畅:第五章,字数 42 160 字;王莫楠:附录三和附录四,字数 32 440 字。

由于编者水平有限,加之时间仓促,书中难免有疏漏之处,敬请专家、同仁批评指正。

编 者

2012 年 12 月

目 录

第一章　应用文写作概述 ··· 1
　第一节　应用文的含义和分类 ··· 1
　第二节　应用文写作的历史沿革 ·· 2
　第三节　应用文的特点和作用 ··· 5
　第四节　提高应用文写作能力的途径 ··· 7

第二章　应用文的写作理论 ··· 9
　第一节　主旨 ··· 9
　第二节　材料 ··· 13
　第三节　结构 ··· 19
　第四节　语言 ··· 24
　第五节　表达与修改 ··· 28

第三章　公文 ·· 34
　第一节　公文概述 ·· 34
　第二节　公告　通告 ··· 45
　第三节　通知 ··· 50
　第四节　通报 ··· 57
　第五节　报告 ··· 66
　第六节　请示　批复 ··· 77
　第七节　函　纪要 ·· 83

第四章　事务类文书 ·· 91
　第一节　计划 ··· 91
　第二节　总结 ··· 100
　第三节　简报 ··· 110
　第四节　调查报告 ·· 120
　第五节　开幕词　闭幕词 ·· 135
　第六节　启事　声明 ··· 142
　第七节　述职报告 ·· 145
　第八节　会议记录 ·· 150

第五章 书信类文书 ……………………………………………………… 155
- 第一节 求职信 …………………………………………………………… 155
- 第二节 介绍信 证明信 …………………………………………………… 158
- 第三节 感谢信 表扬信 慰问信 贺信 …………………………………… 162
- 第四节 欢迎词 欢送词 …………………………………………………… 171
- 第五节 请柬 邀请书 申请书 聘书 ……………………………………… 175
- 第六节 倡议书 公开信 …………………………………………………… 184

第六章 契据诉讼类文书 ………………………………………………… 189
- 第一节 合同 ……………………………………………………………… 189
- 第二节 起诉状 …………………………………………………………… 197
- 第三节 上诉状 …………………………………………………………… 201
- 第四节 申诉状 …………………………………………………………… 207
- 第五节 答辩状 …………………………………………………………… 212

第七章 科技类文书 ……………………………………………………… 216
- 第一节 科技实验报告 …………………………………………………… 216
- 第二节 科技开题报告 …………………………………………………… 220
- 第三节 可行性研究报告 ………………………………………………… 227
- 第四节 科技论文写作 …………………………………………………… 232

附录 …………………………………………………………………………… 241
- 附录一 2012 年党政机关公文处理工作条例 ………………………… 241
- 附录二 党政机关公文格式 ……………………………………………… 248
- 附录三 标点符号用法 …………………………………………………… 254
- 附录四 应用写作常用词语汇释 ………………………………………… 261

参考文献 …………………………………………………………………… 264

第一章 Chapter 1

应用文写作概述

第一节 应用文的含义和分类

一、应用文的含义

应用文写作是写作学的一个重要分支。它以交流实用信息为目的，与以交流情感为目的的文学作品有着鲜明的区别。应用文写作的发展历史悠久，可以追溯到殷商时代的甲骨卜辞，历经数千年的发展演变，其自身已日趋完善，逐渐形成了比较固定的文章体式。这类文体的总称就是应用文。

概括起来，应用文就是国家党政机关、企事业单位、社会团体和个人在工作、生产、学习和生活中经常使用的，用以处理公私事务的、具有惯用格式的文体。

应用文有狭义、广义之分。狭义的应用文是指人们在工作中，为处理、解决某些具体问题而使用的文体。广义的应用文包括日常生活、工作中所使用的一切文体。本书所选的文种属于广义的应用文范畴。

二、应用文的分类

目前，关于应用文的分类还没有统一的标准，各种教材、专著及研究文章因分类方法不同，其类别也是五花八门，因此给应用文分类是必要的。首先，便于掌握各种文体的功用，以便恰当地选用。其次，把写作特点大致相同或相近的文种归在一类，便于找出它们之间的相同或不同之处，有利于学习和写作。

根据应用文的内容、功用及使用范围的不同,可将其分为以下五类:

(一)公文

公文是指在行政管理过程中形成的具有法定效力和规范体式的文书。根据国务院2000年8月24日《国务院关于发布〈国家行政机关公文处理办法〉的通知》中的规定,现行公文共13种:命令(令)、决定、公告、通告、通知、通报、议案、报告、请示、批复、意见、函、会议纪要。

这类文书是国家管理的重要工具,具有一定的法律效力,行文有统一的规定。

(二)事务类文书

事务类文书是与国家行政机关公文相对而言的,其作用是处理各种事务工作。这类文书种类很多,包括计划、总结、调查报告、简报、开幕词、闭幕词、启事、声明、述职报告、会议记录等。

这类文书用途广泛,常用于沟通信息、交流经验、制订计划等。其行文灵活,富有针对性,反映信息迅速及时。

(三)书信类文书

书信类文书是指用于处理日常交际事务、加强沟通联系的文书,包括求职信、介绍信、证明信、感谢信、表扬信、慰问信、贺信、欢迎词、欢送词、请柬、邀请书、申请书、聘书、倡议书、公开信等。

这类文书有较固定的格式,礼仪性强,语言典雅且富有感情色彩。

(四)契据诉讼类文书

契据诉讼类文书是指在日常工作中,用来订立契约、规范人们的行为、解决工作中遇到的各种纠纷、协调人们之间的行为和关系的文书。它包括合同、上诉状、申诉状、答辩状、起诉状等。

这类文书,文本形式较固定,以党和国家的有关法规、政策为依据,具有协商性、约束性等特点。

(五)科技类文书

科技类文书是以科学研究、科技成果和科技事务为反映对象的具有惯用格式的文书。它包括实验报告、开题报告、可行性研究报告、科技论文等。

这类文书内容真实、新颖,具有一定的实用价值和学术价值。其论点正确,论据充实,论证严密,有较强的指导性。

第二节　应用文写作的历史沿革

应用文写作,在我国历史悠久。殷墟出土的甲骨文卜辞,就是我们见到的最早的应用文。这些甲骨文书长短不一,短的几个字、十几个字,多的几十个字。它们多是殷商时期人们的占卜记录,内容包括征伐、祭祀、风雨、农事、渔猎、畜牧等,实用性很强,但是并没有细分文种,也没有格式化。

随着国家行政制度的强化和社会的发展,应用文逐渐有了分工,形成文种。西周时主要文种有诰、誓、命等。诰是君王对臣民进行训诫的文书。誓主要用以誓告军旅,类似于今天的战斗动员令。命是君王用来赏赐、任命、传旨的文书,同时,这一时期还产生了一些专业文书,如用于土地、财务的账簿文书,用于反映结盟关系的盟约文书,用于记载和约束奴隶的奴籍文书等。

春秋战国时期,又出现了反映各国兼并和新旧斗争的文书种类,如用于征战号召、揭露敌人、颁布军纪的"檄文",用于国家间相互往来的"移书",用于加封晋爵的"玺书",用于国家间订立盟约的"盟书",用来向上陈述自己的政治主张和意见的"上书"等。至此,应用文由卜问到记言,文种不断增多,使用范围日趋扩大,行文方式也逐步走向规范化。

先秦的《尚书》是我国第一部古老的应用文专集,记载了虞、夏、商、周四代的部分文件、训令、誓词及一些历史事迹。

秦、汉两代是应用文发展、成熟的重要时期。

秦始皇统一天下以后,为了加强中央集权,统一了国家行政管理制度。其中就包括文书制度,这对应用文的发展起到了很大的促进作用,奠定了整个封建社会的公文体制基础。文书制度的变化主要有三方面的内容:一是文种增加,二是文体内涵发生变化,三是行文关系开始有了明显的区别。如改"命"为"制"、改"令"为"诏";在以前文种的基础上,确定了"制"和"诏"两种下行文;确定了一种称为"奏"的上行文。

汉承秦制,并有所发展。正如《文心雕龙》所说,"汉定礼仪,则有四品:一曰章,二曰奏,三曰表,四曰议。章以谢恩,奏以按劾,表以陈情,议以执异"。不仅文种增加,而且各类文种的分工和要求也越来越明确,形式也随之越来越完备、固定。公文发展的同时,民间的契约、书信之类的应用文也随着社会经济和人际交往的发展而发展、完善起来。以后历代文种的沿革都只是在秦汉文种的基础上有所增换。如魏晋南北朝时期,北朝的北周把"制"改称"天制","敕"改为"天敕",还增加了"令"和"符"两种针对不同行文对象的下行文。

秦汉时期,应用文,特别是公务文书的格式、用语发生了很大变化,以反映上下等级森严、职责分明的封建等级制度。首先,区分了行文关系,明确地规定了上行和下行的文种;其次,确立了公文的避讳制度和抬头制度,行文中凡遇到皇帝之名,包括其同音字都要回避,凡遇到本朝代名、帝号或与皇帝言行有关的字,如制、旨等,都要换行顶格书写。先秦用印,君王与百官都可称"玺",秦始皇时"玺"是皇帝印章的专称,百官之印只能称印或章。以后的各个朝代都继承和发展了这种行文制度。大臣在行文时对皇帝的名字及有关字句都要采取避讳的态度,自称时必须使用谦词,撰写上行文时,文章的开头和结尾一般都要有表示谦恭语气的惯用语,如开头称"臣某言",结尾说"稽首上书谢恩陈某""谨奉表以闻,臣某诚惶诚恐"等。

三国、魏晋、南北朝是应用文继续发展的时期。

唐宋时期公文文种名称发生了一些变化。下行文有册书、制书、慰劳制书、发敕、敕旨、论事敕书、敕牒御札、敕牓、诰命等；上行文有奏钞、奏弹、露布、议、表、状、札子等；平行文有移、咨等，此外还有一种君主用以答复臣下奏疏的批，又称批答，后世的批复就是由此发展而来的。唐宋时期，公文的格式逐渐完善并且也比较固定，惯用的行文方式已经形成，特别是在这些程式中秦汉等级观念得到了进一步的强化。宋代不仅对公文首末用语、避讳等作了严格的规定，而且对书写文字的大小、每行的字数、年月、件数等细节，都作了详尽的规定。虽然公文格式日趋严格，但行文表达却越来越铺排烦琐了。

元承宋制，公文没有多大变化。

明清时期，文体分类日趋详细、繁杂，清代学者刘熙载正式提出了"应用文"这一名称。他在《艺概·文概》中指出："辞命体，推之即可为一切应用之文。应用文有上行，有平行，有下行。重其辞乃所以重其实也。"

辛亥革命后，公文文种发生了根本性的变化。最大的特点是文种大大简化了。1912年南京临时政府颁布了辛亥革命以来第一个公文程式条例，废除了旧有体式，确立新的公文文种和用途。当时规定的文种有令、咨、呈、示、状。1927～1928年间国民党政府先后颁布了三个公文条例，以加强其政务管理。

与此同时，中国共产党领导下的苏区工农民主政府也确立了自己的公文文种，当时规定下行文有命令、指令、指示、决定；上行文有报告；平行文有信电；对外宣传有布告、通告等。抗战时期，为战时需要，文种有所简化。解放战争时期，由于形势的发展、解放区机关职能的扩大，文种又有所增加，如训令、布告、批复、通知、通报、公函等。

随着社会生活的发展、国家职能的变革，这一时期的公务文书，无论是内容还是形式，都与封建社会的公务文书有着本质的不同。1919年五四时期掀起的白话文运动，为公文写作注入了新的活力。历代相承的公务文书变化了、发展了，文种由多到少，文体由繁变简，文辞日趋浅显易懂，为新中国文书制度的确立奠定了基础。

新中国成立以来，在健全国家管理体制的同时，人民政府为建立完善和统一公文制度做了大量的工作。1951年中央人民政府政务院颁布了《公文处理暂行办法》，把国家机关的公文定为7类12种。1957年国务院秘书厅又印发了《关于公文名称和体式的几点意见（稿）》，对公文的制作有了更具体的要求。党的十一届三中全会以后，为适应新的社会政治经济形势，国务院办公厅对机关公文的处理办法又作了重新审定。1981年印发了《国家行政机关公文处理暂行办法》。1987年2月18日国务院办公厅发布了《国家行政机关公文处理办法》，正式规定了现行公文的种类、名称、格式，所确定的10类15种公文形式已成为新时期国家管理政务、传递信息的重要手段。2000年8月24日国务院办公厅发布了新的《国家行政机关公文处理办法》，调整了公文的种类，规定现行的公文种类有13种，同时修改了公文的适用范围，使之更加明确、规范、科学，有利于提高办事效率和加快信息的传递。

同时，公文以外的应用文也得到长足发展，不仅文种增加，而且内容和形式也都提升到新的高度，得到更广泛的应用，在社会生活中发挥着越来越重要的作用。

第三节 应用文的特点和作用

一、应用文的特点

应用文是独具写作规律的一种文字载体,它具有自身的写作特点。了解应用文的这些特点,对我们认识其性质和规律,掌握其内容和写作方法,具有十分重要的意义。应用文主要有以下特点:

(一)功能的实用性

实用,是一切应用文的共性。实用性是指所有的应用文写作是以"实用"为目的。实用性是应用文区别于其他欣赏性的文艺类文体的一个鲜明的特点,也是衡量应用文优劣的一条重要标准。王充的"为世用者,百篇无害;不为用者,一章无补"以及王安石的"以适用为本",都是对应用性文章实用功能的阐述。实用性是由应用文直接服务于社会活动这一写作目的决定的。

(二)明确的针对性

针对性是指每篇应用文写作必须明确"为什么"而写,这是由应用文的实用性决定的。一篇文章或是为解决社会生活中的各种问题,或是回答人们关心的话题,或是为总结经验、吸取教训,或是为交流信息、互相协作。总之,不管什么内容的应用文,都必须有明确的写作目的,只有这样才能做到有的放矢,体现出应用文的实用价值。

(三)材料的真实性

真实,是一切应用文的共同特点。真实性是指应用文所反映的内容必须从实际出发,实事求是地反映客观事物的真实面貌,准确无误地传递信息。也就是说,所用的事实要真实可靠,不能虚构编造;所得出的结论是在广泛收集材料、深入调查中分析得出的,不能主观臆测,弄虚作假;所使用的数字必须反复核实,确凿无误。总之,不能以想象、传闻、估计、推测的材料进行应用文的写作。真实,是应用文的生命。

(四)成文的时效性

时效性是指应用文的写作必须不失时机地搜集、编制、传递、应用各种信息,以便改善各项工作和经营管理,最大限度地提高经济效益。因此在写作时必须争分夺秒,快速成文。如果我们跟不上时代发展的步伐,没能快速捕捉有价值的信息,对各种现象没能作出科学的预测和正确的决策,没能提出切实可行的措施方案,就会延误工作,造成损失。

(五)明显的规范性

规范性是指应用文的文体格式、结构方式呈现出一种模式化的特征,语言规范。文体格式的形成有两个方面的原因:一是约定俗成,如书信,是在长期的使用过程中,由社会大众自然约定形成的。二是政府统一规定的,如公文、司法文书的格式,是由国家或地区最高法律机关、权威部门以法律、条例、办法、规定等形式制定的,任何人无权更改,必须按此形式写作。结构方式是指作者在组织材料时形成的一种布局方式。由于应用文体现一种务实的思维方式,所以其结构方式就具有模式化的特征。如总结的结构方式一般是"总—分—总"的形式;问题式调查报告表现为"提出问题—分析问题—解决问题"的三段思维模式。语言规范是指表达时要严格使用合乎汉语语法规律的书面语言,语言精准、朴实、简洁,同时要正确使用惯用词语。应用文的这一特点,既可以节省拟稿和阅读的时间,加快办理速度,提高工作效率,也有利于人们对文体的学习掌握,为计算机处理文件带来极大的便利。

二、应用文的作用

在长期的发展过程中,应用文为推动社会的进步起到了不可替代的作用。随着现代社会的发展,人们的社会交际活动越来越频繁,应用文越来越受到人们的重视,其作用也越来越大。具体来讲,它有以下五个方面的作用:

(一)规范限定,约束行为

应用文中有很多文书,如法律文件以及根据宪法和各种法律制定的规章制度,在它所涉及的范围内对任何单位和个人都具有规范和限定的作用,任何人不得违反,除非制定和发布的机关经过修改重新发布。再如国家行政机关公文,如命令、决定、意见、批复、公告、通告、通知等,是要求下级机关和有关人员遵照执行的,虽然它们多数不属于法规性公文,但都同样具有法定的权威性,具有规范和约束的作用。此外,一些事务文书,如计划、总结、简报等,对人们的思想和行为起到了一定的规范和约束作用。

(二)沟通协调,指导工作

行政管理的重要内容是指导工作、协调关系,它通常是通过应用文来实现的。如为了更好地开展工作,各级党政领导机关常常通过通知、批复、通报、总结、计划、简报、意见等形式,对下级提出要求、部署任务,或尽可能及时准确地把有关情况传达下去,使人们在工作中责任明确,有章可循,知道下一步做什么、怎么做。下级则常常通过请示、报告、简报等形式向上级反映情况,请求指示和指导,以便上下一致,协调行动,共同完成工作任务。

(三)宣传教育,加强管理

应用文是用来处理公私事务的,但要处理好公私事务,必须让人们知道应该做什么、为什么要做、怎么去做。这就需要摆清事实,讲透道理,实际上就是在做宣传教育工作。在公务活动中,上级机关对下级机关发布的公文,起着指挥、管理的作用。有时为了更有效地开展宣传教育工作,还经常采用专文的形式,如奖惩决定、通报等,交流经验,总结教训,表彰惩处,扬正抑邪。

(四)传递信息,相互交流

现代社会人们的社会分工越来越细,交际越来越频繁、复杂。不管是整个社会还是一个单位,为了有效地开展活动,都要求人们更好地协调行动,一方面要相互知道对方在"干什么"及有关情况;另一方面,要知道自己在整体中的位置和应该"怎么做"。这就要相互传递信息,加强联系。应用文作为一种为人们普遍使用的交际工具,在社会生活中经常起到传递信息、相互联系和沟通的作用。应用文像纽带一样,将人们彼此联系在一起,为加强人际往来、提高工作效率、促进经济发展起到积极的作用。

(五)提供凭据,保存资料

随着经济改革的不断深入,一些新的经济现象、经济问题不断出现,如:合同中的违法行为;企业之间的债务纠纷;经营合作中权利与义务的冲突;各种侵权现象的出现。这些问题的解决,主要是依据法律和事实。而这些事实就是经济来往中的合同、催款书、借款书、招标文书、广告文稿、说明书等原始文字凭证。应用文记载了国家、地区、各单位的种种活动,大到国民经济的宏观计划,小到经济消息、招聘启事等。说到底,应用文是社会发展脚步的记录,是市场前进轨迹的体现,这些文体完成了当时的特定任务之后,往往被作为文献资料或历史档案资料加以保存,为后人借鉴、查询、参考、复用,为总结经济规律和指导今后的工作提供依据。

第四节 提高应用文写作能力的途径

要学好应用文写作,提高应用文的写作能力,应从理论水平、政策水平、生活阅历、知识积累、辞章修养、写作技巧等方面的综合素质上下功夫,切实加强写作训练,将所学到的写作理论知识转化为写作实践能力,才能收到成效。具体说来,要学好并写好应用文,需做好以下几方面的工作。

一、明确目的,端正态度

明确的学习目的和端正的学习态度,是学会并写好应用文的必要前提。

学习应用文写作,首先要在思想上重视,充分认识到它的重要性和必要性。学习它,是为了适应我国社会主义市场经济建设的需要,是深入进行经济体制改革的需要,是做好经济工作的需要,是各经济单位、部门提高工作效率的需要,也是提高经济工作者自身素质的需要。有了明确的学习目的,才能改变仅从兴趣出发的学习态度,才能学得主动、积极、有成效。其次要注意避免或纠正两种片面认识,一种是认为应用文"简单枯燥,没啥可学",是不能登大雅之堂的"下里巴人",不过是"公式加例文"而已;一种是认为应用文"文体繁多,难以掌握"。这两种认识都不利于学好应用文写作。"没啥可学"是"门外"之言,通过几次写作实践,就会改变这种片面的认识。应用文虽文体繁多,格式各异,但也是有规律可循的,只要有信心,肯下功夫,其规律也是不难掌握的。

二、学习政策,加强政治理论修养

应用文的内容,普遍具有很强的政策性和专业性,因此,应用文的撰写者,必须具备一定的理论水平和政策水平。为此,必须认真学习马列主义、毛泽东思想,学习邓小平理论和"三个代表"的重要思想及科学发展观理论;懂得、熟悉党和国家现行经济方针、政策、法令,只有这样,才能写出观点正确、指导性强、有利于社会主义市场经济建设的应用文。如果平时不注重理论政策方面的学习,没有学会用马克思主义的立场、观点、方法去观察、分析问题,在认识不清、思想混乱的情况下仓促成文,必将贻误工作,造成不良影响。

三、掌握写作理论,加强语文基本功的训练

掌握各种文体的写作理论和具备扎实的语文功底是写好应用文的两大关键。

俗话说:"没有规矩,难成方圆。"写作的规矩就是写作理论。写作理论是前人写作经验的科学总结,它揭示了写作的一般规律,引导人们掌握写作方法、技巧。应用文的写作理论除了包括一切文章构成的基本要素——主旨、材料、结构、语言等,还包括每种实用文体的性质、特点、作用、格式、要求、写作方法和技巧等。掌握了这些写作理论和基础知识,就能高屋建瓴,纵览全局,掌握各种写作技巧。应用文具有规范性的特点,掌握每种文体的规范性的格式,能有效帮助我们快速构思,理清思路,迅速成文。因此,在学习的过程中,一要抓住各种文体共性的特点,掌握一般的写作规律;二要注意进行文体异同的比较,以期收到触类旁通、举一反三的效果;三要结合实际工作进行反复的实践,方能运用自如。

扎实的语文基本功,能使应用文的写作取得事半功倍的成效。因此,要掌握语法、修辞、逻辑等方面的知识,使语句通顺、明白。同时注意积累词汇,以便选择恰当的词语,准确地表达思想。另外,也要注意文字书写和标点符号的正确使用。

四、多读多写多改,反复实践

要提高应用文的写作能力,还要多读。读有关应用文写作的理论书籍,有意识地选读一些范文,以资借鉴。多写,是提高写作能力的必由途径。人们常说:"写作不怕底子浅,勤学苦练能过关";"写作能力是'写'出来的"。所以,在学习的过程中,必须在一定的写作理论、写作知识的指导下,进行反复的实践,将写作理论、写作知识转化为写作能力。反复修改,加工润色,是写文章的最后完善阶段,也是提高写作能力的一个重要环节。修改,可从内容和形式两方面入手,反复推敲、提炼,使文章的内容更准确,结构更严谨,语言更精练,使读者易于接受,乐于接受。修改,既有助于文章质量的提高,也有助于写作能力的提高。

第二章 Chapter 2

应用文的写作理论

第一节 主 旨

一、主旨的含义

应用文的主旨是指撰写者在传达政策、发布指令、周知事项、汇报工作、总结经验、交流情况时，通过全文表现出来的基本精神或基本观点。

主旨也即文章的中心，在不同文体中冠之以不同的名称：文学作品称之为主题，议论文称之为论点，应用文写作中称之为主旨。

文学作品的主题来源于社会生活、社会实践，它是通过对作品中的人物、事件、环境的刻画描写，生动地、艺术地体现出来的。

论点是作者对议论的问题所持的见解、主张和表示的态度，它是通过逻辑推理，通过论证过程，综合归纳出来的。

主旨是撰写者通过对问题、情况、事实等的分析与综合，归纳与概括直接形成的。

主题、论点、主旨三者的内涵基本一致，但由于文体及功用不同，它们的表现形态、特征及确立的方式仍有很大区别。在写作中须仔细体会，准确把握，掌握不同文体中文章中心的各自特征及写作要求。

二、主旨的特征

(一)直露性

文章主旨的表现有隐晦和显豁之分。文艺作品一般来说是比较隐晦的。正如恩格斯所说:"作者的观点愈隐蔽,对于艺术作品就愈加好些。"(《恩格斯给哈克奈斯的信》)文学作品的主题之所以有这样的特征,主要有两方面的原因:从作者的角度看,作者在进行文学创作时,不直接说明自己的思想、感情倾向,而是把它们寓于对人物的刻画、情节的描写中;从读者的角度说,欣赏文学作品的过程也是一个艺术再创造的过程,这里为读者提供了一个想象的空间,所以读者头脑中的那个艺术形象已经变了形,与作者头脑本意的那个艺术形象有了一定的差异。我们常说"有一千个读者就有一千个哈姆雷特",就是这个道理。而拟写应用文,却无需用曲笔。因为应用文直接为社会生活服务,因此它的主旨必须十分显豁。作者赞成什么,拥护什么,否定什么,都要旗帜鲜明地表现出来,切忌产生读者理解与文章表意上的差异,杜绝产生主旨的模糊不清和因人解意。主旨要直露,要让读者完全把握文章的意思。

(二)针对性

应用文的实用性特征,决定其主旨必须有针对性。从提炼主旨的角度看,应用文主旨提炼的视点只能放在现实生活中某一时间、某一地点的某一方面,它受时间、空间的严格限制,而不能把视点放在没有约束的时空里,在丰富多彩的社会生活中提炼主旨。从这个方面说,应用文主旨的提炼不是自由的,而是有针对性的。从阅读对象来看,每篇应用文都有明确的受文对象,因此就要针对受文对象的实际情况提出明确的意见、要求、办法、措施和主张,不允许抛开受文对象的实际情况旁征博引,泛泛而谈,而应该做到有的放矢。

三、主旨的作用

主旨是应用文写作的出发点和核心,具有举足轻重的作用。

从思想内容上说,主旨是一篇文章的灵魂。首先它是衡量一篇应用文高下优劣的主要依据,是决定一篇文章价值的首要因素。任何一篇文章,我们总是通过对客观事物的反映来表达作者的意图和主张。而其质量高低、影响好坏、社会价值大小,首先取决于主旨。主旨是写作目的和基本精神在文章中的反映。主旨正确,有利于指导、推动工作;主旨不正确,就会使党和国家的方针政策的贯彻实施受到影响。其次,主旨是一条总的思想线索,对内容起着内在的联系作用。文中的依据、目的、意见、内容、办法、见解等,关系如何,内在的逻辑怎样,要受主旨这条总的思想线索支配。

从主旨和文章其他诸要素的关系上看,主旨是一篇文章的统帅。无论是材料的取舍,结构的安排,语言的运用,表达方式的选择,以至标题的制定等,都要根据主旨的需要来确定。主旨把材料、语言、结构等要素组成有机整体。离开了主旨,文章各要素就会失去依托,成为一堆无所依附的无用之材。

四、主旨的确立原则和写作要求

(一)主旨的确立原则

主旨是文章的灵魂和统帅,所以,主旨的准确与否,决定着文章写作的成与败,为此,确立主旨必须坚持以下原则。

1. 客观性原则

首先要完全尊重客观事实,正确全面地反映事物的本质,实事求是地对事物的客观性、联系性、变化性进行系统的完整的分析,从中找到对客观事物的正确判断和处理问题的观点、意见、办法。其次,主旨必须符合客观实际的需要。从实际出发,接受客观实践的检验,使主观符合客观,思想符合实际,只有这样,才有助于指导或推动各项工作顺利进行。

2. 政策性原则

党和政府颁布的法规,制定的方针、路线、政策,既是从社会实践中总结出来的,又是社会发展的指导和保证,同时它也集中体现了人民的根本利益。因此,主旨的确立,应该以体现、反映法律、法规、方针、政策为原则,绝不能有悖于法律、法规和方针、政策。因此,应用文的作者必须增强法律意识,努力学习各种方针、政策,摸准吃透,以便确立一个正确的主旨。

3. 针对性原则

文章所确立的观点必须是针对所提出的问题的,或是针对现实生活的实际需要,或是针对群众普遍关心的、迫切需要解决的问题。总之,应用文的主旨必须做到有的放矢。为此,我们必须明确写作目的,有针对性地提炼文章的中心,只有这样,应用文的实用价值才能实现。

4. 群体性原则

应用文往往代表着一个部门组织的意图,因此,其主旨常常是领导集团在了解社会生活之后形成的一种思想。这种思想要向下传达,所以,应用文的主旨常常体现领导者的意图、见解、观点和各项领导决策,受领导集团统一思想、统一意志和种种会议决议、重大决定所制约。除此之外,应用文的主旨还要受约稿单位、约稿人及受文对象的制约。因此,确立主旨时,必须综合考虑这些因素。

当然,撰写者并不是领导集团意志的传声筒,应在领会各方面意图的基础上,变被动为主动。掌握政策,熟悉业务,洞悉方方面面的情况,这样确立的主旨才能最大限度地符合实际工作的需要。

(二)主旨的写作要求

1. 正确

应用文写作的本质属性决定了其主旨必须正确。一个正确的主旨,是正确思想的集中反映,有利于指导各项工作,推动工作开展,提高社会效益。正确的主旨表现在三个方面:①必须切实可行,符合实际情况。这是由应用文的实用性所决定的。②符合党和国家的法规、方针、政策。③符合本地区、本单位、本部门的领导意图。这一点与第二点并不矛盾。从宏观上讲,领导意图与党和国家的法规、方针、政策是一致的;从微观上讲,领导意图是党和国家的法规、方针、政策的具体化,这种具体化,是大原则与本单位具体情况的结合。

2. 鲜明

鲜明是指文章要直接表达作者的写作意图。作者赞成什么,反对什么,宣扬什么,谋求什么,追求什么,必须明白确切地表达出来,不能模棱两可,含糊其辞。主旨不鲜明,就会削弱文章的效力,影响工作,甚至产生误解。主旨不鲜明,往往是对实际工作不了解,认识模糊,思路不清,逻辑混乱以及对应用文写作特点缺乏了解等原因造成的。

为使主旨表现鲜明,在主旨的表现形式上,我们常常采用撮要这种形式。撮要,即概括、摘取全篇或全段的主旨、要点或结论放在第一段或每段第一句。撮要是应用文写作的套路之一,也是在长期的写作实践中形成的一个优良传统。运用撮要这种形式,要重点掌握段旨撮要句的写作,具体要求是:①准确概括本段内容;②句式要尽量一致;③语言精练,少用定语、状语等修饰语;④多用省略句,且以动宾形式居多。

3. 单一

单一,就是要求一文一事。要求无论篇幅长短都只有一个中心统摄全文。"一文一事",是唐宋以来公文写作的传统制度,一直沿袭至今。主旨单一,一文一事,可使重点突出,题旨醒豁,防止行文关系混乱,加速文件运转,提高工作效率,有利于信息的传播和问题的解决。做到主旨单一,首先在动笔之前要确立好主旨;其次围绕主旨安排材料;最后表述时详略得当,重点突出。在应用文写作中,最忌讳多主题、多中心,什么问题都想解决,结果什么问题都解决不了。因此应用文写作目标要始终如一,紧扣主旨,不枝不蔓,重点突出。

4. 深刻

深刻指文章的主旨要有思想深度,要反映和揭示蕴藏在事物内部的本质意义。无论写什么文章,都不能停留在对事物表面现象的罗列上,而要反映事物的本质。这就要求作者必须有很强的观察事物的能力,善于发现材料,并根据写作目的和受文对象的要求,提出现实生活中的重要问题,表达出自己的真知灼见,言人所未言的道理。如果文章没有令人精警之处,其思想价值就大大减弱了。为使主旨深刻,首先要多思多想,去芜杂,出智慧,出精语;其次要运用创造性思维,拓展思维空间,向纵深挖掘。当然,并不是所有的应用文主旨都要求深刻,在以信息宣传为主的应用文写作中,只需把内容讲清楚即可。

5. 周密

应用文主旨的表达要周密、严谨。一方面,在反映客观规律的过程中,主旨不能有漏洞,不能以偏概全,前后矛盾;另一方面,表现主旨的词语要准确、周密、严谨,避免语意不明。但有时可以视具体情况用些模糊语言,这样能把主旨表达得周密而不至陷入被动。

第二节 材　料

一、材料的含义

材料是构建文章的基石。写任何文章,都离不开材料。所谓材料,一种是指为了某一写作目的的需要而搜集、积累的一系列事实、现象或理论根据。这些材料称为原始材料或依凭材料。这类材料,是作为形成条例、办法、规定、措施、意见或提炼主旨、观点等的基础,并不直接写入文章之中。另一种是指作者为表达主旨、说明观点而写进文章的一系列情况、背景、依据、措施、事例、数据、理论等,这些材料称之为"摄入材料"。所以总括起来,应用文的材料,是指撰写者为了某一写作目的而搜集、摄取的有关情况、事实、根据、引语、数据、理论等。

二、材料的特征

(一)真实性

应用文内容的真实,源于材料的真实准确。因此,在应用文写作中,所采集的人和事应是客观存在的,不允许丝毫杜撰或拼凑,即便是细枝末节,也不许加入想象。对理论政策、情报资料等间接材料也要反复核对,以免误抄、误传。

(二)定向性

搜集材料时我们尽可能多地搜集,但这种搜集不是漫无边际的,而是呈现一种定向性,这是由应用文写作的针对性所决定的。任何一篇应用文,都有其明确的写作目的。受写作目的的制约,因此在搜集材料时就被限定在一定的范围之内,所以应用文的材料行业性、专业性强,而相通性弱。作者平时积累的一般材料,只能作为文化储备而影响写作活动,而在文章写作时,就须围绕写作目的作定向调查。

(三)完整性

文学写作者只需把握瞬息万变的生活流的本质,以便选择引发作者"神思"的"触动点"。因此,它虽然需要大量的感性材料,但不一定要攫取完整的事实全貌。而应用文的写作材料要求全面地反映事实,要求作者了解事实的全部真相,点面结合,既见整体又见局部,有现实材料也要有历史材料的关照;否则,材料不完整,写起文章来势必空泛或观点偏颇。

三、材料的类型

从文章写作的角度,给材料进行综合分类,划定其归属,反映出材料的不同性质、特点,以便于记录、储存、整理和选用。根据不同的标准,应用文的材料大致可分为以下六种类型:

（一）从材料的作用分，有依凭材料和摄入材料

材料在一篇文章中起到提炼主旨和表现主旨的作用。而那些供提炼主旨的材料就是依凭材料；在文章写作中用来表现主旨的材料就是摄入材料。前者数量大，是文章写作中的基础材料；后者少而精，是为支撑观点服务的。二者之间的关系恰好反映了文章写作的两个环节。

（二）从材料的特点分，有事实材料和理论材料

事实材料是指客观存在的具体事物、情况或是书籍报刊中记载的具体事实，如社会活动、事件、情况、统计数字等。理论材料指来源于实践，或在实践中验证了的观念，包括理论、政策、法规、原理、定理、定义、格言、谚语等。

（三）从材料的来源分，有直接材料和间接材料

直接材料又称第一手材料，指撰写者通过直接观察、实验、实地调查等途径获得的材料。这类材料最切实、最具体、最生动、最可信，也最有说服力。间接材料是指作者通过阅读文件、书籍、报刊以及听取别人谈话获得的各种材料，即所谓"第二手材料"。这些材料能增长见识，开阔视野，弥补第一手材料的不足。

（四）从时间角度分，有历史材料和现实材料

距离写文章时间较远，反映事物过去情况发生、变化的材料，就是历史材料。距离写作时间较近，反映事物现状和结果的材料就是现实材料。为了深刻认识一个事物，就必须把现实材料和历史材料结合起来，以便了解事物的全过程，通过对比分析找到解决问题的办法。

（五）从材料的性质分，有正面材料和反面材料

依照辩证唯物主义对事物一分为二的原则，任何事物都有正反两个方面。要想对一个事物有全面的掌握，就必须了解、分析它的正面和反面的材料。正面材料指具有积极、先进、经验性，可供表扬、奖励特点的材料，如总结中用来反映成绩、经验的材料。反面材料指那些具有消极、落后，用来吸取教训的材料。当然正面和反面不是一成不变的，有时由于情况的变化或个人看法的不同，正面可以变成反面，反面也可以变成正面。

（六）从材料的范围分，有综合材料和个别材料

综合材料也称面的材料，是把一些同类的个别材料加以集中、归纳，从而反映事物整体概况的材料。个别材料又称点的材料或典型的材料，它是反映具体事实的单个材料，但它不是孤立地反映个别情况，而是代表一般的能反映事物本质的材料。综合材料反映事物的广度，个别材料反映事物的深度。两种材料结合在一起，能增强解决问题的力度。

以上对材料的分类，只是一般的或传统的分类。实际上，材料的分类是一项比较复杂、困难的工作，依据不同的标准，从不同的角度，可以对材料进行各种不同的分类。

四、材料工作的环节

材料工作大致有如下四个环节。

(一)搜集材料

搜集材料是全部写作工作的起点。依据写作目的,搜集材料要尽可能多。

1. 搜集材料的类型和途径

应用文的材料主要包含三类:一是事实材料;二是理论政策材料,包括政策、法令、规章、制度等以及关于某一问题的学术观点;三是情报资料,包括各种报表、记录、简报、文摘、索引、兄弟单位的往来信函等。以上三种材料我们常通过以下途径来获取。

(1)进行有目的、有计划的实地调查,掌握第一手资料

调查是获得第一手资料的最好方法,对应用文写作来说尤为重要。在调查时,一定要做好重点调查,获取丰富生动的典型材料,切忌贪多滥问。当然对于面上的、全局情况也需要了解,但不必花费太多的时间和精力,因为只有典型才能说明问题的本质,反映问题的深度。在调查中,主要搜取最近点,以便更新鲜、更生动地反映现实。对于历史材料,一般只是作背景材料来使用,只作一般了解即可。在调查过程中,恰当使用一些调查方法,如实地调查、蹲点调查、开调查会、问卷调查等,可收到事半功倍的效果。

(2)在工作实践中观察体验,逐步积累

所谓观察,是借助人的感受,全面、深入地认识客观事物的知觉过程,如消息、市场调查、市场预测等,更是以现场观察作为搜集材料的重要手段。所谓体验,就是通过亲自实践直接感受并进而认识客观事物及其环境的过程。体验比观察更带有感情色彩,它是观察的进一步深化,即由表层印象向心灵感知的内化,把见闻转化为内在情思和理念。实际上,体验不只是作家的事情,应用文的作者也需要它。像学术论文、调查报告、广告等,也常常需要作者以自身的生活体验来丰富、补充和印证已经掌握的大量文字材料和新得出的结论。

(3)阅读文件资料和报刊书籍,掌握第二手材料

文件资料包括政府和上级主管部门下达的指令、批文等有关文件,单位的档案、记录、信息、简报、原始凭证、会计材料、统计材料、统计报表、计划、总结以及其他公文文件和兄弟单位的往来信函等。除此之外,通过阅读各种报刊、书籍,阅读研究机关和高等院校的科研成果、实验报告和学术论文等搜集材料。间接材料在应用文的写作中占的比重很大,须靠长期积累。

2. 积累材料的方法

(1)摘录式

把所见到的某一观点、某一实例、某项数据的材料摘录在卡片上,并注明出处。摘录时应该务求与原文保持一致,以便使用时不致曲解原文。

(2)索引式

将所需资料的名称、作者、出处、期号,分类编成索引,需要时可按索引查找资料原件。

15

(3) 心得式

在读书看报时若有所得,包括所感、所疑,应随手记下,连同当时自己的积极思考,一并制成心得卡片。写作时的一些观点和看法,往往是从这些日常积累中得来的。

(4) 提纲式

对篇幅较长的材料,可采取高度概括的办法,集录其主要观点、看法,制成提要式卡片。不抄录全文,但不遗漏要点。

(5) 剪辑式

在阅读时,把所见到的同一专题的材料剪贴在一起。

(6) 日记式

把在工作实践中所见、所思、所做一一记录下来,或者把调研中所见的情况,所发现的问题记录下来,这些材料将为日后写作奠定基础。

(二) 整理材料

整理材料是材料工作的第二个环节,主要是对材料的验证和梳理,为研究材料、提炼中心服务。整理材料主要做以下几方面工作。

1. 辨真伪

我们在调查活动中,虽已尽量用冷静客观的态度去把握客体,但它毕竟是主体的行为活动。调查对象的选择,调查方法的运用,都或多或少地受调查者个性因素的影响。何况有时调查者和作者不是一个人。因此,作者在撰写前必须辨别材料的真伪,反复核对,既不轻信别人,也不轻信自己。对写作时引用的经典著作、科学论著、教科书等书籍的理论材料也要反复检查,多方参验,以辨其真伪,对失实的地方要加以考证,不能以讹传讹。

2. 核查缺漏

应用文所需材料不仅要求真实,而且要求完整。在处理材料的方式上,不同于文学写作。它不能"杂取种种人,合成一个人",也不能把主体的经验、意象、感受串在一起,形成一个复合的"形象"。应用文写作,只能尊重事实本身的过程,并从事实的全貌中,把握它的本质。因此必须通过对材料的验证发现缺漏,并及时补充材料,以免材料不完整。

3. 梳理材料

对材料进行辨真伪、查缺漏之后,还需对材料进行进一步梳理。梳理材料,实际上是对材料进行分类整理,建立各种材料之间的联系。一般说来,对材料所作的整理,既要依据材料的性质,又要考虑到文体模式,主要方法有以下几种:

(1) 阶段法

任何事物,尤其是动态事物,都是由若干阶段所组成,因而阶段性强的,有一定时间跨度的材料,一般以阶段来梳理。如工作计划、工作总结都可以用这种方法来梳理材料。阶段梳理,简便易行,整理后的材料清晰有序,有利于材料的组织。

(2) 方面法

即把材料按照一个问题的几个方面,或者按一个中心的几个问题来分类。这种方法一般用于分析型、论证型的实用文章。例如分析型的调查报告、市场调查报告、科技学术论文以及事务性强的知照类文体。

(3) 内质法

这是以材料的内在属性来梳理材料的方法。内质分类,能见出材料的本质属性,为归纳出文章的观点作准备。如总结写作,把同是说明经验或教训的材料归为一类,以便在研究材料时总结出经验和教训。对材料的整理,实际上是对材料的初步研究,也是构思前的一次把关。

(三) 分析研究材料

对材料的整理和分类,只是材料工作的初始阶段,我们还必须对材料作进一步的分析研究,以便形成文章的主旨。常用的分析研究材料的方法有以下几种。

1. 分析与综合

分析是把事物的整体分解为各个属性、部分、方面,从而分别加以研究和认识,并揭示其在整体中的性质和作用的一种方法。综合,是把整体事物的各个属性、部分、方面联系起来加以研究,以形成对事物的整体认识的方法。

分析的目的是认识事物的各个部分,而综合的目的是认识事物的整体,所以二者之间是部分和整体的关系,二者交互使用。没有分析,对事物的认识会是朦胧的、模糊不清的;没有综合我们的认识就会是孤立和零碎的。我们先从材料的分析中形成理性认识,再通过对材料的综合,发现材料的联系,由此产生统摄材料的总观点。如写一个单位的年度总结,可先对本单位各个方面的工作情况逐一进行分析,然后再综合起来确定整体的工作成绩和不足,以及经验和教训。

值得注意的是,采用分析的方法,切不可停留在表面现象上,而是要从表象上找出一般规律性的认识。综合也不是简单的整合、汇拢,而是以分析的终点为出发点,向着更高层次进发,形成一个新的理论概括,实现事物的总体性特点和本质,对事物的规律性作深刻的整体性揭示。因此,综合不是前一过程的简单重复,它是一种创造性的思维活动。

2. 归纳和演绎

归纳和演绎属于推理范畴,也是研究材料常用的两种方法。归纳,是指从对个别事物的认识中推出对同类事物的一般性结论的方法。演绎,是从一般性的结论中推出个别结论的方法。

归纳法不仅有利于人们的认识由个别扩展到一般,而且有利于人们从"知其然"深入到"知其所以然"。我们在调查研究中得到的是大量的感性材料,要从中找出事物的本质和规律,就离不开归纳,这是从许多个别事物中抽出共同属性的过程。很多反映情况和问题的汇报性、调查总结性公文,都采用归纳法提炼主旨。

演绎是根据一般的原理、原则、定理等研究特殊或个别事物的一种思维方法。

许多公文主旨就是由演绎的方法来确立的。"一般的原理、原则、定理"就是行文的目的、依据,如上级的文件精神、政策规定、领导和指示等,一些指挥性公文和知照性公文往往用演绎法来确立主旨。

归纳和演绎是辩证统一的思维方法,它们既有区别,又有联系,并且互为补充。一般来说,演绎以归纳为基础,没有归纳,就不能产生一般性认识,演绎便无从进行;归纳以演绎为前导,没有演绎,就不能深刻、全面地认识和掌握个别和特殊,归纳便失去目的和意义。因此,二者必须交互为用,才能克服各自的缺陷,确保文章主旨的正确。

从认识论观点看,归纳和演绎反映了人们认识的两个不同阶段的特点。人们认识事物总是从个别开始的,由个别到一般,再由一般到个别,如此反复,推动着认识的发展。

3. 抽象和具体

抽象,一指从许多事物中,舍弃个别的、非本质的东西,抽取共同的、本质属性的思维方法;一指运用抽象方法所获得的对事物的理性认识。具体,一指事物本身能被人感知的形态,即感性具体;一指具体化的思维方法,即把通过抽象获得的理性认识应用到具体事物,形成理性具体。

由具体到抽象,再由抽象到具体,是人们认识的两个阶段。一般来说,应用文主旨的提炼主要在由抽象到具体的阶段完成的。因为在由具体到抽象的阶段中,撰写者已由事物的现象深入到本质,获得了理性认识,但更为重要的是要用这种理性认识去指导实践活动,这就必须用具体化的方法,把这种理性认识应用到具体事物。这时的具体,就不再是人的感官能够直接感知的,而是建立在理性基础上的各方面的统一体,是高级的理性的具体认识。如写工作总结,首先要从调查得来的大量感性材料中抽象出各部分的成绩、问题、经验教训(即理性认识),但撰写者的认识如果停留在这一阶段,还不能形成一份完整的总结,还必须进一步研究成绩、问题、经验教训之间的关系,找出规律,形成一个总体认识,这个总体认识才是该总结的主旨(也即理性的具体)。

以上几种研究材料的方法是提炼主旨不可缺少的思维方法,在应用文写作中往往需要综合运用。

(四)材料的选择

经过对材料的分析研究,确立了文章的主旨,那么要选择哪些材料用来表现文章的主旨呢?一般来说,我们遵循以下原则选材。

1. 围绕主旨选材

朱光潜先生在《选择与安排》这篇文章里,就选材的问题有过这样精辟的论述。他说:"每篇文章必有一个主旨,你须把着重点完全摆在这个主旨上,在这上面鞭辟入里,烘染尽致,使你所写的事理情态成一个世界,突出于其他一切世界之上,像浮雕突出于石面一样。"主旨能有这种气象,关键在于围绕主旨选材。也就是说,凡是与主旨有关的,能说明主旨的材料就选而留用;和主旨无关的,不能说明主旨、突出主旨的,即使材料再生动,再富表现力,也要坚决舍弃。

2. 要选择典型材料

典型材料,就是那些能深刻揭示事物的本质,具有广泛代表性和强大说服力的材料。一个数据,一个情况,一个班组的先进事迹都可作为典型材料。它能通过个别代表一般,通过个性表现共性。应用文大量使用典型材料,一是为了揭示事物的本质,反映事物发展的客观规律,同时做到"言约事丰"。

3. 要选择新颖的材料

新颖的材料指那些贴近生活,具有时代感和足以反映当代现实的新思想、新事物、新情况。随着改革开放的不断深入,市场经济的迅速发展,情况的不断变化,社会生活中不断出现新事物、新问题、新情况,撰写者就应富有时代感,把握时代的脉搏,选择那些最近发生的、反映时代特色的、具有新鲜感的材料,总结新经验,提出新见解,得出新结论。应用文的生命力在于能够反映和回答当前现实生活中急需解决的现实问题。材料新颖也包括从历史文献中,选取富有生命力的、具有新价值的材料。

4. 要选择能反映事物全貌的材料

材料的选择要注意反映事物的全貌。应用文要求全面地反映现实生活,因此材料的选择就应当具体、完整。所以在选择材料时就要注意点面结合、正反结合、历史和现实的关照等,只有这样才能反映事物的全貌。

第三节 结 构

一、结构的含义

结构,是指文章内容的组织方式和文章的内部构造。其具体作用就是根据主旨的需求,合理地安排材料,使主旨和材料有机地结合在一起,使之成为完整严密的有机体。文章的结构就如同建筑的图纸一样,它是施工的蓝图,工程质量的好坏首先取决于蓝图的好坏。因此,在动笔之前,一定要安排好文章的结构。

二、结构的特点

凡是文章都涉及结构的问题,应用文的结构有别于文学作品的结构。文学作品的结构讲究变化多端,诸如"欲擒故纵""故布疑阵""误会巧合"等,崇尚"文无定法"。但是应用文的结构却讲究模式化,不提倡"文无定法"或"标新立异"。应用文结构的模式化表现在两个方面:一是篇章结构的定型化,二是结构方式的规范化。应用文结构的这一特征首先与它直接服务于现实、解决现实中的问题是分不开的。应用文是直接传递信息的载体,信息传递要快,要准确无误,就必须有相应的形式。同时,结构是思维的表现形式,结构和思维方式密不可分。应用文要直接解决问题,因此,应用文写作的思维方式,可以说是务实的思维方式,即从社会实际中来,又到社会实际中去的一种认识世界和改造世界的思维方式,是解决问题的思维方式,所以当作者按照客观事物的本来面目把其思维外化时,文章的结构就呈现一种模式化的特征。这一特征是由应用文的实用性所决定的。

随着网络时代的来临,计算机写作的蓬勃发展,对应用文结构模式化的要求越来越高,越来越迫切。结构的模式化是实现应用文全过程计算机写作的重要前提。

明确应用文结构和文学创作结构的差别,对于应用文写作者来说至关重要。如果应用文的撰写者不承认这种差别,凭着自己的奇思妙想去结构文章,其结果只能是事倍功半,费力不讨好。

三、结构方式

文章的结构是由两个方面组成的:一是表现为语言形式的篇章结构,它包括开头、结尾、层次、段落、过渡、照应;二是表现为思维形式的逻辑结构,也称结构方式。在写作中,人们总是把篇章结构当做结构的全部内容,这是一种误解。刘勰在《文心雕龙·附会》中说:"总文理,统首尾,定与夺,合涯际,弥纶一篇,使杂而不越也。"由这段话看来,谋篇布局之大端,是"总文理"。总,有总括之意,就是对文章的内在情由、内在因果,要有一个本质的、规律性的认识,只有文理清楚了,才能顺利地进行"统首尾,定与夺,合涯际"等环节的工作。如果连文理都没有弄清楚,篇章段落是决然弄不清楚的。因此,结构的过程是一个思维的过程,是由总体构思逐渐向具体结构演进,始终在反复研磨主旨与材料、材料与材料的关系上确立结构方式,然后在结构方式的统领和制约下,确立结构的具体内容。因此,结构方式在先,篇章结构在后。因在后面讲各种应用文体写作时要涉及篇章结构,故在此不重复,这里只讲结构方式。

结构方式是指如何将各种现象、问题和做法,通过文字的表述解读给读者的一种整体布局方式。客观事物是千差万别的,所以其结构方式也就不同。应用文文种繁多,其结构方式也各具特色。但从认识论的角度来说,无论多复杂的事物都有其本身存在和发展的规律。应用文虽文种繁多,内容丰富,但其思维的模式及表达手段仍然是有限的。应用文结构也显示出这种无限性与有限性相统一的特点,繁多的文种最终可用几种典型模式去描述它们结构内部包含的思维规律。所以归纳起来,应用文的结构方式主要有以下几种。

(一)时序式

时序式是指把材料按照事件发生、发展的时间顺序排列起来。这种方法,要求时间线索清晰。无论标明时间或未标明时间,时间的概念必须清楚。常用于内容单纯、叙事性强的文种,如报告、调查报告、消息、通报等。

(二)递进式

递进式是以逻辑关系为主线安排材料的方式,一层进一层,步步深入。一般是先叙事,再说理,最后得出结论。其思路是提出问题—分析问题—解决问题的三段思维模式。这种形式在调查报告、公文中,尤其是公文的下行文中用得较多。

(三)因果式

因果式是前因后果或前果后因的结构。遵循因果思路展开,这种结构方式是国家行政机关公文中使用率居于首位的结构方式。

(四)总分式

总分式结构是演绎法和归纳法两种推理方法的综合运用。所谓"总",是指文章开头或结尾两部分,或总其内容,或总其观点;所谓"分",是指文章的主体部分,或分述其内容,并列几个层次,或分论其观点,并列几个小观点。总分式有以下几种情况:按归纳法处理的,即分—总;按演绎法处理结构的,即总—分;把演绎法与归纳法融为一体,即总—分—总。无论以总统分,还是以分归总,都是文章整体布局的方式。

(五)并列式

这种结构方式只有分述,没有总述。依据社会生活的方方面面,把全篇内容分层列举,横向展开,并列铺排,不分主次,各自从不同的角度、方面,共同来阐述文章的主旨。法规类文种以及合同等条文式应用文常采用这种结构方式。使用这种结构方式,必须注意各部分之间不是毫无关联的,必须在主旨的统帅下产生内在的联系,否则就会罗列现象,搞形式主义。

(六)对比式

对比式即文章结构的安排方式是对比之间的关系,或正反,或今昔,在对比中说明问题。对比的结构方式可以是一个事物不同时期的前后对比,也可以是两个事物在同一时期、同一空间的对比。像调查报告、经济活动分析报告、广告等常采用这种结构形式。

上述几种结构方式的区别不是绝对的,在实际使用中,常常互相交叉,互相结合。所以,结构方式必须根据写作目的和内容的需要来确立,使形式更好地为内容服务。

四、确立结构的原则和过程

结构归根结底是思维的问题,其作用就是把主旨和材料统一起来,使文章成为一个严密的有机体。因此,结构的好坏,决定着文章写作的成与败,所以安排好文章的结构就显得十分重要了。

(一)确立结构的原则

1. 要正确反映客观事物的发展规律、内在联系

文章是客观事物的反映,尽管客观事物是极其复杂、变化多端的,但实际上仍有其自身的内在联系和固有规律。因此,文章的结构就要反映事物变化的轨迹,表现事物的内在联系。比如,写一份工作总结,就要回过头来看一看,在过去的一段时间做了哪些工作,哪些工作做得好,原因是什么;哪些工作做得不好,教训在哪里;今后还需做哪些工作。对客观事物是这样认识的,因此在安排总结的结构时,也要沿着这一认识轨迹。有悖于这一顺序而另立新序,就不能很好地反映客观事物和表达思想。所以,好的文章结构,既能反映客观事物发生、发展、变化和结果,又能反映人们对客观事物认识的思维路线。

2. 要服从于表达主旨的需要

文章结构的根本目的在于更好地表现主旨。主旨是文章的灵魂和统帅,以主旨为纲来组织材料、安排结构,才能使结构合情合理,使文章中心明确。如果离开了表现主旨的需要,那么材料安排的轻重、大小、远近、详略就失去了依据和准绳,全篇内容也就无法统一起来。只有根据主旨的需要来安排结构,主旨才能得到圆满的表达。因此,不管文章的内在格局多么复杂,都应围绕主旨来安排结构,服从并服务于主旨的需要。

3. 结构的安排要适应不同文体的特点和要求

应用文的文体多种多样,因其反映现实的角度、容量、功能、作用及表现形式各有其特点,所以每种文体都有自己的结构方式,以便更好地传递信息,表达文章的主旨。所以结构的安排要因文而异,量体裁衣,适应不同文体表达特点的需要。只有这样,才能收到好的效果。就是同一文体,由于内容的侧重点不同,其结构也不尽相同,如全面工作总结和专项的经验总结,其结构方式就有所区别。所以安排结构时,要选择恰当的结构方式以适应不同文体的特点和要求。

(二)确立结构的过程

确立结构,一般要经过三个环节:理清思路,精心选材,编写提纲。

1. 理清思路

思路,是写作思维活动的线索和轨迹,体现了写作思维主体对客观事物的认识与表达过程。思路是结构和表达的基础。所谓"理清",就是能够驾驭材料正确地反映事物的内在联系和揭示发展规律,能够服从于表现文章主旨的需要。思路和文章的结构密切相关,作者用文字把自己的思路表现出来,就是结构。由此可见,思路是结构的先导,是文章结构的前提,结构是思路的结果和外在形式,是思路在文章中的客观表现。所以文章结构的严谨、完整,有赖于主体思路的清晰和通畅。因此,理清思路便成为文章布局的最重要环节。

如何理清思路呢?

(1)思维要有序

应用文的布局谋篇,结构安排,是一个逻辑思维问题,反映到结构上,就要"有物有序"。这个序就是要符合对客观事物的一般认识规律。客观事物是复杂的,决定了写作思维主体的思路也必然是曲折复杂的,但这并不是说客观事物的"序"难以把握,恰恰相反,只要认识符合客观事物的"序",思路就清晰,结构就严密。前面讲到的结构方式,就是思维有序化在结构上的反映。因此,撰写者在构思时,首先要把思维调整到与客观事物内在规律一致的思维轨道上。如处理一个问题,有一个摆情况、谈问题、提出解决办法和意见的思维过程,这个过程实际上就是把客观事物实际存在的部分、阶段性、矛盾侧面、思维步骤,按照一定的标准分成若干个既有相对独立性又相互联系的部分，那么这篇文章就大体做到了条理清楚，层次分明。

(2) 思路要连贯

著名美学家朱光潜先生在《选择与安排》中讲到文章要层次清楚时说："文章起头最难，因为起头是选定出发点，以后层出不穷的意思都由此顺次生发出来，如幼芽生发出根干枝叶。文章有生发，才能成为完整的有机体。所谓'生发'，就是上文意思生发下文意思。上文有所生发，下文才有所承接。"这里所讲的"生发"，实际上就是思路连贯性的问题。思路连贯，即思考时不要出现空白和断档，也不能有悬念和跳跃，以开头为出发点，顺次生发出下文的意思。在结构方式的表现上，要给读者留下明显的阶梯感，如什么原因引发什么问题，将导致什么样的后果，该采取什么样的解决办法等。思路必须是一环套一环，或纵向推进，或横向铺排，或纵横交叉，每一环都不能打破。如果其中哪个环节出现了问题，文章的结构就会松散、不严密。

(3) 思路要周密

周密就是使思维符合辩证法，就是在构成和表达的时候要从各方面考虑思路各步骤之间的关系，考虑思路所反映的思想有无偏差、漏洞，是否顾此失彼、自相矛盾，是否会引起什么疑问和误解。

(4) 思路要符合不同文体模式的要求

结构的特征是它的模式化。模式来自于长期的写作实践，是客观需要和写作经验的结晶。每一文体的模式之所以能形成和稳定下来，在于它符合作者的思维规律，在于它适应这一文体的需要和特点。因此，理清思路，依照这种模式进行思维，既能使思路连贯、有序，也能使思路精密，不会发生遗漏、残缺的问题，也不会不合约定俗成的文种结构规范。

2. 精心选材

思路清晰了，文章的结构就可以确立下来。结构有如人的骨骼，需要丰满的血肉——材料来填充，这就涉及选材的问题。此内容在材料一节已阐述，于此不再赘述。

3. 编写提纲

编写提纲，就是用文字把思路固定下来，以此作为写作时遵循的依据。提纲有"粗"和"细"之分，可根据个人习惯和文章的性质、篇幅而定。常见的编写提纲的方法有两种：

(1) 条述法

这种方法需六个步骤：

①拟标题。一般情况下，标题要提前拟好，但有时标题也可以文稿完成再定。

②以判断句式概括出全文中心。标题可以不拟，但文章主旨必须明确概括出来。文章标题可以变化，而主旨一旦确立下来，就不能更改。

③考虑全文从几个方面、按什么顺序来阐述基本观点。把大的层次确定下来，构筑全文的框架。

④逐个考虑基本的段落，写出段旨。

⑤把准备好的材料按照构思的顺序标上序码，排好队。

⑥全面检查提纲,作必需的增、删、调、补。

(2)卡片法

卡片法又称"KJ法",是由日本专家川喜田二郎首先提出的,KJ是川喜田二郎名字的缩写。与条述法不同,它是用卡片编写提纲。第一步,作者把收集的各种材料写在卡片上,每张卡片只写一项内容。第二步,把这些卡片像扑克牌那样摆在桌子上,边读边思考,把内容相关的卡片集中在一起,进行分析比较,这时也要进行发散思考。如果产生了有价值的想法,马上再写成卡片归入某类卡片中。经过一番思考,可分成若干卡片群。第三步,逐个阅读研究卡片群,用简要的话概括出每群卡片的中心思想,然后将各卡片群的中心思想进行比较,将相同或相近的再合并成大的卡片群并逐一仔细阅读分析,归纳和记录下每个大卡片群的中心思想。还可把大的卡片群归纳为更大的卡片群。这样由小到大,一直到不能再合并时为止。第四步,把每类卡片群归纳的中心思想,由大到小列成提纲。

第四节 语　　言

当文章写作进入行文阶段,把成熟的构思外化为文章时,关键就在于语言的表达能力。列宁说:"语言是人类最重要的交际工具。"语言是人类进行思维活动,进而表达、交流思维成果的工具,是直接反映思想的物质形式。因此,文章写得好坏,能否把思想准确地表达出来,就要看作者驾驭语言的能力。如果语言运用得不好,即使有再好的见解、主张和办法,别人也无法了解,问题也无法解决。所以学好应用文写作,就必须努力学好语言,研究语言的运用,努力提高语言的表达能力。尤其应用文是独具规律的一种文字载体,其语言有自己的风格特色,更应该认真学习、研究,掌握其语言运用的规律和要求。一篇应用文写得好坏,在一定程度上就看语言工具运用得如何。那种片面地认为应用文只需掌握格式,而无须加强语言修养的认识是不正确的。

一、应用文对语言的基本要求

(一)明确

明确,就是明白确切。选择最恰当、准确的词语如实地反映客观事物的本来面目,贴切表达作者的思想感情,做到"意能称物""文能逮意"。为使语言明确,须从以下几方面入手:

①用词要准确。汉语词汇丰富,每个词都有它独特的个性、丰富的含义。因此,在使用某个词时,一定要弄清它的内涵和外延,以便恰当地选用。对词义不完全了解,就会出现滥用、误用的情况,从而导致语言不准确、表意不清楚。

②认真辨析词意。汉语中,有许多意义相同或相近的同义词、近义词,尽管它们的意义很相近,但在应用文的语言环境中,却是不能互相替代的,只有一个词语能准确表达某种思想或事物。因此,必须对它们进行仔细辨析,认真挑选,选择最恰当的词语表情达意。

③对事物的判断要合乎逻辑,遣词造句要合乎语法规范。

④正确使用模糊语言。模糊语言是指那些外延不确定,内涵无定指,在表意上具有弹性的词语。模糊语言大都用来表述事物的轻重、程度、大小、范围等,恰当地使用,既能使语言明确又能符合客观实际情况。

⑤不用那些冷僻难懂和模棱两可、易生歧义的词语。在句式的选择上,多用基本成分齐备的完整句,一般不用省略句和倒装句。

⑥注意避免写错别字,并要正确使用标点符号。

(二)质朴

质朴,就是平易朴实,明白如话,通俗易懂。应用文的写作目的在知照、说服而不在感染,因而在表述方法上以叙述、议论、说明为主,这就决定了应用文语言的平实性。为使语言质朴、平实,需做好以下工作:

①要有端正的写作态度,不说大话、空话、套话,做到"有实事求是之意,无哗众取宠之心"。

②用确切的词语直陈其意,不绕弯子,不兜圈子,不层层修饰,不追求形式的奇巧,不堆砌华丽的辞藻。

③从表达方式上说,一般不用描写和抒情,也不用夸张、拟人等文学趣味浓厚的修辞手法。

④句子的选择上,一般不用省略句和倒装句,而使用能使语意表述明确、平实的陈述句和祈使句。忌用半文半白的语言和欧化句式。

当然,应用文的语言要求质朴,但并不反对语言的生动与活泼。而应在平实的前提下力求生动活泼。为此,可有选择地使用一些比喻,增加形象性。如"软着陆""市场疲软""拳头产品""婆婆多"等,都是通过比喻,使抽象的内容变得形象,使读者易于理解、接受。除此之外,像在调查报告、总结等文件中,还可使用人民群众喜闻乐见的口头语,增强语言的生动与活泼,使语言在平易朴实中显露出新颖别致的特色。

(三)简洁

所谓简洁,就是用简要精练、干净利落的语言表达最大容量的内容,以少胜多,"文约事丰"。应用文语言的简洁,有利于更迅速、更有效地传递信息,处理业务,解决问题。

做到语言简洁,需注意以下几方面:

①首先对客观事物要有清晰的认识,抓住关键,把话说到点子上。"通道则简"。语言的简明,归根结底,是思维的缜密和明晰。唐代史学家刘知几说:"盖作者言虽简略,理皆要害,故能疏而不遗,俭而无阙。"也就是说,只有抓住事物、事理的要害,对事物有清楚深刻的认识,抓住关键,说理恰当,措辞精确,语言才会简明有力。

②围绕中心选词造句。应用文的主旨单一、集中,所以一篇文章只能表达一个主旨,一段文字只能表达一个段旨,一句话只能表达一个完整的意思。段旨要紧扣主旨,句意要紧扣段

旨,环环相扣,不塞进任何与主旨、段旨无关的内容,力戒浮文、杜绝套话、空话。

③尽量多用单句,少用复句;单句中多用短单句,少用长单句;复句中多用短复句,少用长复句。

④掌握并学会运用应用文的惯用词语。惯用词语多属文言词语,能流传至今,可谓是古汉语中的精华。恰当地使用这些词语,可使应用文的语言精练,又能增强文章的表现力。

⑤恰当使用简缩词和数字语言。现代汉语中的许多词语的简缩已约定俗成,适当使用简缩词,可使行文简洁精练。但简缩词不可滥用,使用时要注意两点:一是使用规范化的、为社会所公认的;二是简缩词有多种含义时,应在第一次出现时注明。

数字语言在应用文写作中,使用频率特别高,具有文字不可替代的作用。恰当使用数字语言,可使行文简洁明快,鲜明集中。

（四）庄重

庄重,就是端庄、郑重,这是处理公务应有的严肃持重的态度在应用文语言中的体现。为使语言庄重,应做到以下两点。

（1）使用典雅规范的书面语

在应用文写作中,一般不用或少用方言词语和土俗词语,而使用典雅规范的书面语。尤其是在公文和事务文书类的各种文体中,非常重视使用"雅语"和"敬语",如"颁布""届时""歉难""承蒙""谢意"等。这些词语典雅庄重,又能体现新式的同志式关系和礼貌风尚。

（2）恰当选用惯用词语

这些惯用词语,不仅可以使应用文言简意赅,而且能使语言庄重得体。

二、应用文的习惯用语、模糊语言

经常使用习惯用语、模糊语言,是应用文语言运用的鲜明特征。为准确把握这两种语言形式的内涵,现分述如下。

（一）习惯用语

习惯用语,是应用文写作中特有的语言现象,是在长期的写作实践中形成的并在相对固定的语境中使用的词语。习惯用语包括程式性词语和介词结构。

1. 程式性词语

在长期的写作实践中,应用文逐渐形成了适应工作、学习、生活需要的规范格式,作为表述这种规范格式的语言自然便形成了一些专门的词语,即程式性词语。程式性词语反映各项工作中的行文关系和工作程序,它们各有不同的功用,主要有:

（1）称谓用语

我、本、你、该,它包括三种人称,如"我公司""本厂""你店""该校"等。这四个称谓用语,使用上不含等级色彩,上下级均可使用。

(2) 引叙用语

引叙来文时的用语,包括前接、顷接、近接、悉、收悉、电阅、阅悉等。

(3) 经办用语

说明工作处理过程的已然时态,表明处理时间和经过情况,包括经、业经、兹经、均经、并经、后经、未经等。

(4) 期请用语

希望对方给予回答或请求办理、执行等,包括希、请、拟请、请查收、请审核、即请查照、希即遵照等。

(5) 征询用语

用于征求、询问意见时的用语,包括当否、可否、能否、是否可行、是否同意等。

(6) 期复用语

请求对方予以答复时使用的,包括请批示、请指示、请核示、请复等。期复用语常和征询用语结合使用。

(7) 表态用语

用于表示对经办事情的态度,包括同意、照办、可行、不可、不同意等。

(8) 结尾用语

结尾用语一般包括特此通知(通报、函复、函达、函告、证明……)、为要、为盼、为感、为荷、是荷等。"为要"以下词语,使用上含有等级、感情色彩,应注意区分。

2. 介词结构

为使内容表述得周密、严谨,在应用文写作中,大量使用介词结构,这是应用文特有的一种语言现象。应用文尤其是公文写作,在阐释方针、政策,提出问题、分析问题、解决问题、发表意见时,常常要说明依据、状态、方式、目的、原因、时间、范围等,因此要大量使用介词结构。常用的有:

①表示目的、原因的,如:为、为了、由于、鉴于等。

②表示对象、范围的,如:对、对于、关于、将、除了等。

③表示根据、方式的,如:据、根据、依据、遵照、通过、在、随着等。

(二) 模糊语言

应用文的语言要准确,但并不排除使用模糊语言。大千世界万事万物既相互联系又相互区别,它们之间的界限是相对的,而模糊却是绝对的。客观世界的模糊性决定了记载和表现它的物质外壳——模糊语言的产生和存在。在应用文写作中,经常使用模糊语言,这是由工作的多变性和复杂性所决定的。应用文都有一定的传播范围,由于各地区、各部门的情况不同,在表述上须留有一定余地,在用语和措辞上要有弹性,以便各地区各部门能按文件的精神和原则,结合本地区和本部门的实际情况,灵活地处理各种实际问题。所以应用文的语言是准确性与模糊性的高度统一。应用文的模糊语言常见的有以下几种。

1. 模糊时间词语

如"近年来""最近一个时期""在一个不太长的时期内""过去的几十年"等。在无需、无法或不宜指明具体确切的时间时,适当运用这些词语,恰恰是准确表达的需要。

2. 模糊数量词语

如"一些地区""某些单位""部分干部职工""少数单位和部门""诸多因素""存在不少问题"等。这些表示不确定数量的模糊语言,同样可以表示对事物的定性定量分析,另外,还有委婉的色彩,这又涉及工作方法和策略的问题。

3. 模糊形容词

如"基本上是成功的""质量是比较好的""取得了一定成绩""情节严重""损失惨重"等。工作中,对不少具体情况的判断不可能像统计数字那样精确,所以有时在表达某些事物的程度、性质、状态时,必须使用上述模糊形容词,这样反倒切合实际,因而也是准确的表达。

值得注意的是,模糊语言也不能随意滥用,否则就可能造成模糊认识,给学习和工作带来损失。处理好语言的准确性与模糊性的关系,才能更准确地表达作者的写作意图。

第五节 表达与修改

一、应用文的表达

表达,或称表达方式、表现手法,是指作者在确立主旨、选好材料、考虑好结构后,把思想内容用一定的方式方法告诉给读者。表达是写作实践中形成的具有规律性的方法和技巧,是文章写作中必须运用的手段。

文章的表达方式,具体有叙述、描写、抒情、议论和说明五种。在文章中,这五种表达方式经常是互相联系、互相补充的,但在不同的文体中,运用时又各有侧重。一般来说,记叙、抒情性文章以叙述、描写、抒情为主;议论、说明性文章以议论、说明为主;应用性文章以议论、说明、叙述为主。但应用文中的议论、说明、叙述又与一般文章中的议论、说明、叙述不完全相同,而有着其自身的特点,现分述如下。

(一)应用文中的议论

议论就是讲道理,是作者通过事实材料和逻辑推理来阐明自己的观点,表明自己的立场和态度。应用文写作运用议论这一表达方式是有别于议论文的。它没有过多的抽象议论和逻辑推理,它通常是简括性的,即在记述某人某事的基础上,画龙点睛地予以评价;或是在摆出某一现象后,精当地阐明其内在实质或意义;或是在叙述工作中存在的问题之后,简要地予以分析,并提出办法和意见。议论的笔调多是论断式、评判式和总结式的,强调说理性、逻辑性和通俗性。应用文中的这种议论方式,可称之为"立论说明式"。

1. 应用文议论的特点

(1) 就事论事，不空泛说理

应用文中一般不作空泛的议论，而是就事论事，往往针对特定的事实、事件、情形，自然地阐明作者对事物的看法，论说的观点都能在事实部分找到可靠而确凿的证据。

(2) 客观评说，观点直露

议论在应用文中是一种科学的论说，它客观冷静，尽可能不带个人主观色彩，结论是在充分而客观的材料上引出的。对需阐明的观点或进行评论的事情往往直接加以议论，一语道破。

(3) 议论一般不单独使用

在应用文写作中，很少有单一使用议论这一表达方式的，它和说明、叙述结合在一起使用，更多的是和叙述在一起。这一特点是由应用文的实用功能所决定的。应用文要做到言之有据，持之有理，令人信服，从而产生强大的说服力和感召力。空泛的说理是达不到写作目的的。

2. 应用文常用的议论方式

(1) 引据论说

引用政策条文、法律条文和科学理论来议论。常用"根据……我们认为……"的句式进行。

(2) 事实论说

在列举事实的基础上归纳出观点。常用"从上述材料中可见……""以上事实表明……"等句式。

(3) 推理论说

用逻辑的方法陈述见解，即用已知的事实、事理，推出结论或预测前景。这种议论方式常在法律文书写作中使用。

(二) 应用文的说明

说明，就是用言简意赅的文字解说事物、阐明事理。说明在应用文写作中运用得十分广泛。有时，我们需要说明某个观点和主张，有时又需要说明某个事物或现象，有时要说明的是一份材料或一件商品，有时要说明的是某种方法或过程。

说明和叙述是有区别的。说明侧重于记写客观事物的静态，叙述则侧重于记写客观事物的动态。

1. 应用文说明的特点

①要正确把握说明对象。对说明对象把握得不准，就不可能对它解说得科学、准确、客观。为此，一要明确说明什么问题；二要对说明的问题进行仔细观察、分析和研究，才能解说得正确恰当。

②要科学、客观地解说事物，阐明事理。在应用文写作中，我们常常要用各种说明方法来说明事物的性质、特点、范围。无论说明什么问题，都必须科学、合理、准确。除此之外，还要客观、公正地说明事物。这是应用文实用性的特征在表达方式上的反映。

③除在法规性的文件中完全采用说明方式,一般来讲,说明要和叙述、议论综合起来使用。在使用过程中,要注意三者的区别。

④正确使用各种说明方法。

2. 应用文常用的说明方法

(1) 定义说明

定义说明即通过下定义来说明事物的一种科学而严谨的说明方法。它用简明扼要的语言揭示事物的本质特征(内涵),又为被说明的事物划定一个范围和界限(外延)。定义说明的关键是定义下得准,概括定义的内涵和外延须恰如其分。

(2) 举例说明

举例说明即用个别的或典型的事例来说明特定对象。所举事例要与说明对象有这样或那样的联系,如相似性、相异性、相关性等。

(3) 分类说明

分类说明即在说明一些较复杂的对象时,可采用分类方法加以说明。分类说明实际上是逻辑方法,在运用时要注意合乎逻辑。

(4) 比较说明

比较说明既可类比,也可对比;既可将某一对象与另一对象进行比较,也可将同一对象的不同发展阶段进行比较。运用这种方法要注意的是,用来比较的对象相互间必须有可比性。

(5) 比喻说明

比喻说明即用比喻的方式说明某些较抽象或读者较生疏的对象。运用比喻说明有个前提,即比喻的对象与被比喻对象之间必须具有某种相似性,可以是功能的相似,环境条件的相似等。

(6) 资料说明

资料说明主要是指引用与对象有关的文献资料来说明对象。引用文献资料,特别是引用资料原文,一般应注明资料来源,以备读者查阅。

(7) 数字说明

数字说明是运用数字对事物的属性和特点进行解说的说明方法,其目的是增强说明的精确性和可信度。在运用数据时要准确无误。

(8) 图表说明

图表说明即用表格、图形来说明社会生活中的现象、情况和作者的观点、理论。它比其他说明方法更直观、形象。

(三) 应用文中的叙述

叙述,就是把人物经历或事物的发展变化过程表述出来。

应用文的许多文体都少不了叙述。有的文体本身就以叙述事实、反映情况为宗旨,如报告、简报;有的以所叙述事实作为立论依据,如科研论文等;有的依据所叙的事实作出决策或预测,如计划、调查报告、公文中的决定、批复等;有的以所叙述的事实作为签订协议的依据,或以所叙述的事实作为凭证,如合同、法律文书等。这些叙述尽管作用不同,但它们有着一些共同的特点和要求:

1. 清晰的叙述线索

叙述的方式包括顺叙、倒叙、插叙、平叙等,但应用文写作,最常用的方式是顺叙,即严格按照时间的顺序和事物发生、发展、结局的自然序列以及解剖问题的逻辑来进行,形成井井有条的叙述程序。顺叙这种方式既符合事物本身发展的内在逻辑,也符合人们认识问题的思维规律;既便于组织材料,顺理成章地揭示事物的性质和规律,又能使人一目了然。

2. 直接的笔法

应用文中的叙述与文学的叙述不同。文学的叙述可融情与理于一体,有时与描写合用,分不清是描写还是叙述,给读者创造一种可感、具体的欣赏情境。应用文的叙述却不求曲折、生动、富于感染力,它要求用平实的笔法,尽量客观、直接地叙述事实,以求能把人和事交代清楚。

3. 叙述要概括

应用文中的叙述有别于记叙文中的叙述。记叙文中的叙述要求详尽、具体,精雕细刻。而应用文的叙述是为说明问题、探索事物和问题的因果关系、内在联系,因此需要对事物作综合概括,用简明概括的叙述,把事物、问题的实质或总体特征,准确全面地交代清楚,从而使人得到全面、完整的深刻印象。但是概括也并不是件易事,既要对事物了如指掌,又要有高度的概括力。

4. 叙述和议论要结合

在应用文写作中,对人和事的叙述不是目的,目的在于揭示事物的本质或意图,因此,叙述往往要和议论相结合。叙述为议论提供依据,议论则必须以客观事实为前提,二者相辅相成。可以先叙述后议论,也可以先议论后叙述。

二、应用文的修改

文章的修改,一般是指初稿完成后的修改,属写作过程的最后一个阶段。文章之所以要修改,是因为客观事物是复杂的,人们对客观事物的认识也不是一蹴而就的,而是一个不断深化的过程,反映到文章上,就会出现思想有失偏颇或思虑不周之处。除此之外,构思的内容借助语言表达出来,从理论上讲可以是同一的,但实际操作起来,由于作者认识水平和语言驾驭能力的限制,两者之间总是有很大差距;尤其是初稿,出现不尽如人意之处是在所难免的。因此,就需要推敲和修改。俗话说:"好文章是改出来的。"无数作家修改文章的事例足以证明这一点。因此,我们要重视应用文修改这一环节。

(一)修改的范围

一篇应用文,我们主要从以下几方面对其进行修改:观点的订正、材料的增删、结构的调整、语言的锤炼、标点符号的检查等。

1. 观点的订正

主旨是文章的灵魂和统帅,修改应用文首先要修改主旨。首先要看主旨是否正确。前面讲过,一个正确的主旨表现在三个方面,我们就要从这三个方面去检查主旨是否符合要求。其次看主旨是否鲜明。坚决避免那些牵强附会、节外生枝、含糊不清、模棱两可、自相矛盾的说法。再次,检查篇旨与段旨是否协调统一,段旨是否能以"众星捧月"之势支撑主旨。把这些内容修改好了,其他方面的修改也就有了依据。

2. 材料的增删

使用材料的原则是适当适量、充分必要。修改时要坚持这一原则,力求做到观点和材料的统一。如果材料单薄就要适当增加,材料繁杂就要适当删减;如果材料不典型或不能说明观点,就要删除或更改。

3. 结构的调整

结构是全文的骨架,主要解决材料的安排问题。调整结构,从写作目的出发,由整体到局部渐次展开。先看整体布局是否合理,然后调整结构的具体内容。如层次是否清楚,段落是否完整,层次和层次之间、段落和段落之间衔接是否紧密,文章的内容是否前后关照呼应等。如果结构有零乱、残缺、松散、失衡等问题,可通过拆开、合并、换位、增减等方法调整和改组,以优化结构。结构的重大调整往往会引起思路的改变、材料的增减甚至功能的变化,因此,必须始终服从和服务于特定的写作目的。

4. 语言的锤炼

语言的修改主要从语体、语法、词汇、文字、修辞等几方面入手。语体风格与特定文体有关,也与读者阅读特定文体所养成的心理习惯有关,应尽量与之相适应。语法和字词方面的修改主要是将重复累赘、可有可无的字词句尽量删去,使表达更简洁通顺,并且将词不达意、晦涩拗口的词句改得准确明白、通俗流畅。修辞方面主要将枯燥乏味的陈词滥调改得清新鲜活,富于表现力。

5. 标点符号的检查

对于应用文来讲,标点符号不是可有可无的,不同的标点符号表达不同的意思。因此,我们在使用标点符号时一定要慎重,标点符号的错用会改变文章的内容。1995年经国家技术监督局批准,《标点符号用法》已成为国家标准,并于1996年6月1日起实施。我们必须遵循《标点符号用法》的规定,正确使用标点符号。

应用文修改还包括文面、核对引文、图表、数字、调整更换表达方式等。总之,作者要善于发现并修改应用文中的各种毛病。

(二)修改的方式

修改应用文的方式,因人而异,常见的有以下几种:

1. 边读边改

修改文章时,可以一边读一边改,放声读有助于发现问题,凭借语感来修改文章。它对检查语病、缺字很有效果,甚至语句啰嗦、语句不通畅的毛病都能及时发现。

2. 边抄边改

有时草稿的文面涂抹得很乱,难以在上面修改,这时可以一边抄写誊清一边修改。看一段,改一段,抄一段,直至改完全文。

3. 冷却处理

初稿写完之后,放置一段时间再拿出来修改,这样可以避免大脑的思维一时还难以跳出原来的框子,而很难发现初稿中的问题。过段时间,拿出原稿来看,就比较容易发现当初不容易发现的问题。

4. 求教他人

文章初稿完成后,可请写作上的名家或经验丰富的人给予指教,或请同行或懂行者一起讨论,集思广益,作为修改的意见。

(三)正确使用修改符号

文章的修改需要用一定的符号来表示。中华人民共和国专业标准《校对符号及其用法》明确规定了校对符号的种类和用法,对于文章的修改,应严格按照此标准来执行,不能自行创造令人费解的修改符号。

第三章 Chapter 3

公 文

第一节 公文概述

一、公文的含义及特点

（一）公文的含义

这里的"公文"是指国家党政机关公文。国务院2012年4月12日发布的《2012年党政机关公文处理工作条例》对党政机关的公文作出了这样的规定，"党政机关公文是党政机关实施领导、履行职能、处理公务的具有特定效力和规范体式的文书，是传达贯彻党和国家方针政策，公布法规和规章，指导、布置和商洽工作，请示和答复问题，报告、通报和交流情况等的重要工具"。

该条例于2012年7月1日起实施，同时1996年5月3日中共中央办公厅发布的《中国共产党机关公文处理条例》和2000年8月24日国务院发布的《国家行政机关公文处理办法》停止执行。

（二）公文的特点

1. 法定性

公文的法定性，源于其制文机关的法定性。公文的作者是依法成立的各级党政机关，他们在自身管辖范围内行使职权，这本身就是一种法定的行为。公文作为管理者手中行使职权和进行管理的工具，其本身就具有管理者所具备的法定性的特点。

2. 权威性

公文的权威性是其法定性的延伸,是党政机关权威性的重要体现。2012年党政机关公文处理工作条例规定:党政机关公文是党政机关实施领导、履行职能、处理公务的具有特定效力和规范体式的文书。这种特定效力是党政机关在其管辖范围内进行党政管理的权威性的重要体现,公文作为管理者行使职权的有效载体,其必然要具备公文作者所具备的相应的权威性。

3. 规范性

公文写作与其他类写作的最大区别在于,公文写作具有"程式化"的特点。"程"指的是程序。公文的拟制程序一般为:起草—审核—签发。发文办理主要程序为:复核—登记—印制—核发。公文收文办理的主要程序为:签收—登记—初审—承办—传阅—催办—答复。"式"指的是公文的格式,是对公文外观形式的要求。规范统一的公文格式不仅可以提高办公效率,还可以体现公文的庄重性与严肃性。

二、公文的种类及分类

(一)公文的种类

根据《2012年党政机关公文处理工作条例》的有关规定,可将党政机关公文分为如下15个种类。

决议:适用于会议讨论通过的重大决策事项。

决定:适用于对重要事项作出决策和部署、奖惩有关单位和人员、变更或者撤销下级机关不适当的决定事项。

命令(令):适用于公布行政法规和规章、宣布施行重大强制性措施、批准授予和晋升衔级、嘉奖有关单位和人员。

公报:适用于公布重要决定或者重大事项。

公告:适用于向国内外宣布重要事项或者法定事项。

通告:适用于在一定范围内公布应当遵守或者周知的事项。

意见:适用于对重要问题提出见解和处理办法。

通知:适用于发布、传达要求下级机关执行和有关单位周知或者执行的事项,批转、转发公文。

通报:适用于表彰先进、批评错误、传达重要精神和告知重要情况。

报告:适用于向上级机关汇报工作、反映情况、回复上级机关的询问。

请示:适用于向上级机关请求指示、批准。

批复:适用于答复下级机关请示事项。

议案:适用于各级人民政府按照法律程序向同级人民代表大会或者人民代表大会常务委员会提请审议事项。

函:适用于不相隶属机关之间商洽工作、询问和答复问题、请求批准和答复审批事项。

纪要：适用于记载会议主要情况和议定事项。

（二）公文的分类

公文的分类情况很多，可以根据不同的划分原则对公文进行分类，常见的公文分类有以下几种。

1. 根据文件的行文方向，可分为上行文、下行文、平行文

"行文"一词有两种解释，一是指写文章，二是指文件传递运行的方向。在这里指的是第二种意思。当文件由下级向上级传递和运行时，这类文件就被称为上行文。当文件由上级向下级传递和运行时，这类文件就被称为下行文。当文件在不相隶属机关之间水平传递和运行时，这类文件就被称为平行文。

2. 根据文件的紧急程度，可分为特急、加急

紧急程度是对公文送达时限的要求，分特急和加急两种类型。电报分为特提、特急、加急、平急。《2012年党政机关公文处理工作条例》并未对特急和加急的办理时限提出具体的要求，各地党政机关可根据自身的实际情况自行制定。

3. 根据文件的秘密等级，可分为绝密、机密、秘密

绝密级国家秘密是最重要的国家秘密，泄露会使国家安全和利益遭受特别严重的损害；机密级国家秘密是重要的国家秘密，泄露会使国家安全和利益遭受严重的损害；秘密级国家秘密是一般的国家秘密，泄露会使国家安全和利益遭受损害。涉密公文应当根据涉密程度分别标注"绝密""机密""秘密"和保密期限。

4. 根据文件的处理要求，可分为承办件和参阅件

承办是指按机关领导人的批办意见和公文本身的要求进行具体的办理。承办部门是指那些对公文负有主办或答复责任的机关。对于承办部门来说，需要办理的文件就是承办件。参阅意为参看。对于参阅部门来说，参阅件是不需要本机关直接办理但必须知晓文件内容的文件。

5. 根据文件的来源，可分为发出文件、收来文件和内部文件

凡是本机关对外发出的文件均可称为发出文件，对于本机关接收的文件均可称为收来文件。值得注意的是，有的时候发出文件和收来文件指的是同一份文件。当一份文件由A发给B的时候，这份文件对于A来说就是发出文件，对于B来说就是收来文件。同样一份文件从不同的角度看，它的称谓也是有所不同的。内部文件是指在本机关内部使用的、不对外公开的文书。

三、公文的格式

公文一般由份号、秘密等级和保密期限、紧急程度、发文机关标志、发文字号、签发人、版头中的分隔线、标题、主送机关、正文、附件、附件说明、发文机关署名、成文日期及印章、附注、版记中的分隔线、抄送机关、印发机关和印发日期、页码等要素组成。

2012年6月29日发布的《党政机关公文格式》将公文的各要素划分为版头、主体、版记三部分。公文首页红色分隔线以上的部分称为版头；公文首页红色分隔线（不含）以下、公文末页首条分隔线（不含）以上的部分称为主体；公文末页首条分隔线以下、末条分隔线以上的部分称为版记。

（一）公文的版头

位于版头部分的要素有份号、秘密等级和保密期限、紧急程度、发文机关标志、发文字号、签发人、版头中的分隔线。

1. 份号

公文的份号是公文印制份数的顺序号，是将同一文稿印制若干份时每份公文的顺序编号。根据要求涉密公文应当标注份号。如需标注份号，一般用6位3号阿拉伯数字，顶格编排在版心左上角第一行，如"一号文件"的份号应标注成000001。

给文件编制份号便于准确掌握公文的印制份数、分发范围和对象。当文件需要收回保管或销毁时，可以对照份号掌握其是否有遗漏或丢失，发文机关根据份号可以掌握每一份公文的去向。根据要求发文机关发文和收文机关收文时，都要登记份号。

2. 秘密等级和保密期限

秘密等级是对文件内容保密情况的要求。涉密公文应当根据涉密程度分别标注"绝密""机密""秘密"和保密期限。公文如需标注密级，一般用3号黑体字，顶格编排在版心左上角第二行，且两字之间空1字，如："绝　密"。保密期限是对公文密级的时效加以规定的说明，保密期限中的数字用阿拉伯数字标注。如需同时标注秘密等级和保密期限，则用3号黑体字，顶格编排在版心左上角第二行，秘密等级和保密期限之间用"★"隔开。如："绝密★10年"。对于未标注保密期限的绝密文件则默认其保密期限为30年；机密文件则默认其保密期限为20年；秘密文件则默认其保密期限为10年。但值得注意的是，绝密级文件的保密期限不超过30年，机密级文件的保密期限不超过20年，秘密级文件的保密期限不超过10年。对需要延长保密期限的事项，应当在原保密期限届满前重新确定保密期限。

对在保密期限内因保密事项范围调整不再作为国家秘密的，或者公开后不会损害国家安全和利益，不需要继续保密的事项，应当及时解密。需要提前解密或者延长保密期限的，由原定密机关、单位决定，也可以由其上级机关决定。此外，不属于国家秘密的，不应当标注秘密标志。对于不需要标注秘密等级的文件，此处要留有空白。

3. 紧急程度

紧急程度是对公文送达和办理在时间上的要求。紧急程度可分为"特急"和"加急"两个级别。具体"特急"和"加急"的时间要求是多少，可由各地党政机关主管自行确定。如需标注紧急程度，一般用3号黑体字，顶格编排在版心左上角第1行，且两字之间空1字，如"特急"。如需同时标识秘密等级和紧急程度时，则采取上密下急的原则，将份号标识在版心左上角第1行，将秘密等级顶格标识在版心左上角第2行，紧急程度顶格标识在版心左上角第3

行。

公文处理必须做到及时、准确、安全。文件紧急程度的正确标注可以有效地提高在公共事务处理过程中的工作效率,确保公文的传递和办理快速及时。对于不需要标注紧急程度的文件,此处要留有空白。

4. 发文机关标志

发文机关即公文的作者,将公文的作者标注在版头部分充分体现了公文的庄重性与严肃性,同时也是发文机关权威性的重要体现。发文机关标志由发文机关全称或规范化简称加"文件"组成,如"国务院文件""黑龙江省人民政府文件"。发文机关标志也可单独使用发文机关全称或者规范化简称进行标识。多家党政机关联合行文时,发文机关标志的标注可以并用联合发文机关名称,也可以单独用主办机关名称。

发文机关标志居中排布,上边缘至版心上边缘为 35 mm,推荐使用小标宋体字,颜色为红色,以醒目、美观、庄重为原则。联合行文需标识多个发文机关时,将主办机关的发文机关标志排在第一位,其他发文机关标志按照"党、政、军、群"的顺序排列,"文件"二字置于发文机关名称右侧,上下居中排布,或不标注"文件"二字;当发文机关标志过多,导致首页不能出现正文时,可通过调整发文机关标志的行间距和字符间距的方法,务必使公文首页显示正文。

5. 发文字号

发文字号是在同一时期内所发的同一类文件的顺序编号。发文字号由发文机关代字、年份和发文顺序号组成。年份和序号用阿拉伯数码标识;年份应标全称,用六角括号"〔 〕"括入;序号不编虚位(即 1 不编为 001),不加"第"字,发文字号用 3 号仿宋体字标注。如:国办发〔2011〕31 号。

发文字号的位置有两种,下行文的发文字号在发文机关标志下空 2 行的地方,居中排布。上行文的发文字号在发文机关标志下空 2 行的地方,居左并且左空 1 字的位置,右侧对称的位置标注"签发人"这一要素。如果上行文的签发人为 2 人以上,则发文字号应与最后一个签发人的姓名处在同一行。联合行文只需标注主办方的发文字号即可。

6. 签发人

签发是指由主管人审核同意后,签名正式发出文件。以本机关名义制发的上行文,由主要负责人或者主持工作的负责人签发;以本机关名义制发的下行文或平行文,由主要负责人或者由主要负责人授权的其他负责人签发。签发人标识仅用于上报的公文,下行文和平行文不标识签发人。在上报的公文中标识签发人姓名,主要目的是让上级单位的领导人了解下级单位谁对上报事项负责。

签发人平行排列于发文字号右侧并且右空 1 字的位置,"签发人"三个字用 3 号仿宋体字书写,后标全角冒号,冒号后用 3 号楷体字标识签发人姓名。

如果是联合行文,则每个单位的负责人都应签署姓名,称为会签。上行文应当注明签发人、会签人姓名。如有多个签发人,签发人姓名按照发文机关的排列顺序从左到右、自上而下依次均匀编排,一般每行排两个姓名,回行时与上一行第一个签发人姓名对齐,同时下移版头中的分隔线。

7. 版头中的分隔线

在发文字号的下方 4 mm 处,有一条红色的线,这条线被称为版头中的分隔线。版头中的分隔线之上的部分称之为版头。

(二)公文的主体

位于公文的主体部分的要素有公文的标题、主送机关、正文、附件、附件说明、发文机关署名、成文日期及印章、附注。

1. 标题

文章的标题是对文章内容的概括。公文的标题应当准确简要地概括公文的主要内容并标明公文种类和发文机关。公文标题中除法规、规章名称加书名号外,一般不用标点符号。公文的标题一般用 2 号小标宋体字,编排于红色分隔线下空 2 行位置,分一行或多行居中排布;回行时,要做到词意完整,排列对称,长短适宜,间距恰当,标题排列应当使用梯形或菱形。公文的标题由发文机关名称、事由和文种组成。

2. 主送机关

主送机关是指公文的主要受理机关,主送机关应当使用全称或规范化简称、统称。主送机关在标题下方下空 1 行处,居左顶格,用 3 号仿宋体字标识,主送机关较多回行时仍顶格,最后一个主送机关名称后标全角冒号。如主送机关名称过多致使公文首页不能显示正文时,应将部分主送机关名称移至版记中,写法同抄送。既有主送机关又有抄送机关时,应当将主送机关置于抄送机关之上一行,之间不加分隔线。

3. 正文

公文的正文是公文的核心内容,位于主送机关名称下 1 行,每自然段左空 2 字,回行顶格。数字、年份不能回行。公文的正文可分开头、主体、结尾三个部分。开头主要介绍制发公文的背景、目的、依据、缘由。多以"为了……""由于……""依据……"领起文中内容。主体部分可根据具体的事项采用分条列项的结构进行写作。结尾可采用说明式或要求式结语结束全文。公文中结构层次序数依次可以用"一、""(一)""1.""(1)"标注。一般第一层用黑体字、第二层用楷体字、第三层和第四层用仿宋体字标注,正文其他部分用 3 号仿宋体字。公文的首页必须出现正文,如因发文机关标志过多致使首页不能出现正文时,可采取调整发文机关标志的字号、行间距等方式务必使首页出现正文;如因主送机关过多致使首页不能出现正文时,可将一部分主送机关移至版记中,从而达到首页出现正文的目的。

4. 附件

附件即随文所附的文件,是对正文起说明、补充或者参考作用的资料。附件的格式要求与正文相同。附件另面编排,并在版记之前,与公文正文一起装订。"附件"二字及附件顺序号用 3 号黑体字顶格编排在版心左上角第一行。附件标题居中编排在版心第三行。附件顺序号和附件标题应当与附件说明的表述一致。如附件与正文不能一起装订，应当在附件左上角第一行顶格编排公文的发文字号并在其后标注"附件"二字及附件顺序号。

5. 附件说明

公文如有附件，应在正文下空1行、左空2字的位置标注附件说明，即用3号仿宋体字标识"附件"二字，后标全角冒号和附件的名称。如果所标注的附件不止一个，则使用阿拉伯数码按序号标注附件（如"附件：1.×××××"）；附件名称后不加标点符号。附件名称较长需回行时，应当与上一行附件名称的首字对齐。有了附件说明可以更好地对随文所附的文件进行管理，如有附件遗漏可及时发现、处理，以免造成工作上的延误。

6. 发文机关署名、成文日期及印章

成文日期是公文生效的时间，是公文的一项重要内容。公文如果没有生效时间，在某种意义上就是一纸空文。成文日期以发文机关负责人签发的日期为准，会议通过的以会议通过的日期为准；联合行文以最后签发机关负责人签发的日期为准；电报则以发出日期为准。成文日期用阿拉伯数字将年、月、日标全，年份应标全称，月、日不编虚位（即1不编为01）。

印章是鉴定公文真伪的最重要的标志，公文中有发文机关署名的，应当加盖发文机关印章，并与署名机关相符。有特定发文机关标志的普发性公文和电报可以不加盖印章。

发文机关署名、成文日期的位置及印章的加盖形式有如下三种。

（1）加盖印章的公文

成文日期一般右空4字编排，印章用红色，不得出现空白印章。

单一机关行文时，一般在成文日期之上、以成文日期为准居中编排发文机关署名，印章端正、居中下压发文机关署名和成文日期，使发文机关署名和成文日期居印章中心偏下位置，印章顶端应当上距正文（或附件说明）一行之内。

联合行文时，一般将各发文机关署名按照发文机关的顺序整齐排列在相应位置，印章与发文机关署名一一对应，且端正、居中下压发文机关署名，最后一个印章端正、居中下压发文机关署名和成文日期。印章之间排列整齐、互不相交或相切，每排印章两端不得超出版心，首排印章顶端应当上距正文（或附件说明）一行之内。

（2）不加盖印章的公文

单一机关行文时，在正文（或附件说明）下空1行右空2字编排发文机关署名，在发文机关署名下1行编排成文日期，成文日期首字比发文机关署名首字右移2字，即成文日期首字与发文机关署名的第三字对齐，如成文日期长于发文机关署名，应当使成文日期右空2字编排，并相应增加发文机关署名右空字数。

联合行文时，应当先编排主办机关署名，其余发文机关署名依次向下编排。

（3）加盖签发人签名章的公文

单一机关制发的公文加盖签发人签名章时，在正文（或附件说明）下空2行右空4字加盖签发人签名章，签名章左空2字标注签发人职务，以签名章为准上下居中排布。在签发人签名章下空1行右空4字编排成文日期。

联合行文时,应当先编排主办机关签发人职务、签名章,其余机关签发人职务、签名章依次向下编排,与主办机关签发人职务、签名章上下对齐;每行只编排一个机关的签发人职务、签名章;签发人职务应当标注全称。

签名章一般用红色。

此外,当公文排版后所剩空白处不能容下印章或签发人签名章、成文日期时,可以采取调整行距、字距的措施解决。

7. 附注

附注是对公文印发和传达范围等有关事项作出的说明。对于一些在正文中不便提及但又不得不标注出来的信息,通常以附注的形式标出。附注不是对公文的内容作出的解释或注释,而是对公文的发放范围以及使用时需注意的事项所作的说明,如"此件发至县团级""此件可见报"等。公文如有附注,用3号仿宋体字,居左并且左空2字位置加圆括号标识在成文日期的下1行。

(三)公文的版记

位于公文版记部分的要素有抄送机关、印发机关和印发日期、版记中的分隔线等。

1. 抄送机关

抄送机关指除主送机关外需要执行或者知晓公文内容的其他机关。抄送机关应当使用全称、规范化简称或者同类型机关统称。

公文如有抄送机关,一般用4号仿宋体字,在印发机关和印发日期之上1行、左右各空1字编排。"抄送"二字后加全角冒号和抄送机关名称,回行时与冒号后的首字对齐,最后一个抄送机关名称后标句号。

2. 印发机关和印发日期

公文的印发机关是指送印机关;印发日期是指送印日期。

印发机关和印发日期一般用4号仿宋体字,编排在版记末条分隔线之上,印发机关左空1字,印发日期右空1字,用阿拉伯数字将年、月、日标全,年份应标全称,月、日不编虚位(即1不编为01),后加"印发"二字。

版记中如有其他要素,应当将其与印发机关和印发日期用一条细分隔线隔开。

(四)页码

页码位于版心外。页码一般用4号半角宋体阿拉伯数字,编排在公文版心下边缘之下,数字左右各放一条一字线;一字线上距版心下边缘7 mm。单页码居右空1字,双页码居左空1字。公文的版记页前有空白页的,空白页和版记页均不编排页码。公文的附件与正文一起装订时,页码应当连续编排。

四、公文的特定格式

1. 信函格式

信函的发文机关标志使用发文机关全称或者规范化简称，居中排布，上边缘至上页边为30 mm，推荐使用红色小标宋体字。联合行文时，使用主办机关标志。

发文机关标志下 4 mm 处印一条红色双线（上粗下细），距下页边 20 mm 处印一条红色双线（上细下粗），线长均为 170 mm，居中排布。

如需标注份号、密级和保密期限、紧急程度，应当顶格居版心左边缘编排在第一条红色双线下，按照份号、密级和保密期限、紧急程度的顺序自上而下分行排列，第一个要素与该线的距离为 3 号汉字高度的 7/8。

发文字号顶格居版心右边缘编排在第一条红色双线下，与该线的距离为 3 号汉字高度的 7/8。

标题居中编排，与其上最后一个要素相距 2 行。

第二条红色双线上 1 行如有文字，与该线的距离为 3 号汉字高度的 7/8。

首页不显示页码。

版记不加印发机关和印发日期、分隔线，位于公文最后一面版心内最下方。

2. 命令（令）格式

命令的发文机关标志由发文机关全称加"命令"或"令"字组成，居中排布，上边缘至版心上边缘为 20 mm，推荐使用红色小标宋体字。

发文机关标志下空 2 行居中编排令号，令号下空 2 行编排正文。

签发人职务、签名章和成文日期与公文写法一致。

3. 纪要格式

纪要的标志由"×××××纪要"组成，居中排布，上边缘至版心上边缘为 35 mm，推荐使用红色小标宋体字。

标注出席人员名单，一般用 3 号黑体字，在正文或附件说明下空 1 行左空 2 字编排"出席"二字，后标全角冒号，冒号后用 3 号仿宋体字标注出席人单位、姓名，回行时与冒号后的首字对齐。

标注请假和列席人员名单，除依次另起一行并将"出席"二字改为"请假"或"列席"外，编排方法同出席人员名单。

纪要格式可以根据实际制定。

文件式公文（下行文）格式图例
000001
机密★10年
特　急

×××××× 文件

×××〔2013〕1 号

×××省人民政府关于××××××通知

　×××××××：
　　××××××××××××××××××××××××××××××
××××××××××××××××××××××××××××××
××××××××××。

　　附件：1.××××××××
　　　　　2.×××××××

×××省人民政府
2013 年 1 月 1 日　

（请在此处填写附注）

　抄送：××××××，××××××，××××××，××××××，××××××，×××
　　　　××××××。

印发机关　　　　　　　　　　　　　　　　　　　　　　　　　　印发日期

文件式公文(上行文)格式图例
000001
机密★10年
特　急

✕✕✕✕✕✕文件

✕✕✕〔2013〕1号　　　　　　　　　　　签发人：✕✕✕　✕✕✕
　　　　　　　　　　　　　　　　　　　　　　　　✕✕✕

✕✕✕省人民政府关于✕✕✕✕✕✕通知

✕✕✕✕✕✕：
　　✕✕。

　　附件：1.✕✕✕✕✕✕
　　　　　2.✕✕✕✕✕

✕✕✕省人民政府
2013年1月1日

（请在此处填写附注）

抄送：✕✕✕✕✕✕，✕✕✕✕✕✕，✕✕✕✕✕✕，✕✕✕✕✕✕，✕✕✕✕✕✕，✕✕✕✕✕✕✕✕✕✕。

印发机关　　　　　　　　　　　　　　　　　　　　　　　　印发日期

第二节 公告 通告

一、公告

(一)公告的含义及特点

1. 公告的含义

公告适用于向国内外公布重要事项或法定事项。所谓重要事项多指领导人的出访,宪法的修订,领导人的换届选举,国家领导人、人民代表、人大常委会委员职务的变更、任免,国家领导人的重要活动。所谓法定事项是指依据宪法和法规制定的、要求国内外人士共同遵守的法律法规。

2. 公告的特点

(1)发布事项的重要性

公告所发布的事项是对国内外均能产生重大影响的重要事项和法定事项。

(2)制文机关的限制性

公告的制文机关级别较高,能够使用公告这一文种的机构一般为最高或较高的国家机关及其职能部门。层次级别较低的国家机关不具备对国内外均能产生影响的决策权,通常也就不具备制发公告的权力。

(二)公告的分类

根据《2012年党政机关公文处理工作条例》对公告适用范围的界定,可将公告分为规定性公告和事项性公告两种类型。

1. 规定性公告

规定性公告用于宣布法定事项,这类公告多是要求人们遵守的。

2. 事项性公告

事项性公告用于向国内外公布重要事项,其目的和出发点在于告知,对告知对象没有执行遵守的要求。

(三)公告的写作

1. 标题

公告的标题由"发文机关+事由+文种"组成,如《中国人民银行关于进一步改革外汇管理体制的公告》。

2. 文号

公告的文号是制文机关所发公告的顺序编号,标注为"第×号"。偶尔发布的公告可不标注文号。

3. 正文

公告的正文一般由开头、主体和结尾三部分组成。

(1) 开头

开头部分简明扼要地说明发布公告的背景、缘由、目的、依据。

(2) 主体

主体是公告的核心部分。这部分内容必须简洁、准确。对于内容较多的公告可采用分条列项的写法,将主体内容按照一定次序进行有序的排列,既层次清晰,又主次分明。

(3) 结尾

公告多用惯用语作结,如"特此公告""现予公布实施"等。

二、通告

(一) 通告的含义及特点

1. 通告的含义

通告适用于在一定范围内公布应当遵守或者周知的事项。

通告所公布的事项一方面是让人知晓的,另一方面是要求人们遵守的。通告之所以能对人们具有这样的约束力,是由于制发通告的机关在其管理范围内具有管理权和执行权。如税务部门可以制发关于税收的通告,交通部门可以制发关于交通管理的通告。

2. 通告的特点

(1) 对象的广泛性

通告的内容涉及社会各有关方面,其使用范围较为广泛,所涉及的行文对象也较多。通告和通知均属于周知性的文种,但与通知相比,通告涉及的范围更大,行文对象也更为广泛。

(2) 形式的多样性

与那些仅以文件形式下发的文种相比,通告的发布形式呈现出多样性的特点。通告除能够以文件的形式下发外,还可以采用报纸、广播、电视等媒体对外发布,在特定的范围内还可采取张贴等方式对外发布。

(二) 通告的分类

根据《2012年党政机关公文处理工作条例》对通告适用范围的界定,可将通告分为事项性通告和规定性通告两种类型。

1. 事项性通告

就某一事情向一定范围内公布,如中国人民银行发行新版人民币的通告。

2. 规定性通告

就政策、法规、规章制度等在一定范围内公布,如北京发布关于清理涉嫌非法运营滞留机动车的通告;公安部发出收缴非法枪支弹药等危险品的通告等。

（三）通告与公告、通知的区别

1. 通告与公告的区别

通告与公告都属于非常规版头的文件，二者有很多相似的地方，但也有明显的区别。

（1）适用范围不同

通告适用于公布社会各有关方面应当遵守或周知的事项；公告适用于向国内外公布重要事项或法定事项。根据二者的适用范围我们不难看出，公告的适用范围比通告大。公告所涉及的事项是要求国内外人士共同知晓或遵守的，而通告仅仅涉及社会生活的某一个方面。

（2）涉及的内容性质不同

通告涉及的内容往往是社会性、事务性及业务性的问题；公告所涉及的内容则是重要事项或法定事项。

（3）制文机关的级别不同

公告的制文机关级别较高，一般为最高或较高的国家权力机关，基层单位不可以制发公告；通告的制文机关则不受级别限制，各级各类的党政机关均可以制发通告。

2. 通告与通知的区别

（1）适用范围不同

通知的适用范围往往比较具体，行文过程中能够找到具体而明确的行文对象。通告属于普发性文种，其行文对象无法限定，通常是一个较大范围内的众多对象。

（2）发布方式不同

绝大多数通知都是以文件的形式发布的，有些通知还存在着保密的要求。通告也有以文件形式下发的，但绝大多数通告都是以报纸、广播、电视等媒体对外发布的。通告的内容往往不存在保密的要求。

（3）格式要求不同

通知能够找出具体而明确的受文对象，因此通知必须标明主送机关，有的通知还需标出抄送机关。通告的行文对象无法限定，因此不需要标明主送机关和抄送机关。

通知的发文字号由"发文机关代字+年号+顺序号"组成，而通告的发文字号则为"第×号"。

（4）规范性能不同

通知的规范性及约束力比通告弱，通常情况下只用来指导工作活动或周知事项。通告的内容往往具有法规作用，它对某些事项作出具有权威性的规定，要求有关范围内的相关人员遵守。

（四）通告的写作

1. 标题

通告的标题由"发文机关+事由+文种"组成，如《卫生部公安部关于维护医疗机构秩序的通告》《重庆市人民政府关于加强主城区燃放烟花爆竹管理的通告》。

2. 正文

通告的正文由开头、主体、结尾三部分组成，即通告缘由、通告事项和通告结语。

(1) 通告缘由

缘由部分主要阐述制发通告的背景、缘由、依据、目的。此处要写得简明扼要，不可长篇大论，并且要论述充分。之后由"现将有关事宜通告如下"或"特此通告"过渡到正文部分。

(2) 通告事项

这部分是通告的主体，用来阐述所通告的主要事项。事项性通告应写明具体的通告事项；规范性通告应写明具体的规定、要求以及执行的时间。为了使内容清晰明了，通常采用分条列项式来构建文章的整体布局。此外，要注意用好小标题和中心句。

(3) 通告结语

通告通常采用"特此通告""此告""本通告自发布之日起执行"等惯用语作结。

(五) 通告写作的注意事项

1. 通告事项要符合政策规定

通告所公布的事项多为事务性、业务性问题，涉及社会生活的各个方面，所宣告的事项必须符合国家的有关政策规定，与国家的政策导向相一致。

2. 注意文种的选择

使用通告时要注意区分公告与通告、通知与通告的使用，防止用错文种。

例文评析

【例文1】

中华人民共和国财政部
关于调整完善离岛免税政策部分内容的公告

为进一步发挥海南离岛旅客免税购物政策(以下简称离岛免税政策)效果，支持海南加快国际旅游岛建设，国务院决定调整完善离岛免税政策部分内容。财政部经商商务部、海关总署、国家税务总局、质检总局、食品药品监管局，现就离岛免税政策调整的有关事项公告如下：

一、对离岛免税政策部分内容作如下调整：

(一)将政策适用对象的年龄条件调整为年满16周岁。

(二)增加美容及保健器材、餐具及厨房用品、玩具(含童车)等3类免税商品品种。调整后，免税商品品种扩大至21种，具体商品品种详见附件，其中国家规定不符合民航安全要求、禁止进口以及20种不予减免税的商品除外。

(三)将离岛旅客每人每次免税购物限额调整为人民币8 000元，即单价8 000元以内(含8 000元)的免税商品，每人每次累计购买金额不得超过8 000元，同时适当提高购买免税商品数量范围(详见附件)。

此外,免税限额中如有剩余(或未使用),旅客可在购买1件单价8 000元以上商品时调剂使用,相应扣减应缴进境物品进口税的税基,即旅客在以"商品零售价格-剩余免税限额"计价缴纳进境物品进口税的条件下,每人每次还可以购买1件单价8 000元以上的商品。

二、除以上调整外,离岛免税政策其他内容继续执行《财政部关于开展海南离岛旅客免税购物政策试点的公告》(财政部公告2011年第14号)的有关规定。同时,离岛免税商品须符合检验检疫、中文标签、产品认证、卫生许可、质量安全等相关规定。

本公告自2012年11月1日起执行。

特此公告

附件:离岛免税商品品种及每人每次购买数量范围

财 政 部

2012年10月22日

【评析】

这是一则规定性公告。

这则公告先由"为进一步发挥海南离岛旅客免税购物政策效果,支持海南加快国际旅游岛建设"阐述发文目的,后经"现就离岛免税政策调整的有关事项公告如下"引出正文部分,进而具体阐述该公告所发布的相关事宜。由于主体内容较为复杂,因此该文采用了分条列项式的写法,使这则公告的主体部分条理更加清晰。

【例文2】

福建省林业厅关于发布鸟类禁猎期的通告

闽林动植〔2012〕18号

鸟类是生态系统的重要组成部分,也是国家宝贵的自然资源。保护鸟类对保护生物多样性,维护生态平衡,建设生态文明,促进人与自然和谐发展具有重要意义。根据《中华人民共和国野生动物保护法》,为进一步加强鸟类资源保护,决定在福建省境内对鸟纲所有种(鸟类)进行禁猎,禁猎期为2012年11月1日至2022年10月31日。禁猎期间,除科学研究、疫病防控、保障航空安全等特殊情形外,各级林业主管部门对猎捕鸟类的行政许可申请一律不予审批。凡未经林业主管部门批准,非法猎捕鸟类的,由县级以上林业主管部门依法给予处罚;构成犯罪的,依照《刑法》第三百四十一条的规定,依法追究刑事责任。

特此通告

福建省林业厅

2012年11月1日

【评析】

这是一则规定性通告。

这则通告内容较少,故采用了一段式写作形式。开头"鸟类是生态系统的重要组成部分,也是国家宝贵的自然资源。保护鸟类对保护生物多样性,维护生态平衡,建设生态文明,促进人与自然和谐发展具有重要意义"构成了本文的写作背景。后续进一步阐述了制发本则通告的依据、目的和具体通告事项,符合通告的写作要求。

不足之处在于"根据《中华人民共和国野生动物保护法》"表述不完整,"决定在福建省境内对鸟纲所有种(鸟类)进行禁猎"缺少主语。如果将这部分内容调整为"为进一步加强鸟类资源保护,根据《中华人民共和国野生动物保护法》的有关规定,福建省林业厅决定在福建省境内对鸟纲所有种(鸟类)进行禁猎,禁猎期为2012年11月1日至2022年10月31日"就较为完善了。

由此可见,在公文写作中,处理好"背景""缘由""目的""依据"的逻辑关系及次序,对写好公文是非常有益的。

第三节 通　　知

一、通知的含义及特点

(一)通知的含义

根据《2012年党政机关公文处理工作条例》的界定,通知适用于发布、传达要求下级机关执行和有关单位周知或者执行的事项,批转、转发公文。

(二)通知的特点

1. 广泛性

通知的适用范围非常广泛。它是公文15类文种中使用频率最高、使用范围最广的一个文种。通知的广泛性体现在,通知在使用上不受制文机关级别的限制,上至最高的国家党政机关,下至基层单位,均可以使用通知这一文种。不仅如此,事无大小均可采用通知进行行文。

2. 告知性

通知是用来传达要求下级机关办理和需要有关单位周知或者执行事项的文种,告知性是通知的典型特点。

二、通知的分类

根据通知的含义可将通知分为四种类型,即批转、转发性通知,发布(印发)性通知,指示性通知,知照性通知。

（一）批转、转发性通知

批转性通知有两种情况，一种是上级机关认为下级机关的来文对全局工作有一定的指导作用，将下级机关的来文批准后转发给其下级机关知晓或执行。为了提高工作效率，上级机关不必将来文的内容重新做成文件而是将下级机关的文件直接进行转发。另外一种情况是业务主管部门将文件提交给自身领导机关，由领导机关批转给其下级机关了解或执行。

与批转性通知不同的是，转发性通知只有"转"而不需要"批"。批转性通知的文件来源于中转机关的下级，而转发性通知的文件来源于中转机关的上级或不相隶属机关，这些文件自身就具有比中转机关高或者相同的法定效力，因此，中转机关只需要将这些文件直接转给下级机关知晓或执行即可。

（二）发布（印发）性通知

与批转、转发性通知不同的是，发布（印发）性通知中的文件来源于发布者自身。在发放的同时为了表明发放的范围、目的以及对收文机关提出哪些要求，发文机关在发放文件时，在文件前加上一个说明性的文件，这个起到说明作用的文件就是发布（印发）性通知。

（三）指示性通知

指示性通知是上级机关对下级机关作出指示时所使用的一类通知。指示性通知往往为下级机关开展工作提供指导和指明方向。

（四）知照性通知

知照性通知是以告知为目的，不需要下级机关执行或办理的通知，如停水通知、放假通知、印章启用通知、机构调整通知、会议通知、人员任免通知等。

三、通知的写作

（一）通知的标题

通知的标题可采用完全式，即由"发文机关+事由+文种"组成，如《国务院办公厅关于2013年部分节假日安排的通知》。

批转、转发以及发布（印发）性通知可以采用转文式公文标题，即由"发文机关+被转文件的发文机关+被转文件的名称+通知"组成，如《国务院批转公安部关于推进小城镇户籍管理制度改革意见的通知》《黑龙江省人民政府转发国务院关于开展严厉打击制售假冒伪劣商品违法犯罪活动联合行动的通知》《国务院办公厅关于印发兴边富民行动规划（2011—2015年）的通知》。

通知的标题中可在文种前加"紧急""临时""补充"等字样。在批转、转发及发布（印发）性通知中如果一个文件被多次转发势必会出现标题冗繁的现象，因此这类标题可根据需要省略部分环节和重复的词语。

(二)主送机关

主送机关即受文对象,作为通知来讲必须明确标出主送机关。

(三)正文

正文是通知的主要部分,由于类型的不同其写法也不尽相同。

1. 批转、转发性通知

批转、转发性通知一般来说篇幅较短,主要交代转发文件的目的、对收文机关的具体要求等。

批转性通知在这部分主要交代批转机关名称、对所转文件的态度和对受文机关提出简明的执行要求。所提要求要紧扣被批转的文件来提,一般侧重强调被批转文件的意义和作用,并在此基础上对受文机关提出贯彻执行的要求。

转发性通知在这一部分只写被转公文的发文机关名称和标题,并根据文件的意义及作用对受文机关提出简明的执行要求。

2. 发布(印发)性通知

发布(印发)性通知的正文由制订原因、被发布文件的名称、发布单位的意见及要求三部分组成。通常的写法为:"根据……我们制订了《××××办法》,现印发给你们,请遵照执行。"

3. 指示性通知

指示性通知的正文可分为三部分:开头、主体、结尾。

(1)开头

这部分可按照需要说明发布该通知的目的、意义以及要求。上级机关对于一些灾害性、事故性等问题作出指示时,往往先交代该事项的重要性,以及各级领导部门对这一问题的重视程度、采取过哪些措施、取得了哪些成绩,然后由转折连词"但是"引出现阶段工作中存在的问题以及问题的危害性,最后阐述发文的目的,并引出主体部分的内容。

(2)主体

主体是通知的核心内容,进一步交代上级机关的指示精神、意见,以便为下级机关开展工作提供依据和原则。这部分内容一定要交代明确,才能使下级机关在开展工作的过程中做到有的放矢。

(3)结尾

结尾可以对下级机关提出具体的要求,以保障通知的贯彻实施。

4. 知照性通知

知照性通知的正文比较简单,一般包括通知的缘由和通知的事项两个部分。通知的缘由包括发文的目的、依据,通知的事项则为通知的具体事宜。会议通知则要交代清楚会议名称,召开会议的目的、意义、议题,与会人员的范围及是否需要发言,会议召开的时间、地点等相关内容。任免通知是任命和免去干部职务时所使用的通知。任免通知要交代清楚任免的依据及任免人员的姓名及职务。任免通知的书写应遵循职务由高到低的书写原则,有任有免的时候任在前免在后。

四、通知写作的注意事项

1. 语言表述清楚
通知内容要表述准确,用语要得体,要让受文机关能够准确把握通知的主要内容。

2. 结构层次清晰
对于篇幅较长的通知应注意结构层次的划分和内在结构的合理安排。

例文评析

【例文1】

**国务院办公厅关于
加强饮用水安全保障工作的通知**

国办发〔2005〕45号

各省、自治区、直辖市人民政府,国务院各部委、各直属机构:

  饮用水是人类生存的基本需求。党中央、国务院对饮用水安全保障工作高度重视,胡锦涛总书记、温家宝总理多次作出重要批示。近年来,中央和地方加大了城乡饮用水安全保障工作的力度,采取了一系列工程和管理措施,解决了一些城乡居民的饮水安全问题。但是,饮用水安全形势仍十分严峻,不少地区水源短缺,有的城市饮用水水源污染加重,一些农村地区饮用水存在苦咸或含有高氟、高砷及血吸虫病原体等问题,对人民群众身体健康构成严重威胁。为进一步加强饮用水安全保障工作,经国务院同意,现就有关问题通知如下:

  一、充分认识保障饮用水安全的重要性和紧迫性

  饮用水安全问题,直接关系到广大人民群众的健康。切实做好饮用水安全保障工作,是维护最广大人民群众根本利益、落实科学发展观的基本要求,是实现全面建设小康社会目标、构建社会主义和谐社会的重要内容,是把以人为本真正落到实处的一项紧迫任务。各地区、各部门要从实践"三个代表"重要思想和执政为民的高度,充分认识保障饮用水安全的重要性和紧迫性。地方各级人民政府要加强领导,把这项工作纳入重要议事日程,建立领导责任制,切实抓好各项措施的落实。各有关部门要各司其职,密切配合,加大工作力度,共同做好饮用水安全保障工作。

  二、认真组织规划编制工作

  国务院有关部门要按照城乡统筹、合理布局、防治并重、综合治理、因地制宜、突出重点的原则,尽快组织编制全国城乡饮用水安全保障规划,进一步明确我国饮用水安全保障的目标、任务和政策措施。通过合理保护和配置水资源、大力防治水污染、开展城乡供水工程建设、建立合理水价形成机制、推行节约用水和加强监督管理等措施,优先满足饮用水需求,确保城乡

居民饮用水安全。各地区要根据规划编制的统一部署和要求，认真研究解决本地区饮用水安全问题，结合实际提出切实可行的目标和任务，并纳入本地区经济和社会发展规划。

三、加强水资源保护和水污染防治工作

各省、自治区、直辖市要以保障饮用水水源安全为重点，进一步加大水资源保护和水污染防治工作力度。要依法严格实施饮用水水源保护区制度，合理确定饮用水水源保护区，严格禁止破坏涵养林和水资源保护设施的行为，因地制宜地进行水源安全防护、生态修复和水源涵养等工程建设。要大力治理污染，严格实行污染物排放总量控制，严厉打击违法排污行为，积极推进循环经济，加快推行清洁生产。各地区要结合实际，定期开展对集中饮用水水源保护区的检查，对查出的问题要进行专项整治并挂牌督办；对违法违规建设的项目，要责令停建并限期治理整顿或拆除；对排污超标的企业和单位，要责令限期达标排放或搬迁。要积极开展农业水源污染防治工作，指导农户合理施用化肥、农药，严禁使用高毒、高残留农药，推广水产生态养殖，推进畜禽粪便和农作物秸秆的资源化利用。

四、加大农村饮用水工程建设力度

进一步加大解决农村饮用水安全问题的工作力度，采取集中供水、分质供水、分散供水以及农村卫生环境整治等工程措施，重点解决高氟、高砷、苦咸和污染水以及严重缺水地区的饮用水安全问题。中央继续安排农村饮用水工程建设投资，对中西部地区重点扶持。地方各级人民政府要积极筹措资金，加大投入力度。东部较发达地区要率先解决农村饮用水安全问题，有条件的地方尽早实现城乡统筹区域供水。要强化农村饮用水工程项目管理，切实做好前期工作，并严格按照规划要求和建设程序实施。要建立良性循环的供水管理体制和运行机制，确保工程项目充分发挥效益。

五、加快城市供水设施建设和改造

各地区要加快城市供水设施的建设和技术改造，提高供水能力，扩大供水范围。要按照多库串联、水系联网、地表水与地下水联调、优化配置水资源的原则，加快城市供水水源的建设，提高城市供水安全的保障水平。凡饮用水水源水质不符合标准的，应当提出强制性的技术措施，制订水厂技术改造规划，采用先进适用技术，改进水处理工艺。要把城市供水管网改造作为重点，优先改造漏损严重和对供水安全影响较大的管网，改善供水水质。各地区要加快城市污水处理设施的建设，加强污水处理厂的运行管理，逐步实现污水深度处理，不断提高再生水利用率。

六、加强饮用水安全监督管理

各地区要加强对饮用水水源、水厂供水和用水点的水质监测，对取水、制水、供水实施全过程管理，及时掌握城乡饮用水水源环境、供水水质状况，并定期检查。对检查不合格的供水单位，要严格按照有关规定进行查处，并督促限期整改。各供水单位要建立以水质为核心的质量管理体系，建立严格的取样、检测和化验制度，按国家有关标准和操作规程检测供水水质，并完善检测数据的统计分析和报表制度。国务院有关部门要尽快制定既符合我国国情，又与国际

先进水平接轨的饮用水水质国家标准,积极开展相关检测方法和标准的制(修)订工作。

七、建立储备体系和应急机制

各省、自治区、直辖市要建立健全水资源战略储备体系,各大中城市要建立特枯年或连续干旱年的供水安全储备,规划建设城市备用水源,制订特殊情况下的区域水资源配置和供水联合调度方案。地方各级人民政府应根据水资源条件,制订城乡饮用水安全保障的应急预案。要成立应急指挥机构,建立技术、物资和人员保障系统,落实重大事件的值班、报告、处理制度,形成有效的预警和应急救援机制。当原水、供水水质发生重大变化或供水水量严重不足时,供水单位必须立即采取措施并报请当地人民政府及时启动应急预案。

国务院办公厅(印章)
二〇〇五年八月十七日

【评析】

这是一则指示性通知。

这则通知的开头属于指示性通知的典型写法,开篇交代了饮用水的重要性、党中央、国务院对饮用水安全保障工作的重视以及取得的成绩。再经"但是"进行转折引出现阶段所存在的问题,并进一步交代问题的危害性,借此引出解决问题的必要性。再由"为进一步加强饮用水安全保障工作,经国务院同意,现就有关问题通知如下"作为过渡引出正文部分的内容。

正文部分采用了分条列项的写法。分别从提高认识、组织规划、加强水资源保护和水污染防治工作、加大农村饮用水工程建设力度、加快城市供水设施建设和改造、加强饮用水安全监督管理、建立储备体系和应急机制七个方面进行阐述,全面而具体,层层推进。

这则通知是2005年发布的,执行的是2000年8月24日发布的《国家行政机关公文处理办法》所规定的写作要求,因此公文的"发文机关署名"与"成文日期"部分的写法与2012年7月1日执行的《党政机关公文格式》的新要求有所不同。本章例文如有未标注发文机关署名或成文日期为汉字书写的均属于此种情况。

【例文2】

××市电子政务管理办公室
关于召开县市区政府网站工作会议的通知

各县市区电子政务办(信息化办)、市电子政务办各科室、社区办:

兹定于9月17日下午3:00在××县恒瑞国际大酒店召开县市区政府网站工作会议,研究部署政府门户网站建设工作,时间两天。

参加人员:各县市区电子政务办(信息化办)主任,市电子政务办各科科长及社区办主任。

请各单位参会人员于2012年9月17日上午12:00前到××县恒瑞国际大酒店报到。9月15日下午17:00前,将参会人员名单回执(见附件)报送会务组。

会务组联系人:××
会务组联系电话:××××××
报送参会回执QQ邮箱:××××××
附件:参会人员名单回执

××市电子政务管理办公室
2012年9月14日

【评析】

这则通知属于知照性通知中的会议通知。

该通知明确地交代了本次会议的名称,会议召开的时间、地点,与会人员以及会议讨论的主要内容,符合会议通知的写作要求。

【例文3】

国务院办公厅关于转发发展改革委
住房城乡建设部绿色建筑行动方案的通知

国办发〔2013〕1号

各省、自治区、直辖市人民政府,国务院各部委、各直属机构:

发展改革委、住房城乡建设部《绿色建筑行动方案》已经国务院同意,现转发给你们,请结合本地区、本部门实际,认真贯彻落实。

国务院办公厅
2013年1月1日

(此件公开发布)

【评析】

这是一则转发性通知。

标题由"发文机关+被转文件的发文机关+被转文件的事由+通知"组成。这是转发性通知典型的写法。正文部分先是简要地交代了转发机关对所转文件的基本意见和态度,再对受文机关提出具体要求。

本文符合转发性通知的写作要求。

此外,该通知在成文日期下1行标有"此件公开发布"这一附注,这是对该通知印发传达范围做出的要求。

第四节 通 报

一、通报的含义及特点

（一）通报的含义

国务院2012年发布的《2012年党政机关公文处理工作条例》规定，通报适用于表彰先进、批评错误、传达重要精神和告知重要情况。

（二）通报的特点

1. 教育性

对于用来表彰好人好事的通报，其写作目的是让更多人向被表彰者学习，通过榜样的作用让更多的人见贤思齐；对于用来批评错误的通报，其写作目的并不在于惩罚而在于教育，通过对犯有错误的人或集体进行通报，让更多的受教育对象不再犯与行为人相同的错误；对于通报情况的通报则是为了教育下属，下属受到教育启发才能更好地开展工作。上级机关制发通报的目的在于让下级部门在知晓有关情况的前提下，学习先进者的经验，吸取失败者的教训，了解全局工作的进展情况，注意容易出现的问题。可以说教育作用是通报的基本作用。

2. 典型性

不论是哪种类型的通报，都必须选择那些能够引起人们注意的、具有较强说服力、能够在人们的头脑中留下深刻印象并长久发挥作用的事件，即典型的事件。所谓典型是具有代表性的人或事。典型事件一定要过硬，能够经得起推敲；典型事件一定要能学得来。制发通报的目的是通过典型的事例让广大人民群众受到启示，让那些具有错误思想或存在某一错误思想倾向的人受到教育，因此在制发通报时要注意选取具有可模仿性和可操作性的典型事件来写。此外，通报的典型性还要与普遍性或倾向性相结合，务必使通报具有广泛的指导性和普遍的适用性。

3. 时效性

制发通报是为了推进当前工作的开展，因此制发通报还应注意时效性的问题，否则，时过境迁，通报就失去了教育的最佳时机。

二、通报的分类

根据《2012年党政机关公文处理工作条例》对通报适用范围的界定，可将通报分为表彰性通报、批评性通报和情况性通报三个类型。

1. 表彰性通报

表彰性通报用来表彰具有典型性的先进集体或个人，表扬好人好事，使广大人民群众向先进的集体或个人学习，以达到见贤思齐的目的。

2. 批评性通报

批评性通报是用来批评犯有错误的典型单位、集体或个人,借此让其他单位或个人引以为戒,不犯类似的错误。

3. 情况性通报

情况性通报用来传达重要精神或情况,便于下级机关了解上级机关开展工作的有关情况、上级机关的重要精神、政策导向等。情况性通报内容繁多,概括起来主要有两种,一种是对某一具体对象有关情况的通报,一种是对全局范围内普遍存在的某种问题的综合通报。

三、通报的写作

(一)标题

通报的标题为"发文机关+事由+文种",如《国家文物局关于故宫博物院珍贵文物损坏情况通报》。有的表扬性通报还可以在标题中标明"表彰"字样,如《2011年度征兵工作先进单位和先进个人表彰通报》。

(二)正文

不同类型的通报,其正文的侧重点也不尽相同。

1. 表彰性通报

表彰性通报的写作可分为四个部分:概述先进事迹、分析和评价、表彰决定、提出希望和号召。

(1)概述先进事迹

这部分一定要写清被表彰者为何人,在何单位,任何职务,在何时、何地、何种背景下,做了何事。对于单位则需交代清楚是何单位,在何种背景下,做了何事。在表彰性通报中背景的交代尤为重要,这是对被表彰者高贵品质的良好衬托,也是我们进一步分析、评价的出发点。

(2)分析和评价

通过对被表彰者先进事迹的分析和评价,帮助人们提高对先进事迹的认知程度,从而唤起人们向先进者学习的热情。

(3)表彰决定

这部分要写清楚何单位授予被表彰者何种奖励。

(4)提出希望和号召

这部分可分两个层次来写,一是希望被表彰者再接再厉,二是号召广大群众向被表彰者学习。这部分行文要简洁,不可过于冗长。也有用"特予以通报表扬,以资鼓励"之类的惯用语作结的。

2. 批评性通报

批评性通报可分为四个部分:错误事实、错误的性质及危害、处理决定、普遍要求。

(1) 错误事实

这部分要交代清楚被通报者的基本情况,被通报者在何时、何地,做了何事,违反了何种规定,犯了何种错误,造成了何种后果。这部分是对错误事实进行分析的前提。

(2) 错误的性质及危害

这部分要紧承错误事实进行分析,这一错误事实属于何种性质,造成这一错误事实的原因是什么,产生了何种危害,通过分析来提高被教育者对错误的认识程度。同时,这部分也是严肃处理的基本依据,因此必不可少。

(3) 处理决定

这部分要写清何单位给予被通报者何种处分。

(4) 普遍要求

这部分是针对受文对象所提出的,要求受文对象从中吸取教训,防止类似的错误再度发生。

3. 情况性通报

情况性通报的正文是对所通报情况准确、全面、充分的通报。情况性通报可分为三个部分:制发通报的缘由、通报事实、下一步工作的意见和要求。

(1) 制发通报的缘由

这部分主要交代为什么要制发这样一则通报,通报的出发点、目的、原因是什么。通常的写法是:"在某种背景下对某项工作进行了检查(清查、调查、验收、审计、总结等)……有一定成绩,更查出了问题(问题往往既普遍又严重)……为……现将有关情况通报如下。"如果是针对问题进行通报则可省略成绩部分,直接对问题进行叙述。

(2) 通报事实

这是情况通报的主体部分。如果是综合性通报,这部分可分成绩和问题两部分分别叙述;如果是问题性通报,则需要把所存在的问题梳理成几类分别加以叙述。

(3) 下一步工作的意见和要求

上级机关向下级通报情况,目的在于指导下级机关的工作,因此必须有所要求。

四、通报写作的注意事项

1. 选材要典型

通报的写作要选取具有典型性的材料,典型的事例能对下级机关产生良好的指导作用。好的以资效仿,错误的引以为戒,交流信息,保证工作的顺利进行。

2. 注意文种的区别

命令、决定、通报都可以用来表彰先进,三者又存在一定的差别。根据《2012年党政机关公文处理工作条例》的界定,"命令适用于公布行政法规和规章、宣布施行重大强制性措施、批准授予和晋升衔级、嘉奖有关单位和人员";"决定适用于对重要事项作出决策和部署、奖惩有关单位和人员、变更或者撤销下级机关不适当的决定事项";"通报适用于表彰先进、批评错误、传达重要精神和告知重要情况"。由此可见,对于特别重要的或具有全局性影响的表彰用命令;以奖励为目的的表彰用决定;以教育为目的的表彰用通报。

例文评析

【例文1】

国务院关于表扬全国"两基"
工作先进地区的通报

国发〔2012〕47号

各省、自治区、直辖市人民政府,国务院各部委、各直属机构:

在党中央、国务院正确领导下,经过各地区、各部门和全国人民的共同努力,2011年我国全面实现九年义务教育,青壮年文盲率下降到1.08%。这是我国教育改革发展的重大成就。在实施"两基"(基本普及九年义务教育、基本扫除青壮年文盲)巩固提高和"两基"攻坚过程中,各地党委政府认真贯彻落实教育法律法规和方针政策,坚持教育优先发展,突出"两基"重中之重地位,加强组织领导,广泛宣传动员,上下一心,扎实工作,许多地区作出了显著成绩,创造了丰富经验。为表扬先进,激励和动员全社会进一步重视、关心、支持教育事业,推动义务教育工作迈上新的台阶,国务院决定,对北京市顺义区等80个"两基"工作先进地区予以通报表扬。

希望受到表扬的先进地区再接再厉,开拓进取,改革创新,把本地区的义务教育提升到一个新水平,开创教育改革发展新局面。各地区要向受到表扬的先进地区学习,坚持以科学发展观统领教育事业全局,坚持把义务教育摆在重中之重的位置,深入贯彻落实《国家中长期教育改革和发展规划纲要(2010—2020年)》,努力办好人民满意的教育,推动教育事业在新的历史起点上科学发展,为全面建设小康社会和中华民族伟大复兴作出新的更大贡献。

附件:全国"两基"工作先进地区名单

国务院

2012年9月5日

【评析】

这是一则表彰性通报。

开头先交代了现阶段"两基"工作的开展情况以及"两基"工作取得的成绩。在概括完基本情况的基础上,文章进一步指出"许多地区作出了显著成绩,创造了丰富经验"。"为表扬先进,激励和动员全社会进一步重视、关心、支持教育事业,推动义务教育工作迈上新的台阶",国务院特制发了此则通报。结尾处,一方面"希望受到表扬的先进地区再接再厉",另一方面对受文对象提出要求,号召"各地区要向受到表扬的先进地区学习"。

这则通报内容完整,结构清晰,语言准确,符合通报写作的要求。

【例文2】

**国家安全监管总局　国家煤矿安监局关于
贵州省盘南煤炭开发有限责任公司响水煤矿
"11·24"重大煤与瓦斯突出事故的通报**

安监总煤调〔2012〕142号

各产煤省、自治区、直辖市及新疆生产建设兵团安全生产监督管理局、煤矿安全监管部门和煤炭行业管理部门,各省级煤矿安全监察局,司法部直属煤矿管理局,有关中央企业:

2012年11月24日,贵州省盘南煤炭开发有限责任公司响水煤矿河西采区发生一起重大煤与瓦斯突出事故,造成23人死亡、5人受伤。

盘南煤炭开发有限责任公司为股份制企业,其中贵州盘江投资控股(集团)有限公司出资36%,兖矿贵州能化有限公司出资27%,贵州粤黔电力有限公司出资27%,贵州省煤田地质局出资10%。响水煤矿为煤与瓦斯突出矿井,设计生产能力400万吨/年,其中河西采区设计能力100万吨/年,播土采区设计能力300万吨/年。初步分析,事故原因是:该矿河西采区1135工作面运输巷掘进未按设计采取区域防突措施,掘进作业导致煤与瓦斯突出。该事故暴露出以下主要问题:一是该矿未按照防突设计施工,停止了底板抽放岩巷超前掘进、预抽瓦斯的区域性防突措施的实施,区域防突措施效果不达标;二是遇到地质构造时,未采取相应安全技术措施;三是事故发生后,在1135运输巷掘进工作面瓦斯传感器和回风巷瓦斯传感器先后达4%的监测峰值时,调度员和通风管理人员出现将其判断为监控系统故障的失误,未在第一时间采取停电、撤人措施,贻误了宝贵的救援时机;四是该矿培训工作不到位,应急处置能力差,职工缺乏自救意识;五是该矿有多家投资主体,安全生产管理机制不健全,主体责任落实不到位。

依据有关规定,国务院安委会已对该事故的查处实行挂牌督办,查处结果将及时向社会公布。为深刻吸取事故教训,切实加强煤矿安全生产工作,特提出以下要求:

一、进一步增强做好煤矿安全生产工作的责任感和紧迫感。各地区要充分认识到当前煤矿安全生产形势的严峻性,进一步统一思想,坚定信心,增强责任感、使命感和紧迫感,严格落实煤矿企业安全生产主体责任和地方各级政府属地监管责任。要进一步加大执法检查力度,继续保持严厉打击非法违法、违规违章行为的高压态势,切实维护规范、有序的煤矿安全生产秩序;继续做好煤矿事故警示教育工作,督促煤矿企业负责人、管理人员和技术人员真正吸取事故教训,用事故教训推动工作,有效防范和坚决遏制煤矿重特大事故的发生,确保全国煤矿安全生产形势持续稳定好转。

二、严格落实"两个四位一体"综合防突措施。煤与瓦斯突出矿井要严格按照《防治煤与瓦斯突出规定》(国家安全监管总局令第19号)的要求,健全防突机构,落实防突责任,完善规章制度,强化地质基础工作。要严格落实"两个四位一体"综合防突措施,坚持区域防突措施先行、局部防突措施补充的原则,切实做到抽采达标,不掘突出头、不采突出面。对区域防突措施不到位、未消除突出危险性的煤层,要立即停产整顿,禁止掘进和回采作业;对不实施区域防突措施且不具备防突能力的煤与瓦斯突出煤矿,要依法提请地方政府予以关闭。井下出现瓦斯超限时,必须立即断电撤人,查明原因。一旦发现险情和发生事故,要快速、科学、安全、有效地组织施救。

三、切实加强停产煤矿的复工复产工作。当前,大量停工停产煤矿陆续复工复产,做好煤矿复工复产验收工作十分重要、十分迫切。地方各级煤矿安全监管、煤炭行业管理部门和各级煤矿安全监察机构要按照《国务院安委会办公室关于进一步加强当前煤矿安全生产工作的紧急通知》(安委办明电〔2012〕25号)要求,在地方政府的统一领导下,进一步研究完善煤矿复工复产验收工作方案,做到严格有序恢复生产建设。要严把验收关,坚持"谁验收、谁签字、谁负责",对不符合条件的不得批准复工复产。煤矿申请复产复工时,必须经过地方有关部门逐级验收审批合格;恢复生产、建设时,必须制定安全保障技术措施,保证煤矿各个系统正常运转。要严防煤矿以复工维修名义,违法组织生产。

四、切实加大事故查处力度。各有关部门要积极配合驻地煤矿安全监察机构按照"四不放过"和"科学严谨、依法依规、实事求是、注重实效"的原则,严肃事故查处,严格责任追究。各省级煤矿安全监察局要按照《国务院安委会办公室关于进一步做好重大事故查处挂牌督办有关工作的通知》(安委办〔2012〕30号)要求,加强与国务院安委会办公室的工作沟通,及时报告事故调查进展情况。事故调查报告经批复结案后,要及时向社会公布。

请各省级煤矿安全监管部门迅速将本通报精神传达至辖区内各产煤市(地)、县级人民政府和所有煤矿企业,并督促抓好贯彻落实。

国家安全监管总局
国家煤矿安监局
2012年11月29日

【评析】

这是一则批评性通报。

错误事实部分简要说明了贵州省盘南煤炭开发有限责任公司响水煤矿河西采区发生的这起"重大煤与瓦斯突出事故"的基本情况。同时在此基础上分析该事故产生的原因及该事故所暴露出来的各方面的问题。由于事故还没有最终处理,在处理决定部分只交代了"国务院安委会已对该事故的查处实行挂牌督办,查处结果将及时向社会公布"这一情况。最后对"各产煤省、自治区、直辖市及新疆生产建设兵团安全生产监督管理局、煤矿安全监管部门和煤炭行业管理部门,各省级煤矿安全监察局,司法部直属煤矿管理局,有关中央企业"提出了四个方面的要求,有效防范和坚决遏制类似事故的再次发生。

这是一则典型的批评性通报,该通报层次清晰,表述严谨,便于下级机关以此为戒,避免此类事情的再次发生。

【例文3】
关于2010年上半年塔城地区反腐倡廉工作督查情况通报

各市(县)、各地直单位:

为全面落实地区党风廉政建设和反腐败工作会议精神,经地委、行署同意,地区纪委组成7个督查组,7月26日至8月9日,对各县(市)和70个地直单位(部门)落实党风廉政建设责任制、纠正损害群众利益的不正之风、提升执政效能攻坚工程、工程建设领域突出问题专项治理和厉行节约、制止奢侈浪费等工作开展情况进行了督促检查。现将督查情况通报如下:

一、主要做法和成效

(一)反腐倡廉重点工作督查有力

一是加强对中央、自治区政策措施和地委决策部署落实情况的监督检查。今年以来,全区各级党组织紧紧围绕加快经济发展方式转变、保持经济平稳较快发展,加强对"三农"工作、保障和改善民生、重点项目工程、节能减排和环境保护、规范和节约用地、抗击灾害和对口支援工作等政策措施落实情况的监督检查,保证了各项重大决策部署的贯彻落实。

二是加强对中央、自治区和地委关于党政机关厉行节约相关要求落实情况的监督检查。各县(市)、各单位把厉行节约、反对铺张浪费工作摆上重要议事日程,制订厉行节约目标。为严格公车购置审批,地区下发了《关于进一步规范党政机关事业单位公务用车购置审批程序的通知》,进一步严格审批程序,加强购置管理。上半年,地区实际配备、更新公务用车85辆,同期减少9辆,同比下降9.57%;严格控制因公出国(境)团组数、人数和经费支出,上半年地、县(市)各级党政机关因公出国(境)支出11.83万元,同期减少7.82万元,同比下降39.8%。

三是加强对"提升执政效能攻坚工程"开展情况的监督检查。结合地区开展的"提升执政效能攻坚工程",切实加强执政能力建设和先进性建设,提高执政效能,优化发展环境,改进机关作风。上半年,全地区围绕执行党的政治纪律、落实维稳措施、加强政风、行风和效能建设等重点工作,采取专项检查、突击检查、重点检查等形式进行明察暗访60次,督查单位1 205个。对27个单位、65名工作人员进行了通报批评,对108名领导干部和工作人员进行了效能告诫或诫勉教育,对3人进行了组织处理,对4名干部进行了效能问责。

(二)党风廉政建设责任制全面落实

一是领导重视程度增强。各级党组织把党风廉政建设责任制作为一项政治纪律认真执行,纳入本县(市)、本单位整体工作中。及时召开专题会议,分析职责范围内的党风廉政状况,亲自安排部署,经常听取纪检监察机关工作汇报,协调解决实际问题。副职领导履行"一岗双责",将党风廉政建设与业务工作一起安排部署、一起检查落实的情况有一定进步。

二是责任分解要求具体。各级党组织能够对照地委制订的党风廉政建设责任目标,结合自身实际,细化分解任务,层层签订《党风廉政建设责任书》。进一步明确了领导班子成员党风廉政建设岗位职责,部门(科室)应承担的具体工作任务,形成了条块结合、分级负责、上下联动的工作机制。

三是廉政提醒制度逐步落实。各县(市)、各单位进一步落实了廉政提醒等制度,一些县(市)还出台了《科级党员领导干部个人有关事项报告》制度。沙湾县针对部门和干部工作作风、遵守纪律等情况开展了25次监督检查,35个单位和81名领导干部被通报批评。责令写出书面检查66份,提醒谈话66人。

四是考核力度明显加大。近年来,各级党组织在党风廉政建设责任制考核工作中采取平时督查和重点考核相结合的形式加强动态性考评,积极探索责任制落实的新方法。乌苏市全面推行了党风廉政建设责任制"季考年评"工作机制,实行了党风廉政建设年度考核末位单位问责制度。沙湾县、和布克赛尔县、裕民县对落实党风廉政建设责任制好的单位实行了奖励制度。

五是廉政制度建设日益完善。在责任机制的推动下,围绕重点领域、关键环节和重要问题的制度完善、制度创新不断加强。和布克赛尔县建立了《惩防体系建设牵头单位联络员制度》和《经费开支管理办法》。地区文体局制定了《副职领导党风廉政建设责任制度》。地区国税局全面推行党政效能问责制度,上半年全系统共有33人次被问责。

(三)反腐倡廉教育成效明显

(略)

(四)案件查办工作力度加大

(略)

(五)专项治理工作助推纠风工作深入进行

(略)

(六)廉政风险防范管理试点工作开始启动

(略)

(七)全面推进农村党风廉政建设

(略)

二、存在的主要问题

(一)党风廉政建设责任制和"一岗双责"落实不到位。个别单位和基层领导干部在抓业务工作中,还不能同步部署和落实党风廉政建设和纠风工作。个别领导干部甚至还不清楚"一岗双责"的具体要求,工作履职不到位。

(二)现有制度执行不力。上半年,车辆购置费同比增长2.4%,各县(市)、各部门还需加强监管,严格落实关于厉行节约的相关规定。

(三)服务意识和工作效率不高。一些机关和部门漠视群众利益,态度生硬、推诿扯皮、不负责任的问题仍然存在。

（四）惩防体系建设牵头单位作用发挥不够。牵头意识不强，职责履行不到位，任务分解不具体、不细致，对所牵头的工作被动应付，与协办单位联系松散，没有形成合力，个别应承担牵头任务的单位甚至放弃所承担的牵头任务职责，导致工作不落实。

三、下半年工作的几点要求

（一）切实抓好"一岗双责"制度的落实

要加强副职领导落实"一岗双责"的工作力度，对副职领导成员履行"一岗双责"抓分管范围的党风廉政建设工作情况进行一次认真检查，了解工作落实情况，提出整改意见建议，党政主要领导要履行监督检查的职责，推动党风廉政建设责任制全面落实。

（二）抓好惩防体系建设任务的落实

惩防体系建设牵头单位要对照任务，明确责任，确定工作重点，真正牵起头动起来，强化监督，推动牵头任务的落实。地区纪委适当时候将召开一次牵头单位落实任务情况汇报会，进一步推动工作落实。

（三）进一步抓好农村党风廉政建设

（略）

（四）抓好廉政教育工作

（略）

（五）抓好机关作风和干部队伍建设

（略）

中共塔城地区纪律检查委员会
塔城地区监察局
二〇一〇年八月二十四日
（摘自塔城地区党风廉政建设网）

【评析】

这是一则情况通报。

通报缘由部分主要交代为"全面落实地区党风廉政建设和反腐败工作会议精神"地区纪委组成7个督查组，面向各县（市）和70个地直单位（部门），对落实党风廉政建设责任制、纠正损害群众利益的不正之风等方面工作的开展情况进行了督促检查。并由"现将督查情况通报如下"过渡到主体部分的写作。通报事实部分分"主要做法和成效"和"存在的主要问题"两部分阐述，属于情况性通报中的综合性通报。结尾对下半年工作提出五点要求。

这则通报内容充实，结构层次采用了分条列项的写法，结构安排科学合理，用语得当。

第五节 报 告

一、报告的含义及特点

(一)报告的含义

报告适用于向上级机关汇报工作、反映情况,回复上级机关的询问。

报告可用于向上级机关汇报工作的进展情况或完成情况;也可就工作中出现的某些问题向上级机关反映问题的有关情况;也可用于回复上级机关提出的有关问题。作为陈述性的上行文种,我国古代有"书""奏""表""议""状""呈"等,"报告"成为公文始于20世纪30年代中共领导下的苏区政权。1951年中央人民政府政务院颁布的《公文处理暂行办法》规定"对上级陈述或请示事项"用"报告"。1957年国务院秘书厅发布的《关于公文名称和体式问题的几点意见》中把报告和请示分离开。1987年的《国家行政机关公文处理办法》中,对报告的用法又增加了新的内容:"向上级机关汇报工作、反映情况、提出建议,用'报告'。"2000年以国务院名义发布的《国家行政机关公文处理办法》,在增加了"意见"的同时,删去了报告"提出意见或者建议"的功能。2012年国务院发布的《2012年党政机关公文处理工作条例》将"答复"改为"回复"。

(二)报告的特点

1. 内容的汇报性

报告是向上级机关汇报工作有关情况的公文,为上级机关进一步开展工作或对本机关的工作进行指导提供依据。《2012年党政机关公文处理工作条例》中明确规定:"报告"不得夹带请示事项。汇报性是报告最主要的特点之一。

2. 内容的客观性

报告的内容必须客观真实,只有这样才能使上级部门了解事情的真实情况,作出正确的决策。报告内容的真实源于材料的真实。材料的真实涉及两个方面,一是材料本身不能是虚假的,必须是客观的;二是材料必须是完整的,只有真实且完整的材料才能反映事物的本来面貌。

3. 行文的事后性

报告的写作必须是在工作完成了,情况发生了,或者是上级机关提出疑问了才能行文;否则便无事可报。

4. 行文的单向性

报告属于单向性文种,对上级机关没有复文的要求。上级机关在接到下级机关的报告后无需作出回复。

二、报告的分类

1. 工作报告

工作报告是下级机关在完成了一段时间内的某项工作或某项工作进展到一定阶段后而向上级机关反映工作完成情况的报告。

2. 情况报告

情况报告是就工作过程中的某些问题或重大事故、严重灾害、各种重大突发事件、社会上值得注意的新动态等向上级机关作出汇报的一类报告。

3. 回复报告

回复报告是针对上级机关提出的问题予以回复的报告。

三、报告与请示、总结的区别

（一）报告与请示的区别

报告适用于向上级机关汇报工作、反映情况，回复上级机关的询问。请示适用于请求上级机关指示或批准。

1. 行文目的不同

报告属于上行文，其目的是让领导机关了解本单位的工作情况，为领导机关及时处理工作中存在的问题、制定政策、指导工作提供依据。

请示是为了解决本单位自身的某一具体事项，请求上级机关的指示、批准，其行文目的是让上级机关帮助解决自身的困难。

2. 性质要求不同

报告主要是为上级机关提供决策信息和依据，不要求上级机关回复，行文上体现出单向性的特点。

请示明确要求上级机关予以回复，上级机关也一定要给予回复。请示与批复成对出现，呈现出双向性的特点。

3. 行文时限不同

报告是在工作开展到某一阶段或完成后行文的，呈现出事后性的特点。

请示必须在事前行文，待上级机关批复后，请示的事项才可以施行，未经批复则不能实行，呈现出事前性的特点。

4. 内容含量不同

报告的内容含量较大，在一文一旨的前提下，可以就工作的诸多方面进行陈述。

请示内容单一，要求一文一事。

（二）报告与总结的区别

报告中的工作报告和总结在日常写作中经常被用混，二者的区别如下：

1. 性质不同

工作报告是报告的一个类型,属于公文写作范畴。

总结属于事物类文书写作范畴。

2. 目的不同

工作报告是下级机关在完成了一段时间内的某些工作或某项工作进展到一定阶段后而向上级机关反映工作完成情况的报告,其目的是为上级机关开展工作提供依据。

总结是对过去某一个时间段内所做的某项工作进行系统的回顾、分析、研究,从中找出规律性的东西用来指导今后工作的文字材料。

3. 写作要求不同

工作报告属于公文,在写作上以叙述为主,说明为辅,较少用到议论,在结构上往往是总结和计划的联合体。

总结属于事务类文书,在写作上以叙述为主,也可以夹叙夹议。

四、报告的写法

(一)标题

报告的标题采用"发文机关+事由+文种"的形式,如《国家纪委关于棉花质量和市场管理检查情况的报告》。

(二)主送机关

报告作为上行文,必须标明主送机关,并且只有一个主送机关。

(三)签发人

报告作为上行文应当注明签发人、会签人姓名。

(四)正文

报告的类型不同,正文部分的写作要求也不尽相同。

1. 工作报告

工作报告的正文可分为前言、主体、结语三个部分。

(1)前言

前言主要交代工作的基本情况或者工作是在什么样的背景下开展的。

(2)主体

主体紧承前言全面介绍工作的进展情况,这部分可分两个层次,一方面介绍工作中的主要做法及取得了哪些成绩,有哪些经验和体会,存在哪些问题,问题产生的原因是什么;另一方面介绍下一步工作的打算。

(3)结语

工作报告可用惯用语作结,通常为"特此报告""特此报告,请审核"。

2. 情况报告

情况报告是就某一问题、重大事故、严重灾害、各种重大突发事件、社会上值得注意的新动态等进行的报告,正文可分为情况概述、原因分析、处理意见、结语四个部分。

(1)情况概述

这部分主要交代事件发生的具体情况,包括时间、地点、事情的经过、结果及善后工作情况。

(2)原因分析

根据对事件的掌握情况分析事件发生的原因,包括直接原因、间接原因,并进一步指出各级领导的责任。这一部分的写作要把握好分寸,不可轻易下定论,以便上级能够了解事情的真实情况。

(3)处理意见

这部分可根据具体情况对事件提出具体处理意见和今后的改善措施。

(4)结语

情况报告可用惯用语作结,通常为"以上报告如有不当,请指正"或"特此报告"。

3. 回复报告

回复报告要有问才有答,可分三个部分来写,第一部分阐述报告的缘由,第二部分针对问题进行回复,第三部分用惯用语作结。

(1)报告缘由

这部分主要阐述上级机关针对哪些事情提出了哪些问题。在这部分要引用上级机关的来文。引用来文时要先引用标题再引发文字号,最后引文中提到的有关问题。

(2)问题回复

这部分针对来文所提出的问题,有针对性地予以回复。为了使结构清晰,可采用一问一答的形式分条来写。

(3)结语

回复报告通常以"特此报告"或"专此报告"作结。

五、报告写作的注意事项

1. 报告中不可夹带请示事项

根据《2012年党政机关公文处理工作条例》的有关规定,报告中不可夹带请示事项。在报告的写作中一定要注意这一问题。

2. 坚持实事求是的原则

在报告的写作过程中,要坚持实事求是的原则。不管是汇报工作的报告还是反映问题的报告都应客观、真实。

例文评析

【例文1】

政府工作报告

——2011年3月5日在第十一届全国人民代表大会第四次会议上

国务院总理　温家宝

各位代表：

现在，我代表国务院，向大会作政府工作报告，请各位代表审议，并请全国政协委员提出意见。

一、"十一五"时期国民经济和社会发展的回顾

"十一五"时期是我国发展进程中极不平凡的五年。面对国内外复杂形势和一系列重大风险挑战，中国共产党团结带领全国各族人民，全面推进改革开放和现代化建设，国家面貌发生了历史性变化。

——这五年，我国社会生产力、综合国力显著提高。（略）

——这五年，各项社会事业加快发展、人民生活明显改善。（略）

——这五年，改革开放取得重大进展。（略）

——这五年，我国国际地位和影响力显著提高。（略）

这些辉煌成就，充分显示了中国特色社会主义的优越性，展现了改革开放的伟大力量，极大增强了全国各族人民的自信心和自豪感，增强了中华民族的凝聚力和向心力，必将激励我们在新的历史征程上奋勇前进。

五年来，我们主要做了以下工作。

（一）加强和改善宏观调控，促进经济平稳较快发展

我们注重把握宏观调控的方向、重点和力度，牢牢掌握经济工作的主动权。"十一五"前期，针对投资增长过快、贸易顺差过大、流动性过剩，以及结构性、输入性物价上涨等问题，采取正确的政策措施，有效防止了苗头性问题演变成趋势性问题、局部性问题演变成全局性问题。近两年，面对百年罕见的国际金融危机冲击，我们沉着应对，科学决策，果断实行积极的财政政策和适度宽松的货币政策。坚持实施一揽子计划，大规模增加政府支出和实行结构性减税，大范围实施重点产业调整振兴规划，大力推进自主创新和加强科技支撑，大幅度提高社会保障水平。坚持扩大内需的战略方针，采取鼓励消费的一系列政策措施，增加城乡居民特别是低收入群众收入，消费规模持续扩大，结构不断升级。实施两年新增4万亿元的投资计划，其中，新增中央投资1.18万亿元。保障性安居工程、农村民生工程和社会事业投资占43.7%，自主创新、结构调整、节能减排和生态建设占15.3%，重大基础设施建设占23.6%，灾后恢复重建占14.8%。政府投资引导带动社会投资，国内需求大幅增加，有效弥补外需缺口，较短时间内扭转经济增速下滑趋势，在世界率先实现回升向好，既战胜了特殊困难、有力地保障和改善了民生，又为长远发展奠定了坚实基础。

(二)毫不放松地做好"三农"工作,巩固和加强农业基础
(略)
(三)大力推进经济结构调整,提高经济增长质量和效益
(略)
(四)坚定不移地深化改革开放,增强经济社会发展的内在活力
(略)
(五)加快发展社会事业,切实保障和改善民生
(略)

五年来,我们不断深化党政管理体制改革,加快转变政府职能,全面完成了新一轮政府机构改革,深入推进依法党政,建设法治政府和服务型政府,推进政务公开,加强党政问责,坚持不懈地开展反腐败斗争,政府自身建设取得积极进展。

过去五年,我们是一步一个脚印走过来的,中国人民有理由为此感到自豪!五年的成绩来之不易。这是以胡锦涛同志为总书记的党中央总揽全局、正确领导的结果,是全党全国各族人民共同努力奋斗的结果。在这里,我代表国务院,向全国各族人民,向各民主党派、各人民团体和各界人士,表示诚挚感谢!向香港特别党政区同胞、澳门特别党政区同胞、台湾同胞和海外侨胞,表示诚挚感谢!向关心和支持中国现代化建设的各国政府、国际组织和各国朋友,表示诚挚感谢!

我们清醒地认识到,我国发展中不平衡、不协调、不可持续的问题依然突出。主要是:经济增长的资源环境约束强化,投资与消费关系失衡,收入分配差距较大,科技创新能力不强,产业结构不合理,农业基础仍然薄弱,城乡区域发展不协调,就业总量压力和结构性矛盾并存,制约科学发展的体制机制障碍依然较多;服务业增加值和就业比重、研究与试验发展经费支出占国内生产总值比重没有完成"十一五"规划目标。一些群众反映强烈的问题没有根本解决,主要是:优质教育、医疗资源总量不足、分布不均;物价上涨压力加大,部分城市房价涨幅过高;违法征地拆迁等引发的社会矛盾增多;食品安全问题比较突出;一些领域腐败现象严重。我们一定要以对国家和人民高度负责的精神,通过艰苦细致的工作和坚持不懈的努力,加快解决这些问题,让人民满意!

回顾"十一五"时期的政府工作,我们进一步加深了以下几个方面的认识和体会。

一是必须坚持科学发展。我们战胜各种严峻挑战,靠的是发展;各领域取得的一切成就和进步,靠的是发展;解决前进道路上的困难和问题,仍然要靠发展。我国仍处于并将长期处于社会主义初级阶段,必须坚持以经济建设为中心,坚持科学发展。要以人为本,把保障和改善民生作为一切工作的出发点和落脚点,坚定不移地走共同富裕道路,使发展成果惠及全体人民;坚持统筹兼顾,促进城乡、区域、经济社会协调发展;加快转变经济发展方式,大力推进自主创新,节约资源和保护环境,使经济社会发展与人口资源环境相协调,提高发展的全面性、协调性和可持续性。

二是必须坚持政府调控与市场机制有机统一。(略)

三是必须坚持统筹国内国际两个大局。(略)

四是必须坚持把改革开放作为经济社会发展的根本动力。(略)

二、"十二五"时期的主要目标和任务

根据《中共中央关于制定国民经济和社会发展第十二个五年规划的建议》，我们编制了《国民经济和社会发展第十二个五年规划纲要(草案)》，提交大会审议。

"十二五"是全面建设小康社会的关键时期，是深化改革开放、加快转变经济发展方式的攻坚时期。从国际看，世界多极化、经济全球化深入发展，和平、发展、合作仍是时代潮流。国际金融危机影响深远，世界经济结构加快调整，全球经济治理机制深刻变革，科技创新和产业转型孕育突破，发展中国家特别是新兴市场国家整体实力步入上升期。从国内看，我国发展的有利条件和长期向好的趋势没有改变，工业化、信息化、城镇化、市场化、国际化深入发展，市场需求潜力巨大，资金供给充裕，科技和教育水平整体提升，劳动力素质提高，基础设施日益完善，政府宏观调控和应对重大挑战的能力明显增强，社会大局保持稳定。综合判断国际国内形势，我国发展仍处于可以大有作为的重要战略机遇期。

我们要高举中国特色社会主义伟大旗帜，以邓小平理论和"三个代表"重要思想为指导，深入贯彻落实科学发展观，适应国内外形势新变化，顺应各族人民过上更好生活新期待，以科学发展为主题，以加快转变经济发展方式为主线，深化改革开放，保障和改善民生，巩固和扩大应对国际金融危机冲击成果，促进经济长期平稳较快发展和社会和谐稳定，为全面建成小康社会打下具有决定性意义的基础。

——我们要推动经济发展再上新台阶。(略)

——我们要加快转变经济发展方式和调整经济结构。(略)

——我们要大力发展社会事业。(略)

——我们要扎实推进资源节约和环境保护。(略)

——我们要全面改善人民生活。(略)

——我们要全面深化改革开放。(略)

——我们要不断加强政府自身改革建设。(略)

总之，经过未来五年努力，实现"十二五"规划的各项目标，我国的综合国力就会有更大的提升，人民生活就会有更大的改善，国家面貌就会发生更大的变化。

三、2011年的工作

2011年，是"十二五"开局之年，做好今年的工作对于完成"十二五"各项目标任务至关重要。过去一年，我们的各项工作取得了很大成绩。国内生产总值增长10.3%，居民消费价格涨幅控制在3.3%，城镇新增就业1 168万人，国际收支状况有所改善。这为做好今年的工作打下了良好基础。

今年，我国发展面临的形势仍然极其复杂。世界经济将继续缓慢复苏，但复苏的基础不

宇。发达经济体经济增长乏力,失业率居高难下,一些国家主权债务危机隐患仍未消除,主要发达经济体进一步推行宽松货币政策,全球流动性大量增加,国际大宗商品价格和主要货币汇率加剧波动,新兴市场资产泡沫和通胀压力加大,保护主义继续升温,国际市场竞争更加激烈,不稳定不确定因素仍然较多。我国经济运行中一些长期问题和短期问题相互交织,体制性矛盾和结构性问题叠加在一起,加大了宏观调控难度。我们要准确判断形势,保持清醒头脑,增强忧患意识,做好应对风险的准备。

今年国民经济和社会发展的主要预期目标是:国内生产总值增长8%左右;经济结构进一步优化;居民消费价格总水平涨幅控制在4%左右;城镇新增就业900万人以上,城镇登记失业率控制在4.6%以内;国际收支状况继续改善。总的考虑是,为转变经济发展方式创造良好环境,引导各方面把工作着力点放在加快经济结构调整、提高发展质量和效益上,放在增加就业、改善民生、促进社会和谐上。

实现上述目标,要保持宏观经济政策的连续性、稳定性,提高针对性、灵活性、有效性,处理好保持经济平稳较快发展、调整经济结构、管理通胀预期的关系,更加注重稳定物价总水平,防止经济出现大的波动。

继续实施积极的财政政策。保持适当的财政赤字和国债规模。今年拟安排财政赤字9 000亿元,其中中央财政赤字7 000亿元,继续代地方发债2 000亿元并纳入地方预算,赤字规模比上年预算减少1 500亿元,赤字率下降到2%左右。要着力优化财政支出结构,增加"三农"、欠发达地区、民生、社会事业、结构调整、科技创新等重点支出;压缩一般性支出,严格控制党政机关办公楼等楼堂馆所建设,出国(境)经费、车辆购置及运行费、公务接待费等支出原则上零增长,切实降低党政成本。继续实行结构性减税。依法加强税收征管。对地方政府性债务进行全面审计,实施全口径监管,研究建立规范的地方政府举债融资机制。

实施稳健的货币政策。保持合理的社会融资规模,广义货币增长目标为16%。健全宏观审慎政策框架,综合运用价格和数量工具,提高货币政策有效性。提高直接融资比重,发挥好股票、债券、产业基金等融资工具的作用,更好地满足多样化投融资需求。着力优化信贷结构,引导商业银行加大对重点领域和薄弱环节的信贷支持,严格控制对"两高"行业和产能过剩行业贷款。进一步完善人民币汇率形成机制。密切监控跨境资本流动,防范"热钱"流入。加强储备资产的投资和风险管理,提高投资收益。

今年,重点要做好以下几方面工作。

(一)保持物价总水平基本稳定

当前,物价上涨较快,通胀预期增强,这个问题涉及民生、关系全局、影响稳定。要把稳定物价总水平作为宏观调控的首要任务,充分发挥我国主要工业品总体供大于求、粮食库存充裕、外汇储备较多等有利条件,努力消除输入性、结构性通胀因素的不利影响,消化要素成本上涨压力,正确引导市场预期,坚决抑制价格上涨势头。要以经济和法律手段为主,辅之以必要的党政手段,全面加强价格调控和监管。一是有效管理市场流动性,控制物价过快上涨的货币条件。把握好政府管理商品和服务价格的调整时机、节奏和力度。二是大力发展生产,保障主要农产品、基本生活必需品、重要生产资料的生产和供应。落实"米袋子"省长负责制和"菜篮子"市长负责制。三是加强农产品流通体系建设,积极开展"农超对接",畅通鲜活农产品运输"绿色通道"。完善重要商品储备制度和主要农产品临时收储制度,把握好国家储备吞吐调控时机,搞好进出口调节,增强市场调控能力。四是加强价格监管,维护市场秩序。特别要强化价格执法,严肃查处恶意炒作、串通涨价、哄抬价格等不法行为。五是完善补贴制度,建立健全社会救助和保障标准与物价上涨挂钩的联动机制,绝不能让物价上涨影响低收入群众的正常生活。

(二)进一步扩大内需特别是居民消费需求

(略)

(三)巩固和加强农业基础地位

(略)

(四)加快推进经济结构战略性调整

(略)

(五)大力实施科教兴国战略和人才强国战略

(略)

(六)加强社会建设和保障改善民生

(略)

(七)大力加强文化建设

(略)

(八)深入推进重点领域改革

(略)

(九)进一步提高对外开放水平

(略)

(十)加强廉政建设和反腐败工作

(略)

各位代表!

巩固和发展各民族大团结,是国家长治久安、繁荣昌盛的根本保证,是各族人民的根本利益所在。(略)

各位代表!

建立巩固的国防,建设强大的人民军队,是维护国家主权、安全、发展利益和全面建设小康社会的重要保障。(略)

各位代表!

我们将坚定不移地贯彻"一国两制""港人治港""澳人治澳"、高度自治的方针,全力支持

香港、澳门两个特别党政区发展经济,改善民生。(略)

各位代表!

我们将继续高举和平、发展、合作的旗帜,坚持独立自主的和平外交政策,坚持走和平发展道路,坚持奉行互利共赢的开放战略,坚持推动建设持久和平、共同繁荣的和谐世界,为我国现代化建设创造更加有利的外部环境和条件。(略)

各位代表!

回顾过去,我们创造了不平凡的光辉业绩;展望未来,我们对国家的锦绣前程充满信心!让我们在以胡锦涛同志为总书记的党中央领导下,紧紧抓住历史机遇,勇敢面对各种挑战,开拓进取,团结奋斗,扎实工作,努力实现"十二五"时期良好开局,把中国特色社会主义伟大事业继续推向前进!

【评析】

这是一则工作报告。

从结构上说,这则报告分别从"十一五时期国民经济和社会发展的回顾"、"十二五时期的主要目标和任务"和"2011年的工作"三个方面进行报告,每一部分又分若干问题进行报告,属于公文写作中典型的分条列项式写法。从内容上说,这则报告既有对"十一五"的回顾,又有对"十二五"工作的展望,符合工作报告的写作要求。

这是一则非常典型的工作报告,不论从结构上还是内容上都有很多值得学习的地方。

【例文2】

国家经委公安部国家劳动总局国家城建总局关于吉林市煤气公司液化石油气厂恶性爆炸火灾事故的报告

国务院:

××年××月××日,吉林省吉林市城建局煤气公司液化石油气厂,发生了一起恶性爆炸、火灾事故。大火持续了××小时,死××人,伤××人,使一个投资×××万元、投产仅两年的新企业付之一炬。烧毁×××立方米的球形贮罐×个、××立方米的卧式贮罐×个、液化石油气瓶××××多只,烧掉液化石油气×××多吨,烧坏厂区及附近苗圃的全部建筑物和××辆机动车,烧死树苗×××万株。直接经济损失×××万元,其中液化石油气厂损失×××万元,市园林处第一苗圃损失×××万元。同时烧断×万×千伏高压输电线路,造成×个变电所、××个工厂停电××小时,间接损失××万余元。

这次事故首先是×号球罐突然破裂,裂口长达××米多,喷出大量液化石油气,蔓延到距离××米的苗圃,遇明火发生燃烧,在×万多平方米的范围内立即形成一片火海。由于火势太猛,消防装备不适应,未能控制火势。邻近的×号球罐,在大火烘烤×个多小时后,严重超压,发生了强烈爆炸,响声远及×××余里,火焰高达×××余米,×块×多吨重的球壳碎片飞出×××余米。×号球罐的爆炸,使整个罐区遭到破坏。

经调查分析,发生事故的主要原因是:

一、球罐的安装组焊质量不好,发生了脆性断裂。这个球罐的焊缝有焊接缺陷,使用中缺陷不断发展,又未能及时发现,以致从球体上温带环向焊缝的熔合线和热影响区断裂。这是发生事故的直接原因。

二、企业管理混乱。(略)

三、基本上没有技术管理。(略)

四、不重视安全工作,不执行国家有关安全技术规程和防火防爆的规定。(略)

这次事故充分暴露了有关单位领导不重视安全工作,特别是对压力容器这类特种设备要严加管理缺乏应有的认识,从球罐的制造、安装以致使用、管理都存在严重问题,加之有章不循,对设备状况长期处于无知状态,这是有关领导的严重失职。根据国务院国发〔××〕××号文件精神,必须认真查清事故原因,分清责任,严肃处理,直至追究刑事责任。同时,为了吸取这次事故的沉痛教训,避免类似事故重复发生,提出以下意见:

一、严格执行有关压力容器的技术规范、质量检验制度和防火防爆规定。压力容器的设计、制造、安装,必须符合技术规范的要求,以保证质量。大型的和盛装有危险性介质的压力容器,在出厂前或安装投产前,必须经过安全监察部门检验合格。质量不合格的产品,不准出厂使用。由于产品质量低劣或管理不善,造成严重事故的,应根据情节轻重严肃处理,直至追究刑事责任。

二、在石油、化工、冶金、城市建设系统,开展以查裂纹和裂纹性缺陷为重点的压力容器安全大检查。(略)

三、加强技术管理。(略)

四、公安部门及有关部门,应加强现代化消防、防毒技术的研究。(略)

以上报告如无不妥,请批转各地区、各部门执行。

经委公安部(印章)
××年××月××日

【评析】

这是一则情况报告。

情况概述部分详细地介绍了事件的基本情况,包括事件发生的时间、地点、经过、结果等。原因分析部分根据对事件的掌握情况分析事件发生的直接原因和间接原因,并进一步指出各级领导的责任。处理意见部分从四个方面进行建议以防止类似事故再次发生。

这则报告主旨突出,对基本情况概括较为详细,对问题的产生分析较为全面,并针对问题的产生提出了切实可行的意见,是一篇非常值得借鉴的范文。

第六节 请示 批复

一、请示

(一)请示的含义及特点

1. 请示的含义

请示适用于向上级机关请求指示、批准。所谓"指示"是领导机关对下级机关说明处理某个问题的原则和方法;所谓"批准"是上级对下级的意见、建议或请求表示同意。

2. 请示的特点

(1)内容上的请求性

请示是下级机关为了解决本单位自身的事情,请求上级机关的指示、批准,其行文目的是让上级机关帮助解决自身问题,请求性是请示的基本特点。

(2)内容上的单一性

《2012年党政机关公文处理工作条例》明确指出请示应当"一文一事",即一份请示只请示一件事。下级机关报送的请示不一定都由上级机关直接批复,有时需要上级的业务主管部门负责审批,一篇请示同时请示几件事,就可能要由几个部门来批复,这样会影响办公效率;另外上级机关对下级在一份请示中罗列的几件事不会同时都批准或者都否定,甚至对一件事的处理也会存在部分肯定部分否定的情况,这样一来,一文多事就会给上级机关批复增加难度;作为请示凡请必复,如果一文多请的话,涉及的主管领导、主管部门和经办人员就多,因而处理的时间便会拖长,从而影响办事效率。

(3)行文的事前性

请示必须在工作没开始前行文,对于没有经过上级机关批准的请示,下级机关不得开展工作。

(4)行文的双向性

请示和批复是成对出现的,有请示必有批复,与报告的单向性相比请示呈现出双向性的特点。

(二)请示的分类

根据《2012年党政机关公文处理工作条例》对请示适用范围的界定,可将请示分为指示性与批准性两类。

1. 指示性请示

下级机关对上级机关出台的新政策、法规不甚了解难以执行,应向上级机关行文请示;下级机关对上级机关的来文不甚明确难以执行,应向上级机关行文请示;下级机关在工作中遇到了新情况、新问题,既无先例又无章可循,应向上级机关行文请示;下级机关内部或与相关单位之间在重要问题上出现了分歧意见而使工作无法开展,应向上级机关行文请示。《2012年党政机关公文处理工作条例》第十六条明确指出,"涉及多个部门职权范围内的事务,部门之间未协商一致的,不得向下行文;擅自行文的,上级机关应当责令其纠正或者撤销"。

2. 批准性请示

下级机关在工作中遇到了自身无法解决的困难,应向上级机关行文请示;下级机关在工作中遇到了自身无权决定的事情,应向上级机关行文请示;下级机关在工作中处理问题在程序上需要上级机关批准,应向上级机关行文请示。

(三)请示的写作

1. 标题

请示的标题为"发文机关+事由+文种",如《福建省关于莆田市设立秀屿县的请示》。

2. 主送机关

请示必须标明主送机关。请示一般只写一个主送机关,需要同时报送其他机关的,应当用抄送形式,请示不得抄送其下级机关;受双重领导的机关向上级机关行文,应当写明主送机关和抄送机关。

3. 签发人

作为上行文请示应当标注签发人、会签人的姓名。

(四)正文

请示的正文一般由请示缘由、请示内容、请示结语三部分组成。

1. 请示缘由

请示的缘由即为什么请示、请示的依据是什么。这部分是上级机关批复的主要依据,因此要写得充分、恰当、合理,重点说明本机关请求帮助的合理性以及上级机关给予帮助的必要性。

2. 请示内容

这部分是请示的具体事项。不同情况的请示,这部分的写法也不尽相同。

对于上级机关的来文或新政策、法规不甚了解难以执行的,就应围绕不解之处组织安排主体的内容;如果是下级机关内部或与相关单位在某一问题上存在意见分歧,就应该写清楚围绕什么问题,存在哪几种不同的意见,每个意见都应系统地写清楚,以便为上级机关作出决定做参考;对于工作中出现的新情况或新问题,就应把新情况或新问题出现的原因、背景以及出现的具体情况和存在哪些问题交代清楚;对于工作中遇到的自身无力解决的问题就应交代清楚遇到了哪些问题,对于问题的解决本机关存在哪些困难,以及解决该问题的重要性和必要性,最后阐明寻求哪些帮助;对于在工作中遇到的无权决定的事情,应在请示的内容中阐述解决的方案;对于下级机关在工作中处理问题在程序上需要上级机关批准的请示,只需要把情况交代清楚即可。

3. 请示结语

请示多用惯用语作结,常用的惯用语有:"以上请示,请批复""以上请示当否,请批复""当否,请批示""以上请示如无不妥,请批准""特此请示,请批复"。

(五)请示写作的注意事项

1. 严格遵守请示的规则

从行文要求上,请示应当一文一事,一般只写一个主送机关,需要同时报送其他机关的,应当用抄送形式,此外,请示不得抄送其下级机关。

2. 正确把握请示的使用范围

除请示外,函也可以用来"请求批准"某一事项。值得注意的是,请示用于同一组织系统中下级对上级的行文,而函则适用于不相隶属机关之间的行文。

二、批复

(一)批复的含义及特点

1. 批复的含义

批复适用于答复下级机关的请示事项。

2. 批复的特点

(1)被动行文

批复和请示往往是成对出现的,上级机关只有在下级机关制发请示后才有必要针对请示制发批复,否则便无事可批,无事可复。

(2)意见的权威性

批复是上级机关针对下级机关提出的问题给予的回复,对下级机关开展下一步工作具有决定性的作用。下级机关必须严格按照上级机关的批复开展工作。

(二)批复的写作

1. 标题

批复的标题格式为"发文机关+事由+文种",如《国务院关于哈尔滨市城市总体规划的批复》,此外批复还可采用附加式标题写作形式,即"发文机关+事由+行文对象+文种",如《国务院关于同意安徽省设立滁州市、巢湖市给安徽省人民政府的批复》。

2. 正文

批复的正文由批复的缘由、批复的事项和批复的结语三部分组成。

(1)批复的缘由

这是批复的开头部分。这部分写作要引用请示的标题和发文字号,以此说明制发此批复的原因或依据。

(2)批复的事项

这部分是批复的核心。上级机关根据下级机关的请示事项作出具体答复。这部分的写作要态度鲜明,明确给出具体的意见和要求。对于不予批准的问题,应在作出否定性回答后,说明理由和原因,阐明依据。

(3)批复的结语

批复常用"特此批复""此复"等惯用语作结,也有不加结语的。

(三)批复写作注意事项

1.观点明确,态度明朗

批复机关对所批复的问题要有明确的态度,不能含糊其辞,使请示机关无所依从,无法开展工作。

2.答复及时

对下级机关的请示要及时答复,以免影响下级机关开展工作,同时要遵循一个请示一个批复的原则。

例文评析

【例文1】
关于保留省农业厅选址用地问题的请示
市规〔2011〕207号

市政府:

2008年初经报市政府批复,同意在琼山大道西侧选址20亩土地给省农业厅建设"海南省现代农业检验检测预警防控技术中心"项目(附件1),并核发2008004号《建设项目选址意见书》(附件2)。但该土地一直未建设。目前海南省农业厅来函要求保留"省现代农业检验检测预警防控技术中心"项目用地,以便建设"海南省动物防疫物质储备应急中心"。海南省水务厅亦来函要求将该地块安排建设"海南省城乡供水排水水质监测中心"项目。

鉴于陈成副省长已对省农业厅的立项请示文有批示,即对"海南省动物防疫物质储备应急中心"项目给予支持(附件2),建议仍保留该用地给海南省农业厅建设"海南省动物防疫物质储备应急中心"。同时对省水务厅申请的"海南省城乡供水排水水质监测中心"用地重新协同市国土局选址。

妥否,请批示

附件:1.地块位置图
　　　2.2008004号《建设项目选址意见书》
　　　3.省领导批示件

二〇一一年六月二日

(联系人:吴思,联系电话:68724379)

【评析】

这是一则指示性请示。

这则请示中提到市政府已经同意在琼山大道西侧选址20亩土地给省农业厅建设"海南省现代农业检验检测预警防控技术中心",由于该项目一直未建,海南省水务厅来函要求将该地块安排建设"海南省城乡供水排水水质监测中心"项目,这让市规划局无法作出决定。鉴于此种情况,市规划局向市政府发文,请求市政府予以指示。

文中就存在的问题作出了详细的情况说明,便于上级机关作出决定。

【例文2】

关于南渡江海口市
综合治理新坡段防洪工程工程占地问题的请示
海水务〔2011〕178号

市政府:

南渡江海口市综合治理新坡段防洪工程是列入海南省2010年江河治理的项目,目前工程可行性研究报告已完成并通过省水务厅的审查,正在等待省发改委的审批,省发改委要求本工程在可研阶段就工程占地问题,需我市政府出具工程占地实物指标的认可意见和农村移民生产安置意见方能通过可研审批。经设计人员及新坡镇政府沿线实地调查,本工程各类占地实物见附件——南渡江海口市综合治理新坡段防洪工程工程占地实物调查表。经调查,本工程占地面积为230.72亩,其中永久占地为222亩(包括水田103.7亩,菜地32.5亩,旱地85.8亩),临时占地为水田8.72亩。本工程永久占用耕地222亩,工程沿线村镇总耕地9 612亩,仅占总耕地的2.3%,对当地居民生产生活的影响较小,故对本工程产生的生产安置人口采取在本村内调剂土地的方式进行安置。因此,请市政府根据上述情况出具南渡江海口市综合治理新坡段防洪工程工程占地实物指标的认可意见和农村移民生产安置意见。

妥否,请批示

附件:南渡江海口市综合治理新坡段防洪工程工程占地实物调查表

二〇一一年六月二十二日

【评析】

这是一则批准性请示。

在这则请示中,海口市水务局将"南渡江海口市综合治理新坡段防洪工程"的可行性报告报省发改委审批,发改委提出审批需海口市政府出具"工程占地实物指标的认可意见和农村移民生产安置意见",为此海口市水务局请示海口市政府予以帮助。文中对工程各类占地实物以及如何安置人口都有较为详细的说明,这有利于上级机关作出决定。

请示事项是请求批准的具体内容,明确具体是其写作要求。

【例文3】

国务院关于同意设立"全国交通安全日"的批复

国函〔2012〕195号

公安部:

你部《关于将12月2日设立为"全国交通安全日"的请示》(公部请〔2012〕83号)收悉。同意自2012年起,将每年12月2日设立为"全国交通安全日"。具体工作由你部商有关部门组织实施。

国务院

2012年11月18日

【评析】

这是一则批复。

这则批复开头引用公安部的来文——《关于将12月2日设立为"全国交通安全日"的请示》(公部请〔2012〕83号),阐述了制发此则批复的缘由。批复事项部分态度明确,在同意"将每年12月2日设立为'全国交通安全日'"的基础上,将具体工作落实给公安部组织实施。

【例文4】

国家发展改革委关于桂林国际旅游胜地
建设发展规划纲要的批复

发改社会〔2012〕3437号

广西壮族自治区人民政府:

你区报送的《桂林国际旅游胜地建设发展规划纲要》(桂政函〔2012〕170号),(以下简称"规划纲要")收悉。经国务院同意,现批复如下:

一、规划纲要依据《国务院关于进一步促进广西经济社会发展的若干意见》(国发〔2009〕42号)和《国务院关于加快发展旅游业的意见》(国发〔2009〕41号),认真贯彻落实科学发展观,立足桂林长远发展,提出了2012~2020年桂林国际旅游胜地建设发展的目标、任务以及在空间布局、生态建设、产业发展、支撑条件、保障措施等方面的具体部署,符合桂林的实际情况和发展要求,对推动桂林国际旅游胜地建设、促进桂林经济社会发展具有重要意义。因此,原则同意《桂林国际旅游胜地建设发展规划纲要》,请认真组织实施。

二、桂林是世界著名的风景游览城市和国家历史文化名城,文化旅游资源丰富,生态环境优良,对外合作交流广泛,具备发展成为世界一流旅游目的地、全国生态文明建设示范区、全国旅游创新发展先行区、区域性文化旅游中心和国际交流重要平台的独特优势。广西壮族自治区人民政府要切实做好规划纲要组织实施的指导和监督工作,督促落实好规划纲要提出的各项任务。要积极创造条件,出台配套支持政策,为桂林建设国际旅游胜地创造良好的外部环境。

三、桂林市人民政府是国际旅游胜地建设的主体,要建立相应工作机制,明确工作分工,落实工作责任,抓紧制定具体实施方案。进一步解放思想,抢抓机遇,真抓实干,按照规划纲要提出的国际旅游胜地建设发展的总体要求,加强生态环境保护,优化旅游业结构,保障改善民生,创新体制机制,探索景观、产业和城市协调发展的新模式,逐步将桂林建设成为环境友好、文化繁荣、经济发达、社会和谐的国际旅游胜地、国家历史文化名城和生态山水名市。

四、桂林国际旅游胜地建设发展是一项长期的任务。广西壮族自治区和桂林市在规划纲要的组织实施过程中,要紧密结合实际,抓住制约桂林国际旅游胜地建设发展的主要矛盾和突出问题,扎实稳妥地推进各项工作。对桂林国际旅游胜地建设发展过程中出现的新情况、新问题,广西自治区和桂林市要及时加强研究,提出对策。我委将积极推动落实相关政策,支持桂林国际旅游胜地建设。

附:《桂林国际旅游胜地建设发展规划纲要》

国家发展改革委
2012 年 11 月 1 日

【评析】

这是一则批复。

批复的开头引用了广西壮族自治区人民政府的来文,《桂林国际旅游胜地建设发展规划纲要》(桂政函〔2012〕170号),这是制发此则批复的依据所在。引用来文时,遵循了先引标题后引发文字号的原则。

主体部分对《桂林国际旅游胜地建设发展规划纲要》的内容予以肯定,纲要的有关内容立足桂林地区发展的实际,既推动桂林国际旅游胜地建设又促进桂林经济社会发展。鉴于此,国家发展改革委原则同意《桂林国际旅游胜地建设发展规划纲要》中所提及的有关内容,并要求广西壮族自治区人民政府认真组织实施。

第七节 函 纪要

一、函

(一)函的含义及特点

1.函的含义

函适用于不相隶属机关之间商洽工作,询问和答复问题,请求批准和答复审批事项。"隶属"即为从属或受统辖、管辖之意。在同一组织系统内部当中同级之间不存在从属和管辖的关系,同级之间属于不相隶属的关系;在不同的组织系统之间也不存在从属和管辖的关系,也属于不相隶属的关系。

2. **函的特点**

(1) 对应性

函在党政公文的15个种类中呈现出了明显的对应性的特点。有来函必有复函。

(2) 商洽性

函用于不相隶属机关之间商洽工作、询问和答复问题、请求批准和答复审批事项,由于制文机关与受文机关之间不存在领导与被领导的关系,所商定的意见也仅供对方处理问题时参考,故函应以协商为主要原则。

(二) 函的分类

根据《2012年党政机关公文处理工作条例》对函适用范围的界定,可将函分为商洽函、询问函、答复函、请批函4类。

1. **商洽函**

商洽函用于不相隶属的机关之间就某一问题进行协商。

2. **询问函**

询问函用于不相隶属机关之间询问有关情况。

3. **答复函**

答复函是针对询问函所提出的问题进行答复的函。

4. **请批函**

请批函是不相隶属机关之间请求批准事项时所使用的函。请批函的使用在实际工作中较为常见。比如税务部门或工商部门向土地局发出土地使用的申请函,由于税务局与土地局、工商局与土地局之间不存在上下级的关系,用请示行文显然不合适,用函则符合国家党政机关公文的使用要求,也符合客观实际。

除请批函以外,请示也可用于请求批准事项,《2012年党政机关公文处理工作条例》对请示的适用范围界定为向上级机关请求指示、批准。也就是将请示的适用范围界定在同一组织系统内部当中上级与下级机关之间,即具有隶属关系的两个机关之间。而请批函用于同一组织系统内部同级之间或者是不同组织系统之间,也就是不存在隶属关系的两个机关之间。

根据行文方向划分,函可分为来函和复函。来函是发文机关主动发出的函;复函则是为回复对方的函而被动制发的函。

(三) 函的写作

函的本意是书信。函在某种程度上承袭了其作为书信的用途。函有公函和便函之分,便函格式简单,一般无标题,无发文字号,与一般书信没有差别;公函是我们公文写作的一个种类。公函的格式较为正规。一般由标题、主送机关、正文、署名和日期等部分组成。

1. 标题

函的标题写作为"发文机关+事由+文种",如《国务院办公厅关于同意开展非典型肺炎临床和流行病学研究工作的复函》。

2. 主送机关

函必须标明主送机关。

3. 正文

函的正文可分为三部分,即开头、主体、结尾。

(1)开头

开头部分主要交代发函的缘由、依据、目的。如果是复函还应在此部分引用对方来文的标题及发文字号,有的复函还简述来函的主要内容。

(2)主体

主体部分写清需要商洽的事项、需要询问和答复的问题、请求批准和答复审批的事项、需要让对方知晓的事项。

(3)结尾

函常用惯用语作结。如:"特此函告""请批准""请即复函""特此函复""特此函达""专此函复"等。也有的函不加结语。

(四)函写作的注意事项

1. 态度谦和,用语得当

函在行文时要注意礼貌待人,态度谦和,既不可逢迎恭维,也不可盛气凌人。函的用语要庄重,用词要得当,要注意把握好分寸。

2. 一函一事

函在行文过程中要遵循一函一事的原则,这便于对方阅文办理及复函。

3. 注意请批函与请示的区别

函适用于不相隶属机关之间,而请示则适用于同一组织系统内部上级与下级之间。在实际工作中,要注意区别函与请示的用途,以免误用文种。

二、纪要

(一)纪要的含义及特点

1. 纪要的含义

纪要适用于记载会议主要情况和议定事项。纪要是在会议记录的基础上对会议的主要内容及议定的事项进行摘要整理,从而形成的需要贯彻执行或公布于报刊的具有纪实性和指导性的文件。

2. 纪要的特点

(1) 纪实性

纪要是用来通报会议精神的文字材料。一次会议参加的人数总是有限的,为了能让更多的人了解会议的内容和相关的精神,通常用纪要来记录会议的真实情况,并以文字材料的方式加以传达。纪实性是纪要最基本的特征。纪要的纪实又与会议记录有所不同。会议记录更为原始,纪要则是在会议记录以及其他会议资料的基础上通过整理、加工形成的。

(2) 概括性

纪要有别于会议记录。会议记录是由会议组织者指定专人如实、准确地记录会议的组织情况和会议内容的一种文书,而纪要则突出反映会议的主要内容、主要问题、重要决策、重要结论、主要精神等。从内容上来说纪要更为概括,更加突出会议的实质,更容易让人领会会议的精神。

(3) 指导性

多数的纪要都具有指导工作的作用。各有关部门可以根据纪要所传达的会议情况、会议精神来开展下一步的工作。

(二) 纪要的分类

1. 决策性纪要

决策性纪要是以会议形成的决定、决议或者议定事项为主要内容的一种纪要形式。

2. 周知性纪要

周知性纪要是把会议的主要精神、主要情况提供给相关单位,供其参阅的一种纪要形式。

(三) 纪要的写作

1. 标题

纪要的标题可分两种情况,一种是单标题,一种是双标题。单标题:由"会议名称+文种"构成,如《全国文物拍卖管理工作座谈会纪要》。双标题:由"正标题+副标题"构成,正标题揭示会议主旨,副标题标示会议名称和文种,如《加快农村信息化发展——全国农村工作会议纪要》。

2. 正文

纪要的正文可分为三个部分,即开头、主体、结尾。

(1) 开头

开头主要介绍会议的基本情况,包括会议的名称、召开会议的目的及意义、会议的议题、主办单位、会议召开的时间、地点、与会人员、会议成果。之后用"现将主要问题纪要如下""会议讨论研究了以下几个问题"等过渡到主体。

(2) 主体

主体是纪要的核心部分,要有侧重地写出会议的情况及成果。

主体部分写法有三种:条项式、事项式、摘录式。条项式是把会议讨论的主要问题以及会议成果按照由主到次的顺序依次排列出来的一种结构方式。这种结构的好处在于重点突出、层次清晰;事项式即将会议的内容或议定的事项分成若干部分分别来谈,每一个部分为一个方面。对于较为复杂的会议,通常采用事项式的结构来安排纪要的主体部分;摘录式是把与会者的具有典型性的、代表性的发言摘录下来,按发言的顺序或内容性质先后写出。

(3)结尾

结尾这部分可对与会单位和有关方面,提出要求与希望。多数会议的纪要结尾随主体部分的完成而结束。

(四)纪要写作的注意事项

1. 区分纪要与会议记录的写作

在写作纪要时要注意纪要与会议记录的区别。会议记录是讨论发言的实录;纪要是在会议记录的基础上,对会议的主要内容及议定的事项,经过摘要整理的、具有纪实性和指导性的文件。

2. 适当使用纪要的惯用语

纪要常常以第三人称口吻转述会议内容,其常用语有"会议认为""会议决定""会议希望""会议要求"等。适当地使用这些惯用语有助于我们对内容的表达。

例文评析

【例文1】

关于商请关闭虚假中医医疗机构网站的函

国中医药政函〔2008〕2号

信息产业部电信管理局:

当前,互联网上未经审批擅自以"中国"、"中华"、"国家"及军队等名义建立的涉及中医药的虚假中医医疗机构网站,肆意发布虚假违法中医医疗广告,欺骗群众,严重伤害广大群众切身利益,破坏社会和谐稳定,严重损害中医药良好声誉。为此,经我司监测并认真核查,现提供第一批158家虚假中医医疗机构网站名单,商请你局根据有关法规规定予以关闭。

感谢你局对中医药事业的大力支持!

联系人:国家中医药管理局政策法规与监督司监督处

林超岱　张岠宇

联系电话:010-65930773 65063322-6802

传真:010-65930669

附件:第一批虚假中医医疗机构网站名单

国家中医药管理局(印章)

二〇〇八年八月十八日

【评析】

这是一则商洽函。

互联网上某些网站未经批准擅自以各种名义建立中医药虚假网站,为此国家中医药管理局致函信息产业部电信管理局商请关闭虚假网站。

这则函格式正确,表述准确,用语恳切得体。

【例文2】

海口市交通局
关于办理白沙门公园周边闲置的政府储备地
划拨作为公交首末站用地的函
市交函〔2009〕184号

市国土局:

　　为了规范和加快我市公交场站建设,经与贵局协商研究,并根据二〇〇九年十月二十八日市长办公会精神,拟将位于白沙门公园的政府储备地,面积约12 000平方米,作为我市公交首末站用地,请贵局给予办理公交首末站用地相关手续为盼!

二〇〇九年十月二十九日

【评析】

这是一则请批函。

海口市交通局请求市国土局将位于白沙门公园的政府储备地划拨给交通局作为公交首末站用地。

这则函在表述上态度谦和,用语也较为得体,措辞得当。

【例文3】

关于调整北京市出租车燃油附加费有关事项的复函
京发改〔2011〕425号

市交通委运输管理局:

　　贵局3月11日《关于商请启动出租汽车租价与油价联动机制相关措施的函》收悉。为应对油价上涨对出租车行业影响,经研究,并报市政府批准,现将有关事项函复如下:

　　一、出租车燃油附加费标准调整为2.00元/运次,征收范围仍为乘距超过基价公里(3公里)乘客。当油价低于7.10元/升时,燃油附加费标准相应下调。

　　二、出租车燃油附加费自2011年4月9日起调整。

　　三、请贵局做好政策实施前后的配套工作,指导出租车企业及时更换出租车燃油附加费标识,并做好政策宣传和出租车驾驶员培训工作,确保政策平稳实施。

专此函复

二〇一一年四月七日

【评析】

这是一则复函。

北京市发展改革委员会就北京市交通局《关于商请启动出租汽车租价与油价联动机制相关措施的函》予以回复。开头首先说明是对收到的哪个文件进行答复，主体部分针对来函的事项逐一作答。

这则函结构清晰，表述准确。

【例文4】

全国文物拍卖管理工作座谈会纪要

2011年1月11日，国家文物局召开全国文物拍卖管理工作座谈会。来自全国24个省、自治区、直辖市文物党政部门的负责同志，以及商务部、海关总署、国家工商党政管理总局、北京市工商局有关同志参加了会议。国家文物局副局长宋新潮出席会议并作了重要讲话。

会议认为，在党中央、国务院加快振兴文化产业和推动文化大发展大繁荣的大背景下，近年来文物艺术品拍卖市场取得长足发展，市场规模不断扩大，拍卖经营活动日趋规范与活跃。同时，我国的文物艺术品拍卖市场在发展规模、发展方式、自身定位以及社会责任、法律意识等方面也存在诸多不足和亟待完善的方面，这其中有企业自身的问题，有社会经济整体环境的问题，也有相关法律法规不健全、政府主管部门管理服务不到位的问题，需要各有关部门认真面对和加以解决。

与会代表充分肯定了文物艺术品拍卖市场在吸引海外中国文物回流、满足人民群众多层次的文化需求、推动文化产业的发展振兴、提升我国的文化软实力、促进文化大发展大繁荣等方面发挥的积极作用，对当前文物拍卖管理工作中存在的文物拍卖标的备案复核程序、文物拍卖标的审核范围和重点、文物拍卖专业人员资格认定等问题进行了深入的分析，提出了明确的解决思路和措施。

经过会议认真讨论，会议确定了以下事项。

一、认真执行《关于加强文物拍卖标的审核工作的通知》及《关于加强文物拍卖标的审核备案工作的通知》规定的文物拍卖标的审核和备案制度。各省级文物党政部门必须在拍卖公告发布15日之前向国家文物局报送拍卖会拍卖标的资料及省级文物部门审核意见；拍卖会结束30个工作日内向国家文物局报送拍卖会成交记录。

二、严格确定文物拍卖标的审核重点。会议重申以下文物不得作为拍卖标的或应严格审核：①出土(水)文物；②以出土(水)文物名义宣传的复仿制品；③国有不可移动文物的附属构件；④国有文物购销经营单位收藏的珍贵文物；⑤损害国家利益或有可能产生不良社会影响的物品;⑥被盗窃、盗掘、走私的文物或明确属于历史上被非法掠夺的中国流失文物;⑦涉嫌危害国家安全和损害民族利益的物品;⑧涉嫌丑化国家形象及政治人物的非主流艺术品;⑨带有黄色暴力等内容的物品等。

三、认真研究治理文物拍卖企业"知假拍假"问题。会议认为,文物部门要认真反思以往拍卖标的审核"管真不管假"的不正确认识和做法,要进一步认识拍卖标的审核工作对文物艺术品拍卖市场健康有序发展的积极作用。通过拍卖标的审核工作从制度上完善文物艺术品拍卖市场的各项规范。同时,应对拍卖企业宣传及拍卖图录印刷加强管理,制定相关规范标准。

四、加强对文物网络交易活动监管,对现有涉及文物经营的网站进行评估,制定相关规范政策,逐步建立网络文物经营准入和网络交易文物审核的制度。

五、加强文物拍卖管理队伍建设和文物拍卖专业人员培养。针对省级文物党政部门管理机构薄弱和人员缺乏的现状,各地文物部门要高度重视,切实加强机构和人员建设;进一步加强文物拍卖专业人员培养工作,扩大培训考核的范围,增加考核科目;不断完善文物拍卖专业人员资格管理制度,稳步扩大文物拍卖专业人员聘用试点范围。

【评析】

这是一则条项式纪要。

开篇介绍了本次会议的大致情况,包括会议召开的时间、会议的名称、会议的议题,哪些领导作出了重要讲话。主体部分将会议确定的事项按由主到次的顺序分五个部分进行阐述,条理清晰、中心突出。文中恰当地使用了"会议认为""会议确定""会议重申""与会代表充分肯定"等惯用语。这是一篇较为典型的纪要写作形式。

(本章例文凡未作标注的均引自中华人民共和国中央人民政府网站)

第四章

Chapter 4

事务类文书

第一节 计　　划

一、计划的含义及其种类

（一）计划的含义

计划是党政机关、企事业单位、社会团体以及个人根据党和国家的方针政策及上级的指示精神，结合本部门、本单位实际情况，对一定时期内要做的某件事或者是要完成的某项任务，预先拟定目标，提出具体要求，制定相应措施的一种应用文体。

"计划"是一个统称，在实践中计划还有许多名称，如"安排""要点""设想""打算""规划""纲要""方案"等等。

"安排"是计划中最为具体的一种。一般涉及范围较小，内容比较具体，容易使人把握。

"要点"即是把计划中的主要部分摘列出来的内容。一般以文件形式下发的计划大多都采用"要点"的形式。

"设想""打算"这两个是计划中最粗略的文种。二者在内容上多是初步的，不太成熟的想法；在写法上是概括地、粗线条地勾勒。但时间不一定都是远的，范围也不一定都是宏大的。一般说来，时间长远些的称为"设想"；范围较广泛的称为"构想"；时间不太长、范围也不太大的则称为"思路"或"打算"。

"规划""纲要"是计划中最宏大的文种。从时间上说，一般都要在三五年以上；从范围上说，大都是全局性工作或涉及面较广的重要工作项目；从内容和写法上说，往往是粗线条的，比较概括。

"方案"是计划中内容最为复杂的一种。由于一些具有某种职能的具体工作比较复杂,不做全面部署不足以说明问题,因而在内容构成上势必要繁琐一些,一般包含指导思想、主要目标、工作重点、实施步骤、政策措施、具体要求等项目。

(二)计划的种类

①根据涉及的范围,可分为:综合计划和专题计划。

②根据时间长短,可分为:长期计划、短期计划、中期计划。此外还有年度计划、季度计划、月份计划等。

③根据内容,可分为:生产计划、建设计划、工作计划、科研计划、教学计划、学习计划等。

④根据格式,可分为:条文式计划、表格式计划、综合式计划等。

⑤根据其适用范围的大小不同,可分为:国家计划、地区计划、单位计划、班组计划等。

⑥根据指挥性的强弱不同,可分为:指令性计划和指导性计划。

二、计划的特点及其作用

(一)计划的特点

1. 预见性

预见性是计划最为明显的特征。计划不是对已经形成的事实和状况的描述,而是在行动之前对行动的任务、目标、方法、措施所作出的预见性确认。但这种预想不是盲目的、空想的,而是以上级部门的规定和指示为指导,以本单位的实际条件为基础,以过去的成绩和问题为依据,对今后的发展趋势作出科学预测之后作出的。因此在制订计划的时候,必须预见到今后可能出现的问题和遇到的困难,然后提出相应的解决方法。可以说,没有预见性,就没有计划。

2. 目的性

计划要求具有明确的目的性。在一定时期内,完成什么样的任务,取得什么样的预期效果,都需要具有明确的目的性。

3. 可行性

计划不仅建立在预见性的基础上,同时一定要充分考虑到计划的目标、措施是否可行。只有拟定的计划具有可行性,整个计划才能真正的实现预期的效果。否则脱离实际去制订计划,那计划就变成了一纸空文。

4. 约束性

计划一经通过、批准或认定,在特定的时间、特定的范围内就会产生一定的约束力。计划是保证一份决策付诸于实践的行为准则,必须认真贯彻执行,不得违背和拖延。

(二)计划的作用

制订计划是日常工作中不可缺少的重要环节。"凡事预则立,不预则废"已成为人们的共

识。因此制订计划显得尤为重要,计划常见的作用可以概括为以下几点:

1. 指导作用

计划是结合本部门、本单位实际情况,对一定时期内要做的某件事、要完成的某项任务,预先拟定目标,提出具体要求,制订相应措施的一种应用文体。因此,有了计划才有明确的工作目标,才能调动大家的自觉性和积极性,团结一致、合理有序地推动工作和事业的顺利完成。

2. 调控作用

对于一个部门或单位的领导者来说,有了计划,便可以随时把握工作、学习、生产的进度和速度,协调运行,避免盲目,从而保证计划的顺利实施。

3. 监督检查作用

计划本身又是对工作进度和质量的考核标准,对大家有较强的约束和督促作用。各个部门或单位可以利用计划来掌握工作进程,制订奖惩标准,让大家齐心协力为共同的目标而努力。

三、计划的格式和写法

计划的格式一般由标题、正文、落款和日期组成。

(一)标题

标题即计划的名称。常见的写法有以下几种:

①计划单位名称+计划适用期限+计划内容+文种名称。如《地税局2010年党风廉政建设和反腐败工作计划》《担保公司2011年业务发展规划》等。

②计划单位名称+计划内容+文种名称。如《消防支队思想政治教育工作计划》《供电所安全生产工作计划》等。

③计划适用期限+计划内容+文种名称。如《2011年度人口和计划生育规划统计及基层基础工作要点》《2011年度科技工作要点》等。

④计划内容+文种名称。如《法院院务公开工作计划》《政治教学工作计划》等。

未定稿的计划应在标题后或下一行用括号注明"草稿""草案""讨论稿""送审稿"等字样。有些重要计划需经特定会议的批准或通过,其标题下应注明批准或通过的日期和会议名称,用圆括号扩入。

(二)正文

正文是计划的主体部分,一般包含下列几部分内容:

1. 开头

开头也叫前言,是计划的纲领部分。回答"为什么做""能不能做"的问题。一般简明扼要地交代计划制订的背景、目的、依据及其意义即可。如果是普通的、简要的计划,前言部分可以省略,直接进入正文部分。

2. 主体

主体是计划的重要部分。一般包括目标和任务、措施和方法、步骤和安排等几项。

（1）目标和任务

目标和任务即回答的是"做什么"的问题。行文时应该具体清楚地说明制订计划到底要完成什么样的任务，达到一个什么样的目标。这也是计划的灵魂和核心内容，不容忽视。

（2）措施和方法

措施和方法即回答"怎么做"的问题。一份计划只有把具体的实施措施和完成任务的手段和方法拟订出来，才可能实现目标。行文时这部分要详细说明完成任务采取的方式、动员哪些人力，调动哪些物力与财力，如何安排、分工等，必要时还应标明奖惩的具体规定。这一部分一般可以分条列项式的进行书写，重要的详写，不太重要的可以略写或一笔带过。

（3）步骤和安排

步骤和安排即回答"什么时候完成"的问题。制订计划时要把计划完成的日程安排出来，哪些先做，哪些后做；哪个是重点，哪个是一般，都要有清晰的认识，同时各项任务的时间分配、人力、物力和财力安排都要有规划，这样才能使计划得以顺利进行。

3. 结尾

计划的结尾部分可以用来提出希望，发出号召，阐述意义，明确要求等。也可在主体部分结束之后就结束全文，结尾部分可以略去不写。

（三）落款

落款通常包括制订计划的单位名称和日期两部分。如果标题部分已经标明单位名称，结尾处就可略去不写。具体标注位置是单位名称写在正文结束的右下方，成文日期写在单位名称的下方。有的在日期上加盖公章，以示郑重。

四、计划写作的注意事项

1. 要明确指导思想

撰写计划时必须认真领会党和国家的有关方针、政策以及上级的指示精神，做到思想明确，同时还要处理好当前与长远、局部与整体的关系，做到既要以本单位的实际为基本依据，有自身特色，又要与国家的总体规划相一致，只有这样，才能更好地贯彻党和国家的方针政策，顺利完成上级布置的任务。

2. 要从实际出发

制订计划要把全局同本部门的具体实际相结合，从实际出发定目标、定任务、定标准，既不能说空话，更不能说大话，让计划切实可行。如果制订的计划没有从实际出发，就会导致任务不明确，措施不具体，内容不现实，最后对实际工作来讲有害而无益。

3. 要集思广益

一份计划的制订需要大家的参与，因此在制订计划时要深入调查研究，广泛听取群众意见,取其精华,去其糟粕,这样做一方面有利于团结群众,另一方面有利于计划的顺利实施和目标的顺利实现。

4. 要留有余地

万事万物都是在发展变化当中,计划也是如此。在实际的执行过程中,随时都会有突发性事件的出现,阻碍计划的进行。因此在制订计划时,要充分考虑各种情况的发生,不要把话说绝,留有余地,保证工作的顺利完成。

例文评析

【例文1】

财政局2009年工作要点

为使财政工作在新千年伊始,开好头,起好步,做到有计划、有步骤、有措施,全面完成各项工作任务,特定如下工作计划要点。

一、总的指导思想

根据中央、自治区经济工作会议精神,结合我县财政经济形势,2009年全县财政工作总的指导思想是:以江泽民总书记"三个代表"的重要思想为指导,全面贯彻落实党的十五届五中全会精神和区党委七届九次会议精神,以及全区经济工作会议和全区财政工作会议精神,结合我县经济建设的工作实际,为全县经济建设工作服务,充分发挥财政职能作用,继续深化财政体制改革;积极培植新的财源增长点;进一步加强税收的征管,努力增加财政收入;调整和优化财政支出结构,确保工资发放、支农、扶贫、实施科技兴农战略以及保持社会稳定等重点支出需要,坚决落实比例适当、集散有度、收支合理、使用得当的十六字方针,构建公共财政框架;强化财政监督,规范财经秩序,确保今年财政各项工作任务的全面完成。

二、财政工作目标总任务

1. 财政收入预算16 007万元(不含基金收入),比上年完成数14 474万元,增长10.59%,其中:一般预算收入10 029万元;上划两税收入5 978万元。县本级财政收入预算13 760万元(不含基金收入),其中:一般预算收入10 029万元;税收返还收入3 731万元。

2. 财政支出预算13 760万元(不含基金支出),比上年实际支出13 976万元下降1.55%,其中:一般预算支出12 657万元;上解支出1 103万元。基金收入预算250万元,基金支出预算250万元。当年财政收支平衡,并略有结余。

3. 创建文明单位,促进我局两个文明建设上新台阶。

三、财政工作主要措施

在新世纪的第一年里,对财政部门说是机遇与挑战并存,因此做好今年的工作意义十分重大,我们要充分认识国内、国际经济形势和完成2009年财政任务的艰巨性,面对困难要坚定信心真抓实干,以改革为动力,以旺盛的斗志知难而上,确保全面完成今年的各项财政工作任务。为此,应切实抓好以下各项工作:

1. 巩固壮大支柱财源,积极培植新的经济增长点

蔗糖业是我县农民收入和财政收入的主要来源,因此要巩固好糖蔗的种植面积,增加对甘蔗良种良法的科技投入,提高甘蔗产量和甘蔗含糖量,确保制糖企业经济效益的稳步增长,使支柱财源不断壮大。经济结构调整是我县当前经济工作的重点,作为政府的主要经济管理部门,财政应充分发挥自身的职能作用,把农业基础财源摆在我县财源建设的首位,结合本县实际情况,主动为县委、县政府出点子、想办法,支持以市场为导向的农业产业结构和产品结构的调整,打破单一经济结构,立足于农民和财政双增收的目标,进一步加大财政支农投入,努力拓宽资金来源渠道,积极筹措支农资金,加大农业投入力度,并确保支农项目资金及时、足额到位。做好2009年农业综合开发项目的实施和规划管理,加强农田水利基础设施建设,改善农业生产条件,推进农业产业化的进程。进一步深化企业改革整顿,切实转变企业经营机制,做好企业扭亏为盈工作,加强成本管理与经济核算,挖掘内部增收潜力,努力提高企业经济效益。促进第三产业发展。加大科技投入,支持科技创新,加速科技成果向现实生产力发展。加强扶贫资金的使用管理,切实做好财政扶贫工作。

2. 加强收入征管,确保完成财政收入任务

一是要继续贯彻落实国务院加强征管、堵塞漏洞、惩治腐败、清缴欠税的工作方针,严格执行税收法规,依法征税,改进税收征管手段,把该收的收入及时、足额地收缴入库,努力做到应收尽收,坚决打击各种偷税、漏税、抗税行为;并采取有效措施解决税收虚假问题;二是要坚决维护税法的统一性和权威性,切实清理自定的税收先征后返政策,坚决制止擅自减税、免税、缓税行为;三是进一步完善农业四税征管办法,完善和稳固县、乡、村征收网络体系,加强村级协税员的业务指导和培训,逐步建立农税申报纳税制度,加大税法的宣传力度;四是进一步加强和完善预算外资金管理,完善行政事业性收费,政府性基金和罚没收入收支两条线管理,形成统一收费管理、统一收费票据、统一财政专户储存、统一会计核算的预算外资金收支管理办法,加强预算内外收支统管,提高政府统筹运用预算内外综合财力和宏观调控的能力;五是加强防洪保安费的征收管理。

3. 加大支出结构调整力度,努力保证重点支出

一是确保工资性支出;二是进一步提高社会保障支出在财政预算中的比重;三是努力保障国家政权建设、科技、教育、文化等重点领域和项目的支出需要;四是加强农业基础地位,大力支持农业基础设施建设,加大扶贫力度,切实减轻农民负担,要足额筹措粮食风险基金,并及时拨付到位;五是加强对公款购置小车和各种公务费、会议费、招待费及通信费等财政支出的管理,严格执行中央和自治区关于厉行节约反对奢侈浪费的若干规定,坚决抵住铺张浪费行为。

4. 不断深化财政体制改革,构建适应社会主义市场经济的公共财政框架

县乡(镇)财政管理体制要在原有基础上进行适度调整。同时还应做好如下工作:

(1) 改革预算编制方法,进一步细化财政预算编制,实行部门预算和零基预算。把各部门的预算外资金纳入预算安排,统一管理,实行综合预算。并加强全县行政事业单位财政统一发放工资的管理工作。

(2)试行国库集中收付制度,强化收入和支出的管理。

(3)积极推进政府采购制度,提高财政资金使用效益。

(4)加快税费改革步伐,做好农村税费改革的前期准备工作。做好当前各项农村收费项目的调查了解、统计,并拟定农村费改税的实施方案,切实做好税费改革的前期工作,减轻农民负担。

(5)积极推进会计委派制,强化会计基础管理工作。

(6)积极推进适应社会主义市场经济体制的社会保障体系建设。

5. 加强财政监督检查,规范财政运行秩序

一是进一步完善财政监督体系,健全财政监督机制。加强对收入征收机关、执法部门、金融机构的监督,逐步健全企业财务监督社会化体系;加强预算资金使用的监督,建立财政部门、主管部门、资金使用单位、审计部门相互制约的预算执行监督体系。二是要认真贯彻《会计法》,完善会计制度,加强会计基础工作,提高会计信息质量,严厉打击假凭证、假账、假审计等违法行为。三是要建立追踪问效和反馈机制。四是进一步加强财政内部监督。在内部形成预算编制、执行相分离、寓监督于预算管理全过程的预算运行机制,从制度上保证内部监督检查的经常化、规范化、提高财政管理水平和加强党风廉政建设。

6. 继续加强财政周转金的回收清理工作,研究探讨加快逾期周转金回收的办法

认真贯彻落实国务院、自治区关于清理财政周转金和部门周转金的精神,进一步加大催收力度,在清理回收工作中,一是要坚决彻底清理,不搞变通,不留尾巴的原则;二是加强监管,严防国有资产流失;三是稳步实施,逐步推进,尽量减轻对我县经济的负面影响。

7. 切实加强财政信息和课题研究工作

大兴学习和调查之风,注重研究影响财政工作全局的大事情,增强工作的主动性和预见性,更好地把握财政工作运行的规律。各股室要选出一位信息员,每月要写出一篇信息材料,交办公室。各股室应结合实际确定1~2个重点课题进行专题研究,拿出加强财政管理的措施,提高财政管理水平。

8. 狠抓政治思想教育工作,加强财政干部队伍建设

(1)加强廉政建设,树立全心全意为人民服务的思想。严格执行中纪委、区市县党委和纪委的各项廉政规定,加强党风廉政建设,防止不廉洁行为的发生。建立一支爱岗敬业、廉洁奉公的财政干部队伍。

(2)加强机关作风建设,努力实现三高一满意的目标,加强财政干部职业道德规范教育,自觉遵守财政干部工作守则,积极开展创建文明单位和创先争优活动。

(3)努力实践江泽民总书记提出的"三个代表"的重要思想,把"三个代表"的思想贯彻到每一项工作中去,不断提高财政班干部的政治思想水平。

(4)加强社会主义市场经济理论和业务学习。在学好邓小平有关社会主义市场经济的理论的同时,还要加强业务学习,有计划有步骤地组织一些业务培训,不断提高干部队伍的业务素质,把我们的干部队伍建设成为政治过硬,业务拔尖,作风优良的高素质的公务员队伍。

财政局
××××年×月×日
(选自国公网)

【评析】

这是一份财政局2009年的工作要点。

从写法上看,标题是由计划单位、适用期限、计划内容及文种组成。正文部分则采用分条列项式进行表述,包含了工作的指导思想、工作的总目标任务以及需要采取的工作措施,给人一目了然的感觉。

【例文2】

××西服店××××年"双增双节"工作计划

国务院倡导开展"双增双节"活动。为开展好这项活动,我们决定将今年的工作重点调整为"双增双节"活动同深化企业改革一起抓,改善企业经营管理体制,发挥名牌特色产品优势,深入挖掘潜力,以提高经济效益。现根据我商店的实际,确定××××年的工作计划如下:

一、目标

序号	类别	指标	同比
1	销售计划	1 600 万元	比去年的 1 552.8 万元增长 3%
2	周转天数	118 天	比去年的 122.9 天加快 4.9 天
3	平均流动资金	524.4 万元	比去年的 530.5 万元下降 1.15%
4	费用额	68.5 万元	比去年的 70.69 万元下降 3.1%
5	借款利息	19.3 万元	比去年的 20.8 万元减少 1.5 万元
6	削价损失	16.7 万元	比去年的 33.4 万元下降 50%
7	毛利率	19.79%	比去年的 18.79 上升 1%
8	定制加工	5 460 件	比去年的 5 300 件增长 3%
9	上交税利	262.2 万元	比去年的 255.7 万元增长 2.6%
10	利润	218.9 万元	比去年的 208.5 万元增长 5%

二、措施和做法

(一)扩大商品销售,提高经济效益

1.抓好产品质量,扩大市场占有率。对产品定期抽样检查,力争正品率达到××%。其中××%的产品质量符合市优和部颁标准。

2. 全面分析和预测市场上各型时装的生命周期,合理选择进货渠道,组织适销对路的原料,增加花色品种,妥善安排工作,做到款式新颖、高雅,并做好必要的储备,以满足市场需要。

3. 开拓新产品,设计新品种,对库存商品不断更新换代,使产、销、调、存出现良好的运行状态。

4. 采取门市销售、预约销售和集会展销等形式,扩大销量。

5. 提高服务质量,引发顾客的购买兴趣,唤起消费者的潜在要求。结合×××活动,争取商店评上"文明西服商店"的称号。

(二)抓好横向联系

1. 在全国各地设立特约经销单位。以京、津、沪为据点,向四面扩展;上半年增设××、××、××等×个经销点,下半年再增设××、××、××等×个经销点,逐渐形成一个×××商品的销售网。

2. 利用短期贷款,多生产质量优良、价格合理的产品,满足各地不同层次的需要。

3. 加强横向联系,了解各地市场的风土人情,分析销售趋势;帮助横向联系单位改进柜台设计和商品陈列,扩大供应能力。

(三)压缩银行贷款,减少利息支出

1. 加速资金周转,对库存商品不断进行清理、分类,及时处理冷、呆、残损商品,防止资金积压。

2. 缩短生产流转的期限,加工产品及时回收,及时上柜,及时回笼资金,以压缩银行贷款,减少利息支出。

(四)降低成本,节约费用

1. 紧密排料,减少损失,降低消耗。

2. 合理调整库存,减少库存量。

3. 紧缩差旅费,节约水电及文具办公费用。

(五)加强经营管理建设

1. 健全财务报表体制,准确反映单位的经济情况,定期分析各项经济指标完成情况,找出问题,及时处理。

2. 加强管理环节,使进、产、销、存的管理系统化、科学化。

3. 对原材料仓库场地、成品仓库场地、商品陈列室等进行合理的布局,对管理人员加以调整充实。

4. 健全各项考核制度,做到"奖不虚施,罚不枉加"。

××××年的任务是艰巨的,但我们有一支热爱商店的职工队伍,有信心完成我们的奋斗目标。

××西服商店经理室

××××年一月三日

(转引自《简明应用写作教程》)

【评析】

这是一份典型的综合性计划,写法上采用了条文与图表相结合的方式。

这篇计划包括了标题、正文和落款三部分。标题是由计划单位、适用期限、计划内容和文种组成。正文则是由开头、主体、结尾三部分组成。开头部分,概述了制订计划的依据和工作思路。主体部分首先用表格表述奋斗目标。将每项指标与上年度实绩作比较,显示了"双增双节"的要求,明确、具体、简洁。然后用条文式写实现目标的五项措施和具体做法,可操作性强。结尾表明实施计划的信心。最后落款标注了计划单位和时间。

本计划的一大特色是表格与条文能很好地结合。不足之处有两个:一是计划中没有写明落实措施和做法的具体步骤,二是各项任务没有具体落实到由什么人做。

第二节 总 结

一、总结的含义及其种类

(一)总结的含义

总结又称"总结报告""小结""回顾"等,是指对过去的某个时期、某个阶段、某个方面的工作进行系统的回顾、分析、研究,从中找出经验和教训,归纳出事物的规律,最终形成的理论化、系统化的书面材料。

(二)总结的种类

根据不同的标准总结可以有多种分类:按内容分有工作总结、学习总结等;按时限分有年度总结、季度总结、月份总结等;按范围分有地区总结、部门总结、单位总结、个人总结等。但是最常见的是按照性质进行划分,可以分成两大类:综合性总结和专题性总结。

1. 综合性总结

又叫全面性总结。是某个单位、某个部门或个人对一定时期内的工作进行全面系统的回顾、分析和研究,从中找出经验和教训,归纳出规律。这种总结反应面广,综合性强。常用于上级或职工群众汇报工作。

2. 专题性总结

又称单项总结。是对一定时期内的某项工作或工作中的某个问题进行专门的总结。它涉及的问题单一,内容具体,针对性强。这类总结多见于报纸杂志上,比综合性总结更为常见。

二、总结的特点及其作用

(一)总结的特点

1. 实践性

实践性贯穿于总结的始终,是总结的主要特点之一。总结是来源于实践,反过来又服务于实践的。一方面总结是以实践为基础,对工作、学习等实践活动的概括,因此,总结的产生离不开实践。另一方面总结所归纳出的经验教训,也是为了更好地指导今后的实践活动。

2. 回顾性

如果说计划是对未来工作的预想和安排的话,总结则恰恰相反,它是对已进行过的工作进行回顾、分析和研究,内容也必须要求忠实于客观实际。

3. 规律性

总结不仅要求对前一段工作进行回顾,同时还必须上升到理论的高度来概括经验教训,按照实践的标准,正确地反映客观事物原本的面目,从中归纳出规律性的认识,这样才能达到总结的目的。

(二)总结的作用

毛泽东同志曾指出:"人类总得不断地总结经验,有所发现,有所发明,有所创造,有所前进。"这段话精辟地概括了总结在生活实践中的重要作用。总结,作为一种人们广泛使用的文体,它对人类社会的发展意义也是相当深远的。

1. 获取经验,提高认识

在日常工作中及时有效地进行总结是十分必要的。它能让我们清楚地看到前段自己都做了哪些工作,出现了哪些问题,不断地获取宝贵的经验,作为今后工作的参考。同时通过总结,我们还可以让我们的感性认识不断地上升为理性认识,提高自己的认识水平,增强自己的工作能力。

2. 通报情况,推广经验

一般来说,定期地进行汇报总结,便于本单位、本部门的广大职工和群众了解全局工作情况,认识工作中的经验和教训,更好的开展以后的工作。除此之外,总结可以让不同国家、地区、民族的人们及时交流信息,借鉴成功的经验,少走弯路。

3. 改进工作,加强管理

在实际工作中,失误、偏差在所难免,通过认真总结就能吸取经验教训,改进工作。同时总结能沟通上下级的联系,使上级了解下级完成任务的情况,加强对下级工作的指导和管理。

三、总结的格式和写法

总结一般由标题、正文、落款和日期组成。

（一）标题

总结的标题一般有三种写法：

1. 公文式标题

公文式标题主要由单位名称、时间、内容和文种组成。如《××市公安局2010年工作总结》。此外，视具体情况这四个要素可以有所省略。

2. 文章式标题

这种是类似于一般文章式的标题。形式多样，专题性总结往往采用此种标题形式，如《加强管理监督，防范金融风险》。

3. 正副式标题

这种标题是公文式标题和文章式标题相结合的产物。一般正标题采用文章式标题，概括总结的主要内容或经验，副标题则采用公文式标题的形式，补充说明总结的单位、时间与种类等。如《健全管理机制，强化内部监督——××公司年度财务检查工作总结》。

（二）正文

正文一般由开头、主体、结尾三部分组成。

1. 开头

开头即前言部分。主要用来概述基本情况。基本情况可以说明所要总结的问题、时间、地点、背景、事情的大致经过；或者将工作总结的中心内容（主要经验、成绩与效果等）作概括的提示；或者将工作的过程、基本情况、突出的成绩作简洁的介绍。

2. 主体

主体是总结的主要部分。主要由以下两大方面内容组成：

（1）主要的成绩和经验

主要用叙述的方式回顾前一阶段工作的基本情况，如都完成了哪些工作，如何去做的，取得了什么样的成绩，取得成绩后获取了哪些经验等等。这些内容是文章的中心，因此在行文时需要有较多的事实和数据作为依托，要做到观点与材料的有机统一，要注意全面性、典型性和生动性。

（2）存在的问题和不足

主要陈述没有做好、没有完成的工作，或者是有待于解决的问题及工作中出现的失误等等。若是存在问题，就要找出问题存在的主要原因，引以为戒，方便今后工作的开展。

主体部分是整个总结的核心，因此这一部分的层次安排也十分重要，一般常见的方式有以下几种：

一是纵式结构。

即按照事物或实践活动发展过程有序地安排结构。写作时，把工作过程划分成几个阶段，然后每个阶段分别按照时间的顺序阐述本阶段的成绩、做法、经验、体会等。这样的结构安排使全文结构脉络清晰可见。

二是横式结构。

即将有关的工作内容按照其内在逻辑关系分成并列的几个方面,然后再分别对各个方面进行全面的介绍。这种写法内容比较集中,容量也比较大,适合大型的工作总结。

三是纵横式结构。

即纵式结构和横式结构的结合。既考虑到事物的发展过程,同时又注意到内容相互之间的逻辑关系。运用这种结构的时候,多数是先采用纵式结构,写事物发展的各个阶段的情况或问题,然后用横式结构总结经验或教训。

3. 结尾

结尾是对正文的总结。可以根据前面的成绩经验以及存在的问题,用简洁的语言写明如何发扬优点,克服缺点,改进不足以及着重解决哪些问题等等。这段内容应该与开头相照应,篇幅不应过长。如果前面主体部分对以上内容都有所涉猎的话,就不必再写结尾。

(三)落款和日期

文章结束后,在正文的右下方标注署名和日期,有的也可署于标题之下。

四、总结写作的注意事项

1. 要实事求是,以事实为依据,一切从实际出发

这是总结写作的基本原则。总结本身来讲就是总结事实,然后得出结论,没有事实就无法得出结论。所以在写总结的时候要如实地评价过去,既要总结成功的经验,也要分析失败的教训,不可对成绩夸大其词,也不能对缺点避而不谈。只有实事求是,以事实为依据才能对今后的工作有实际的指导意义。

2. 要理性分析,找出规律

写总结时应该科学地分析整个工作进程,把感性的认识进行理性的升华,对事物的表象进行深入的分析、研究,总结出经验和教训。

3. 要详略得当,突出重点

有人在写总结时面面俱到,事无巨细,不肯舍弃正面材料,结果文章不能给人留下深刻的印象。因此在写总结时,无论是在叙述还是选材上都应该做到视野开阔,突出重点内容,详略得当。

4. 要注意共性,把握个性

总结很容易写成千篇一律的东西,因此在进行写作的时候,除了注意共性之外,一定要力争新颖,找出工作中新鲜的经验,写出独到的发现、独特的体会。只有这样,总结才会具有活力,更好地为工作进行服务。

例文评析

【例文1】

县国土资源局2011年上半年工作总结

今年以来，在市局和县委、县政府的正确领导下，我们坚持以科学发展观为统领，紧紧围绕全县经济和社会发展目标，积极主动服务，较好地完成了各项工作任务。

一、工作情况

(一)倾心尽力保障发展

一是积极争取用地计划。及时组织了2011年第一批次建设用地报批，主要解决天堂寨创建景区急用地块，上报了3个单独选址项目，面积338.5亩。

二是加快建设用地置换复垦进度。2007年度第二、三批次823亩置换项目已通过省厅验收；2008年、2009年和2010年四个批次及2010年两个批次先行复垦总面积749.88亩的置换复垦外业工作基本结束，内业验收资料已上报市局。

三是扎实推进节约集约用地。积极开展创建节约集约用地模范县活动，落实最严格的节约集约用地制度，继续开展工程建设领域突出问题专项治理，深入开展土地"双清"，对全县特别是大城关和经济开发区"批而未供""供而未用"土地进行全面清理，对清理出的闲置土地逐宗提出了处理意见。严把建设用地预审关，受理并通过建设项目用地预审申请32份，面积1 870亩，促进了项目建设和经济社会发展。

(二)多措并举保护资源

一是落实耕地保护共同责任。建立共同责任机制，落实政府主要领导耕地保护责任，县政府与各乡镇签订耕地保护责任状，将耕地和基本农田保护纳入对乡(镇)政府目标考评的内容，进一步落实县、乡、村三级监管网络，今年计划树立基本农田保护宣传标志牌191个(其中：大牌38个，小牌153个)，目前已树立大牌12个，小牌65个。

二是认真实施土地整理项目。完成2008年度省级重点投资白塔畈乡土地整理项目一、二期工程并全部还耕到户；招标确定了2009年度省级投资汤家汇等三乡镇土地整理项目施工企业，正在按工程设计和施工合同约定有序推进；编制并上报了2011年度省级投资桃岭、铁冲等三乡镇土地整理项目计划，项目规模990公顷，投资估算4 500万元，有望获批。

三是积极实施新增耕地项目。2011年度3 412亩新增耕地已经省厅验收确认，921亩新增耕地已实施完成并已申请上报主管部门验收确认。

四是进一步加强矿政管理。部门联动，继续开展矿产资源专项整治，关闭5家违法生产的砖瓦窑厂，开展了"两权"年检，年检率达100%；规范矿山企业用地手续，征收地质环境恢复治理保证金340万元。

(三)科学配置集约利用

一是编制年度供地计划。编制并公布了2011年度国有建设用地供应计划，共107个项目、285公顷。

二是全面规范土地市场交易行为。认真落实土地招拍挂制度，招拍挂出让土地23宗，面积374亩，收取出让金4547.4万元。

三是切实加强土地供后监管。开展土地出让合同专项清理，对未动工的2宗建设用地下达限期动工通知书，对1宗合同不完善的进行了补签，对已录入土地市场动态监管系统的63宗建设用地进行核实，对10宗超容积率建设用地对照政策，逐宗提出了整改意见，已上报县工程建设领域突出问题专项治理领导组。

四是科学更新基准地价。开展了城区基准地价更新调整及建制镇土地定级和基准地价评估工作，城区基准地价更新调整工作于5月5日通过省厅专家组验收。

（四）惩防并举严格执法

一是大力宣传法律法规。将国土法律法规宣传阵地前移，制订了村级国土学校考核办法，印发了2011年度教学计划，全面巩固完善村级"国土学校"创办成果；继续开展"国土杯"演讲比赛活动。购置车载宣传设备12台（套），并全部配置到执法车辆，利用动态巡查、日常下乡等机会，开展政策法律宣传，取得了良好效果。认真开展了"4·22"世界地球日宣传周活动，发放《知识手册》宣传折页5000份、彩色挂图120套、设宣传台12个、宣传横幅60幅，宣传标语580条、宣传车50台次。

二是加大动态巡查和案件查处力度。修订完善了动态巡查制度，重新划分巡查区域、巡查路线和责任人员，通过动态巡查和群众举报发现国土资源违法行为368件，现场制止违法行为354件，调查国土资源违法行为14件，与有关乡镇联合强制拆除违法占地4宗，立案查处10件，申请法院强制执行4件，拆除违法建筑480 m²，恢复土地原状2300 m²。

三是扎实开展卫片执法检查。根据省市卫片执法检查工作部署，认真开展土地利用变化图斑核查工作，相关数据已上报省厅审核；开展违法用地整改查处工作，对3宗18.4亩未批先建用地逐宗进行立案查处，对照有关政策，分别采取措施，确保6月30日前拆除复耕到位、组卷报批到位，确保实现"零约谈、零问责"目标。

四是强力制止县经济开发区及周边区域非法采砂行为。开展大规模联合执法行动6次，销毁非法采砂机械530余台（套），取缔非法采砂点386处，恢复耕地240余亩。

（五）夯实基础，科学管理

一是地籍基础业务进一步加强。共办理土地登记3786宗，其中：国有土地设定登记108宗、国有土地使用权变更登记120宗、土地使用权抵押登记76宗、集体建设用地设定登记1650宗、集体土地变更登记30宗、农宅审批1800宗、临时用地审批2宗；开展了县经济开发区土地集约更新工作，基准地价成果初步形成。

二是有序推进新一轮土地利用总体规划修编。根据省市评审通过的县土地利用总体规划大纲，积极开展乡（镇）规划修编前期准备工作。

三是认真做好数据库建设与管理。建成土地利用数据库和城镇地籍数据库。为充分发挥数据库的作用，邀请软件开发单位对我局业务人员进行培训，主动将成果融合到业务工作中

去。

四是大力推进政务公开。开展政务信息公开"制度执行年"活动,完成了局网站的改版更新,严格按照政务公开目录的要求,做到应公开的尽公开。加大政务信息的宣传,进一步完善信息报送奖惩机制,提高报送质量,上半年上报市县信息80余条。

(六)以人为本,关注民生

一是切实加强征地拆迁管理。严格执行新的土地补偿标准,上半年征地10宗,面积865.14亩,拆迁房屋214户,均已妥善安置。

二是切实做好信访维稳工作。开展信访积案化解攻坚专项行动,深入排查矛盾纠纷,实行重点案件领导包案制,与相关乡镇政府落实共同责任,真正做到"一个案件、一名领导、一套班子、一揽子解决方案、一包到底",上半年共接待来访群众20人次,来信21件,来电10件,做到信有答复,访有结果。

三是加强地质灾害的监测和防治。制订年度地质灾害防治方案和应急预案,县政府专门召开全县地质灾害防治工作会议,与乡镇签订责任状,落实了防治责任;开展汛前排查,对全县106处地质灾害隐患点建立动态监测网络,加强汛期值班制度;对全县地质灾害隐患点监测人和责任人进行防灾知识培训;为全县80名地质灾害群测群防监测信息员配备了雨靴、雨衣、防水手电、钢卷尺、记录本、监测日志等工具,发放地灾防治知识手册500份,"十有县"建设成果进一步巩固。

(七)强基固本,提升效能

一是干部学习培训制度得到较好落实。在全系统深入开展"创先争优"和"建设学习型党组织"活动。请省厅专家给县直、乡镇主要领导和全县国土系统干部职工上国土资源管理知识课,每周五下午学习日学习有关法规和业务知识,鼓励和支持干部职工参加各种学习和培训。

二是机关效能建设进一步加强。制订了《金寨县国土资源局机关效能建设实施方案》和《考核奖惩规定》,定期不定期开展效能建设明察暗访,进一步完善各项制度,加大制度的执行力度,改善了服务态度,提高了服务效率。全程代理服务日趋规范,县行政服务中心"国土"窗口共受理各类报件3 786件,全部按承诺时限办结,"国土"窗口连续5次被县政务中心评为月"红旗窗口",1名工作人员连续5次被评为月"红旗标兵"。

三是党风廉政建设扎实开展。年初召开党风廉政建设工作会议,制订《2011年党风廉政建设和反腐败工作要点》,编制《廉政手册》发给系统每位干部职工,认真贯彻执行新颁布的《中国共产党党员领导干部廉洁从政若干准则》,层层落实党风廉政建设责任制,人人签订廉洁自律承诺书,明确"一岗双责"责任;邀请县检察院领导专题开展预防职务犯罪警示教育报告,观看了警示教育专题片,建立了党风廉政建设和反腐败工作机制,各项制度执行较好。继续开展国土资源领域腐败问题专项治理和"两整治一改革"专项行动,排查廉政风险点5个,已全面进行了自查自纠。

（八）紧扣中心，服务发展

一是积极开展招商引资工作。制订《金寨县国土资源局2011年招商引资工作意见》，成立了招商引资工作领导组和责任组，明确了目标任务，上半年落实招商引资额2 000万元，完成全年引资任务的90%。

二是积极做好党务、精神文明创建、计划生育、安全生产综治、统战、宣传、关工委、扶贫、双拥等工作。做到组织健全，制度规范，有人分管，有人抓落实，确保各项工作有序推进。

今年以来，我局国土资源工作取得了一定的成绩，但也存在一些问题：一是土地供求矛盾十分突出，今年我县争取的一些大项目急需落地，用地形势更加严峻，国土部门肩负的压力更大；二是土地集约节约利用水平不高，粗放型利用土地仍然存在，盘活存量土地的能力有待提高；三是执法形势不容乐观，农村违法违规用地现象时有发生，执法监察任务依然艰巨；四是效能建设还需进一步加强，存在忙闲不均现象，少数工作人员作风漂浮、纪律松弛等等，这些问题都必须在今后的工作中认真加以解决。

二、下半年工作打算

（一）积极主动作为，保障重点项目用地

一是全力服务好重点项目建设。做到不误时、不误事、不违法用地。切实保障大城关、经济开发区、招商引资、民生工程等重点项目建设用地需求；二是积极做好建设用地报批工作。加强协作，提前介入建设项目，提前准备用地报件，加强跟踪，提高用地报批效率；三是加快成熟地块的出让，力争年土地出让金收入3亿元以上。

（二）落实共同责任，切实保护好耕地

一是落实耕地保护共同责任，建立责任单位联席会议制度；二是完成全县基本农田保护标志牌建设；三是对全县280名村级执法监察信息员进行考核，淘汰不称职的，并对信息员进行业务知识培训；四是完成省级投资汤家汇等三乡镇土地整理项目，跟踪落实新申报的桃岭等三乡镇土地整理项目。

（三）加强基础业务，提高规范化管理水平

一是扎实做好土地利用规划修编工作。

二是全面完成"三权"登记发证工作。

三是抓好地籍数据建库和地籍管理信息系统建设。

四是启动第二轮矿产资源规划编制工作，统一规划和整合现有资源结构与布局，提高矿产资源利用水平。

五是进一步健全土地利用年度计划管理制度，促进土地节约集约利用。

六是开展国土资源节约集约模范县创建工作，切实提高节约集约利用水平。

七是抓好信息化建设，推进电子政务。

（四）坚持以人为本，切实维护群众利益

一是切实加强地质灾害防治工作。进一步建立和完善县、乡、村地质灾害群测群防预警体系,加强汛期地质灾害预报预警工作,抓好汛期的排查检查和重点灾害点的定期巡查。加大对群众的地质灾害防治知识培训,努力维护人民群众生命和财产安全。

二是切实维护被征地群众的合法权益。加强与相关部门的配合,确保被征地农民得到应有补偿和妥善安置。

三是高度重视信访维稳工作。重点增强中心所处理信访和矛盾纠纷的能力,严格依法行政,进一步强化责任意识,及时处理各类土地、矿业权纠纷,增强工作主动性,把矛盾纠纷解决在基层和萌芽状态。

(五)坚持依法管矿,进一步规范矿业秩序

巩固整顿和规范矿产资源开发秩序成果,规范矿产资源管理行为,坚决取缔非法小土窑,抓好采矿权、探矿权年检,加强资源补偿费和地质环境保证金征缴,坚持科学开采、综合利用与保护环境并重原则,加大矿业布局的调整力度,整合现有资源,促进矿产资源开采加工从粗放型向集约节约型转变。

(六)加强执法监管,防范和遏制国土资源违法行为

在做好卫片执法检查专项清理整改的基础上,进一步加强法规政策宣传,完善动态巡查和监督网络,明确监督责任,建立源头防范机制,切实把违法案件消除在萌芽状态;进一步加强土地批后供后监管,改变"重审批轻监管"局面,切实把审批职权和监管职能有效统一起来。

(七)加强自身建设,提高国土资源管理工作的能力和水平

进一步学习贯彻科学发展观,开展"创先争优"、建设学习型党组织活动,不断加强机关党组织建设、党风廉政建设、班子能力建设和干部作风建设;坚持抓班子、带队伍,坚决执行各项规章制度,强化对重点岗位、重要部门的管理,不断加强党组织对各项工作的领导,充分发挥局班子的核心作用;通过深入开展文明创建活动,不断营造浓厚的学习和争先创优氛围;通过强化对行政权力运行,机关效能建设的监督检查,加强业务培训,不断造就一支思想纯、作风正、形象好、能力强的干部队伍。

金寨县国土资源局
二〇一一年六月七日
(转引自公文网)

【评析】

这是一篇典型的综合性年度工作总结。

标题采用的是公文式标题,由单位、时间、内容和文种组成。正文部分分开头和主体两个部分。开头部分主要谈工作的指导思想和任务,主体部分又分了两个大点,一是谈具体工作情况,二是谈工作打算。同时两个大点又穿插一些小点,这些小点都是以分条列项的方式展开的,具体明确,条理十分清晰,非常好地概括了工作情况和对下半年的打算。最后落款部分标注单位和时间。

这是一篇比较好的工作总结,不仅对工作情况归纳得条理清晰,而且总结的经验非常具有规律性。

【例文2】

售后服务是企业的命根子
——万宝技术服务中心××年工作总结

××年,万宝集团技术服务中心全体员工和分布在全国各地维修网点的员工一起,根据何总经理关于"售后服务是企业的命根子"的指示精神,坚持"拥有万宝电器,享受一流服务"的宗旨和"一切为了使用户满意"的标准,发扬"同心多奉献,合力创一流"的企业精神,大力开展优质服务活动,扎扎实实地做好各项工作,实现了××年的总体目标。全年维修合格率达99.8%,比去年上升了30.3%;维修返修率0.2%,比去年下降30.13%;用户来信处理率100%,全年未出现重大的维修质量投诉,赢得了用户和社会各界的好评,促进了万宝系列产品的销售,促进了万宝售后服务工作向服务质量标准化、服务网络体系化、服务管理规范化、服务方式多样化、服务经营一体化的方向发展。××年被评为全国优质服务企业。

回顾一年来,我们主要做了以下几项工作:

一、优化网点建设,加强网点管理。

经过十多年的努力,我们形成了具有万宝特色的售后服务三级管理体系。但是随着内外环境的变化,尤其是面对日益激烈的市场竞争,如何充分发挥这个体系的作用,使"拥有万宝电器,享受一流服务"不再是口头承诺,这是需要下一番功夫的。为此,年初我们便提出了建立以"沟通、指导"为原则的网点管理体系和以"激励、扶持"为重点的积极保障体系的目标,扎扎实实地抓了以下几项工作:

1. 开展网点升级达标活动。制订网点升级达标标准和考核验收方法,对网点进行定期考核和升级考评,促使网点管理初步达到制度化、程序化、标准化的要求。

2. 开展网点调研考察。5月份,服务中心组织了6支小分队,由×××总经理亲自带队,分别到广西、河南、山西、新疆、陕西、湖北、上海、江苏、安徽、甘肃、四川、吉林等的重点城市和边境地区的100多个维修点进行调查研究,帮助网点解决实际问题,沟通与网点和当地"消协""用委"的联系。

3. 合理调整网点布局,扩大维修服务的覆盖面。我们根据产品分布流向和促销的需要,在海南省建立了万宝电器海南技术服务中心,在西双版纳、深圳、珠海、中山、清远和新疆、山东、黑龙江等重点城市以及空白地区新建了42个维修点,对19个维修部进行了调整优化,缓解了重点区域和边远地区维修难的问题。

4. 开展用户抽查,优化网点结构。针对网点管理的薄弱环节,我们增大了用户的抽查率。全年共抽查了近5 000用户,抽查结果:90%以上的维修部在服务态度、维修质量、收费等方面收到用户好评。抽查中,我们对个别管理不严、服务措施不力的维修部给予具体指导,坚决纠正虚报维修项目、重复收费、损害用户利益的错误做法,调整个别不合格的维修部。如3月份中心对清远五金电器厂冰箱维修部弄虚作假的情况进行了通报处理,借以教育大家,健全制度,堵塞漏洞。

二、调整售后服务策略,适应市场和用户需要。(以下具体内容略)

1. 增加服务项目,扩展服务范围。(略)
2. 转换服务形式,提高服务水平。(略)
3. 开拓服务经营一体化道路,增强自身实力。(略)

三、提高员工素质,深化优质服务(略)

四、开展"万宝电器百日维修服务质量无投诉"活动(略)

××年是万宝事业发展的关键一年,也是实现集团中期发展规划的决定性一年。我中心必须进一步贯彻落实何总关于"售后服务是企业的命根子"和汤总关于"服务先于销售"的指示精神,坚持"一切为了使用户满意"的最高标准,把售后服务工作作为首要任务,为维护万宝信誉作出更大贡献。

万宝技术服务中心

××年一月五日

(转引自《应用文写作》)

【评析】

这是一篇企业售后服务的经验性总结。

标题采用正副题式,正题揭示文章的中心内容,副题标示出单位、时间、事由和文种。正文由前言、主体、结尾三部分组成。前言部分概述了基本情况,交代了总结所涉及的时限、单位、背景、工作任务、完成情况,并引用数据,概述了成就,然后用"回顾"一句过渡转入主体部分。主体部分分四大项列举了一年来的主要工作,内容按逻辑顺序排列,围绕着"命根子"这个中心,充分证明了总结中所提出的各个观点。最后以展望作结,充满了信心,反映了企业的精神面貌。

全文层次分明,观点与材料统一,是一篇值得借鉴的总结。

第三节 简 报

一、简报的含义及其种类

(一)简报的含义

简报即情况的简明报道。它是党政机关、社会团体、企事业单位用来及时反映本部门情况、传播信息、交流经验以及汇报工作时常用的一种内部小报。但它不能代替正式公文,也不能公开出版。因其版头常用套红印刷,所以也被称作是"红头小报"。

简报名称很多,"××简报""××信息""××通讯""××情况""××资料""内部参阅"等都属于简报。

(二)简报的种类

简报的种类很多,按照不同的标准,可以有不同的分类。按时间分有定期和不定期简报;按形式分有专题性简报和综合性简报;按发送对象分有上行简报、下行简报、平行简报等等。但最常用的简报按照性质划分有以下几种:

1. 工作简报

工作简报又称情况简报,即日常工作中编发的常规简报。这类简报既有广度,又有深度,同时也能够相互交流信息,对工作起到良好的推动作用。

2. 动态简报

动态简报即为反映本单位、本系统的思想、政治、经济、文化等方面的情况和信息而编写的综合性简报。动态简报能及时、简明扼要地反映情况,常常是报纸、广播新闻的线索。这类简报多见于单位编发的"内部参考",一般具有内部参考和保密性质。

3. 会议简报

会议简报即会议期间编发的简报。一般用于比较重要、规模较大的会议,主要反映会议情况,包括领导讲话、会议进程、代表座谈以及意见建议和会议的进程等。但是这些内容在编制会议简报时并不能简单的罗列,而是要突出重点,提供有价值的信息。

二、简报的特点及其作用

(一)简报的特点

1. 真实性

编写简报需要本着实事求是的科学态度,简报中所反映的内容必须真实、可靠,所用的事例、数据、时间等等必须准确无误,切忌夸大或缩小报道。

2. 及时性

简报被誉为是公务活动中的"快报"、"轻骑兵",因此简报编写速度要快、印刷和发行速度也要快,这样才能及时地反映情况,交流信息,更好地发挥简报的作用。

3. 简短性

简报的篇幅有限,因此编写简报的内容必须做到简练。简报多为一事一报,字数最多不超过2 000字,如果报道内容确实很多,则可分成几期进行报道。只有这样才能做到及时编出、及时发送,让大家更好地了解相关信息。

4. 新颖性

简报如同新闻报道一样,为人们提供新鲜的信息。因此在编写简报时,内容要反映新情况、新问题、新经验、新动态等等,给人以启发和借鉴,同时有利于促进整个工作的进展。

(二)简报的作用

1. 便于汇报情况、指导工作

简报主要是下情上达,让上级机关及时了解和掌握下级单位的情况和动态,便于制订相应的对策。同时简报也可以用于上级机关向下级机关宣传有关的党政方针、政策以及相关会议精神,表彰先进,批评后进,全面推进工作的开展。

2. 便于互通信息、交流情况

简报在平级单位间可以相互传递信息,交流工作中的情况、经验以及成绩,便于相互了解,加强合作,促进各项工作的开展。

三、简报的内容、格式及写法

(一)简报的内容

简报的主要作用是为了促进自身工作的开展。因此,凡本单位、本系统新近发生的事情、情况,或对推动本单位、本系统工作有价值的情况,都可以成为简报报道的内容。具体细分可以包括以下十个方面:

①领导同志的重要讲话。
②具有典型意义的工作经验。
③政策、措施的反馈信息。
④上级机关的工作部署和指导意见。
⑤会议消息。
⑥重要活动。
⑦广大群众关心的事情。
⑧突出的问题或者情况。
⑨有关单位的有关情况。
⑩例行的情况通报。

(二)简报的格式

简报一般由报头、报体和报尾三部分组成。

1. 报头

简报的报头相当于公文的"文头",位于首页的上方,约占全页的1/3或2/5左右,用一条红色粗线与报体部分隔开,一般包括六方面的内容:

(1)简报名称

简报名称很多,可以自定。如"生产简报""教育通讯""思想动态"等等。一般位于首页居中位置,为了醒目可以用大号字体书写,也可以套红。

(2)期数

期数即"第×期",一般位于简报名称的正下方。如有"总第×期",用圆括号扩上置于期数下方。

(3)编发单位

编发单位一般位于期数之下,间隔线之上的左侧,顶格书写编发单位名称,同时要在名称之后加上一个"编"字。

(4)印发日期

印发日期一般位于简报期数的右下方,与编发单位成一行排列。

(5)密级

密级即秘密等级。位于报头的左上角。

(6)编号

编号即印制简报的份数,以数码的形式打印在密级的上面,如"编号123"等。

2. 报体

简报的主要部分,位于间隔线下方,一般由按语、刊发的文章和供稿者三部分组成。

3. 报尾

报尾由发送单位和印发份数两项内容组成。一般在报体下方的两条平行横线内,写明简报的发送范围,有的分别标明:报、送、发等字样。编印份数则位于横隔线右下方位置。

(三)简报报体的写法

1. 按语

按语一般位于文前,用来表明编写者的意图和观点。按语内容可长可短,具体有四类按语形式:

一是提示性按语,即提炼出简报的中心内容,便于阅读。

二是评价性按语,即表达编写者对所报道事实的看法和见解。

三是说明性按语,即说明编发的原因和目的。

四是注释性按语,即对文章某个片段的注释或介绍。此类按语多夹于文中,编写时除在开头注明"按语"外,还要加括号和原文相区别。

2. 简报刊发的文章写法

一份简报可以刊发一篇文章,也可刊发数篇文章。这些文章,可能是不同类型的简报形式。这些类型的简报形式归纳起来主要可以有四种类型:即经验介绍式、情况报告式、新闻报道式和花絮集锦式。

(1)经验介绍式

这种类型的文章按照经验总结的写法进行写作,写的时候注意在介绍情况的同时要进行经验总结。

(2)情况报告式

这种类型的文章可以把本单位最近一段时期出现的情况或者问题简明扼要地反映出来。同时要保证反映的情况或问题要准确,并与本单位本部门的中心工作密切相关。

(3)新闻报道式

这种类型的文章的写法与新闻的写法类似。标题要能够揭示一个新闻事实,正文由导语、主体和结尾三部分组成。导语要能对新闻的主要事实进行概括,一般要告诉读者何时、何地、何人、何事、为何、如何等内容;主体部分要对新闻的事实进行详细的报道;结尾可以是对新闻的小结或补充。

(4)花絮集锦式

这类文章主要是把相关的人物、事件、情况等内容,分别以小标题的形式,写出简短的文章。

3.供稿者名称

即提供材料的单位或者是个人。其名称用括号括起来写在正文结束后的右下角。如果作者是编发机关,则不必写出。

四、简报写作的注意事项

1.选材要精确

编写简报要善于精心挑选能够说明问题、内容新颖,具有可参考价值的材料,剔除那些无关紧要的没有代表性的材料。同时在精选材料时要考虑发送范围,根据不同的发送范围精选不同有价值的内容。

2.内容要真实、准确

简报在编写时要注意内容的真实和准确。凡简报中涉及的时间、地点、人物、事情以及数据等不能有丝毫的弄虚作假,要实事求是,仔细核对,然后方可刊发。只有这样,简报才能起到及时反映情况、互相交流信息的作用。

3.反映要及时

作为机关文书的"轻骑兵",简报的职责就是及时迅速地反映情况,传递信息。只有快速反映工作中出现的新情况、新问题,才能及时为领导的决策提供有力的依据,才能更好发挥简报的真正作用。

4.行文要简洁

编写简报时篇幅不宜过长,叙述主题要简明扼要,做到内容集中、主题明确、语言简练,尽力避免长篇大论,没有侧重点。

例文评析

【例文1】

情况简报
（第5期）

重庆交通大学防火安全委员会　　　　　　　　　　　××××年×月××日

――――――――――――――――――――――――――――――――――――

开展消防安全培训，增强消防法律责任
——校防火安全委员会举办××××年消防安全责任人培训班

　　为了提高学校的消防管理水平，使学校消防安全责任人进一步掌握消防安全知识。根据《机关、团体、企业、事业单位消防安全管理规定》第38条"消防安全责任人应当接受消防安全专门培训"的规定和重庆市教育委员会的要求。学校防火安全委员会于×月××日至××日，在南泉阳光温泉度假村举办了"重庆交通大学××××年度消防安全责任人培训会"。培训会特邀市消防局重点保卫处张绍彬处长、市居安防火教育培训中心郭主任专门授课，对我校二级单位消防安全责任人四十余人进行了《机关、团体、企业、事业单位消防安全管理规定》以及消防法律、法规、消防安全常识、典型的火灾事故案例及消防安全的基本技能的培训。培训后进行了消防安全知识测试，通过测试，参训人员合格率达100%。本次培训，应到49人，实到41人，请假5人（单位是基础部、学生A区、南坪留守办、财经学院、管理学院），未请假3人（单位是社科部、机电学院、发展规划处）。

　　培训会上，校党委副书记周直围绕举办培训会的意义、学校消防工作特点、培训的目的和要求作了动员讲话。他指出，消防工作是促进经济发展，维护社会稳定，保障人民群众生命财产安全的一项重要工作。他要求消防安全责任人要强化消防安全意识，明确职责，认真实施和组织落实本单位的消防安全工作；要增强对消防工作的重要性、艰巨性、长期性的认识，切实担负起管理责任，共同抓好学校的消防安全工作，保障全体师生员工的生命财产安全。多年来，学校消防安全工作取得了显著成绩，但我们在肯定成绩的同时，也应清醒地看到还存在许多不容忽视的隐患和问题，如各实验室用火用电以及易燃易爆物品的安全问题；学生宿舍、家属宿舍的安全管理以及学校有的建筑物至今未经消防验收等问题。希望各二级单位的消防安全责任人要认真履行消防安全职责，切实搞好本单位的消防安全工作。

　　在随后举行的颁奖仪式上，重庆交通大学获重庆市高校消防工作先进单位。荣获重庆市高校消防先进集体的招生就业处、教育技术中心、应用技术学院保卫科以及周直、魏童龄等先进个人受到了表彰。

　　市消防局重点保卫处张绍彬处长对近年来的火灾案例，特别是全国高校发生的火灾事故进行了通报。他指出，目前高校普遍存在的火灾隐患：（一）消防安全通道、安全门被封堵；（二）电器线路私拉乱接以及违章使用电器；（三）老建筑物缺乏消防设施；（四）应急照明，疏散标志缺乏维护保养；（五）学生缺乏消防安全意识，自防自救能力差；（六）个别学校整个管理

115

体制差;(七)部分高校擅自改建、扩建、新建建筑物等。紧接着对火灾的种类、初起火灾的扑救、火场怎样逃生以及发生火灾应注意事项等消防知识进行了详细的讲解。他要求参训人员要明确消防安全责任,强化消防安全意识,认真履行消防安全职责,把本单位的消防安全工作做好做扎实。他还列举了许多近年来全国的重特大火灾事故发生后,责任人受到法律追究的情况,以此说明责任人如不履行责任,将会承担相应的法律责任。最后他希望大家要珍爱生命,远离火灾。

市居安防火教育培训中心郭主任分析了当前全国及重庆市的火灾形势,讲解了处理火灾事故的基本方法、火灾现场逃生、如何使用灭火器材以及怎样预防扑救火灾等消防知识,并围绕消防安全责任人应肩负的责任进行了详细的分析。最后,他告诫大家,一场火灾事故都是偶然的,但是背后都存在着必然性,我们应认真抓好平常的消防安全工作,牢记江泽民同志提出的"隐患险于明火,防范胜于救灾,责任重于泰山",将各项消防安全管理制度落到实处,抓好单位的消防安全工作。

通过这次消防培训学习,使二级单位的消防安全责任人对消防法律法规和消防安全知识有了更深的了解,增强了消防法制观念和消防安全意识,懂得了扑救初期火灾、火灾逃生等常识,提高了自防自救火灾事故的能力。参加培训的二级单位消防安全责任人一致认为,消防安全工作任重而道远。他们都表示,回去后,要加强消防安全宣传教育工作,提高本单位师生员工的消防安全意识,认真开展消防检查,及时整改消防安全隐患,杜绝火灾的发生,以确保学校的安全和稳定。

抄报:市公安局消防局、市高校消防协作组、南岸区综治委、学校领导
　　抄送:校内各单位

（共印55份）

（引自百度文库）

【评析】

这是一篇工作简报。这类简报能够很好地交流信息,对工作起到很大的推动作用。

文章首先概括了校防火安全委员会举办2006年消防安全责任人培训班的目的和任务,然后具体介绍了此次培训会的情况以及相关领导的重要讲话,最后阐述了此次活动的意义和作用。

整体看,材料处理详略得当,值得借鉴。

【例文2】

查违拆违动态简报
（第1期）

高新区查违拆违执法大队　　　　　　　　　　　　　　　2010年3月24日

一季度高新区查违拆违总结

根据市委市政府《关于实行四级联动共防共治违法违章建筑的工作意见》的精神，高新区工委管委会高度重视，快速反应，及时出台了实施办法，朝阳办事处制订了《关于防控违章建筑的几项规定》。层层动员，明确任务，落实责任，一季度全区查违拆违工作取得了较好的成绩。

一、基本情况

高新区下辖一个朝阳街道办事处和谢林港镇，分为建成区（15.8 km^2）、南扩区、东扩区（龙光桥4村）、镇垸区。建成区主要是城中村的部分居民拆屋建屋，不按规划乱搭乱建，主要涉及七里桥、大海棠、姚家湾、江家坪等开发的村。东扩村（龙光桥4村）主要沿城际干道两侧抢搭抢建，概括为三种类型：一是拆迁户，因安置基地滞后，目前不具备安置条件，村民无安置而违章建房。二是部分群众心存侥幸心理，认为建房可以套取拆迁补偿资金。三是部分村民房屋是危房，急需改造。南扩区（谢林港镇）主要是沿云雾山路的违章建筑。

一季度查违拆违大队已登记新建违章68栋，面积12 000 m^2。摸清存量违章18栋1 980 m^2。主要在沙河村，查违拆违大队及时阻止新建违章4栋240 m^2，三次强制拆除行动共强拆19栋2 553 m^2，3月12日后全区没有新增违章建筑，各村抢搭抢建的现象得到了有效遏制，为高新区挽回拆迁补偿资金约102万元（按400元/m^2）。

二、主要做法

（一）广泛宣传，营造防控违章建筑的浓厚氛围

为表明高新区工委管委会对查违拆违工作的决心，高新区查违拆违大队下发了《致广大农民朋友的一封信》，以铁的纪律，铁的决心，铁的措施，坚决遏制违章建筑。采用多种形式及时宣传相关政策，消除群众抢搭抢建的侥幸心理。高新区召开了各级干部会议，传达市区四级联动文件，层层签订责任状，各级干部有责任，有担子。通过广泛宣传使群众明白了违章建筑对城市品位的提升、对经济建设都有较大危害，各级基层干部知晓了自己的责任，营造了防控违章建筑的氛围，构建了防控体系。

（二）部门联动，摸清家底，完善制度

以镇、街道牵头，查违拆违大队为主，拆迁部门配合，启动了村民住房信息工程。对规划区范围内的所有村民房屋进行丈量、照相、建立村民房屋数据库。此数据库由拆迁部门和查违拆违大队共享。拆迁部门在以后的拆迁补偿中以数据库的资料为准，对新建的房屋不予补偿，从源头斩断部分群众投机套取拆迁补偿的行为。

查违拆违大队在阻止新增违章建筑的同时，对存量违章也建立了数据库。首先，规劝其自行拆除，到目前为止，村民自行拆除违建房屋1栋120 m²。其次，制订强拆方案，每月开展一次"风暴行动"，时刻保持高压态势。

（三）受理举报与日常巡查相结合，确保查违信息渠道畅通

各村支书为第一责任人，拆违专干为具体责任人，分村包干，出现违章及时报告。同时推行举报有奖制度，查违拆违中队值班电话24小时受理举报。一季度共受理群众举报十余起，查违拆违大队已落实十余起。区查违拆违大队分成两个中队，分片包干、分工协作，实行日报告制和周报告制，主次干道和车辆能通行的区域每天巡查两次，其他地区每天巡查一次，在节假日等薄弱时段，对违建重点地域重点监控，发现违法建设行为及时予以制止，确保不出现新的违法建设行为，到目前为止，全区没有不在掌控中的违章建筑。

（四）严格执法程序，依法查违拆违

查违拆违大队制订了巡查制度、文书管理制度，从发现违章到强拆违章均严格履行相关法律手续，从调查取证、当事人询话笔录到下发相关法律文书全部到位。我区也因组织严密，措施得力，程序到位，三次强拆行动都顺利完成。

（五）严格责任追究，奖惩兑现

将查违拆违工作情况纳入年终考核，对不能完成工作任务和发生重大问题的责任人，将实行行政问责，对失职失责人员进行责任追究。在朝阳办事处和谢林港镇党员春训会议上处理的二十多名党员中，就有十名党员因参与违章建筑问题而被评为不合格党员。2010年高新区财政安排专项奖励资金，按责任状的要求，奖惩兑现。

三、存在的问题与不足

一季度高新区查违拆违工作虽取得了较好的成绩，但也存在如下问题：

1. 村（社区）责任不到位

村级组织作为四级联动的核心环节在查违拆违中的作用还未充分体现，部分村支干部对违法违章建设行为态度暧昧，管理缺位，怕得罪群众，执法不力，致使部分群众心存侥幸。

2. 部门联动不够，政策执行不严

房屋拆迁补偿由拆迁部门负责，查违拆违由执法中队来完成，部分存量违章建筑拆迁后，个别群众得到了补偿款，违建户认为有利可图，从而形成一种只要路延伸到哪里，违章建筑就建到哪里；项目开发到哪里，违章建筑就热到哪里的怪现象。这种违章建筑往往成本低廉，拆前用于出租，拆时享受补偿，一建一拆给违建当事人带来了可观回报。

3. 拆迁与安置没有同步推进

我区拆迁跟着项目走推进较快，但安置明显滞后。有一部分拆迁户房屋已征收多年，但安置房没有建设，其子女成年达到结婚年龄，急需房屋结婚；另外有些村民确实因为房屋年久失修属于危房，急需拆补维修，但在规划区不能改扩建，因此限制有余，疏导不够。

四、下阶段工作重点

1. 遏制新建违章，分步拆除存量违章

高新区查违拆违大队日常巡查、防控违章的同时对存量违章建筑进行摸底登记，制订强拆方案，每月安排一次强拆行动，以攻为守，时刻保持高压态势。

2. 加强部门配合，建立防控长效体系

查违拆违大队与拆迁部密切配合，建立健全村民房屋信息库，严格按数据库里的数据补偿村民，严格村民用违章建筑套取补偿资金。

3. 严格责任追究，奖罚兑现

按高新区四级联动实施办法和朝阳街道防控违章建筑的有关规定，启动行政问责机制，区、镇(街道)村按各自职责，严格考核，奖罚兑现。

4. 防控与疏导结合，切实解决村民住房问题

制订村民安置基地建设规划，对已安排的安置基地开展实地调研，全力解决建设中的问题，力争年底都具备村民建房条件，同时制订高新区安置管理办法，对危房改造户、子女成年结婚户、拆迁户进行有效安置，真正做到防控违章建筑与安置村民住房有机结合，切实解决群众的实际问题。

报：马勇书记、胡衡华市长、杨跃涛常委副市长、王建武副主任、陈本佳副主席、谢梅成副秘书长

送：益阳市规划局、益阳市规划执法支队、高新区管委会办公室及领导小组成员单位、市创卫办、朝阳街道办事处、谢林港镇

（共印 15 份）

（引自百度文库）

【评析】

这是一份动态简报，多用于单位内部。简报格式完整、准确。内容部分针对一季度高新区查违拆违工作进行了经验总结，并找出工作中存在的不足，具有很大的参考价值。

【例文 3】

会议简报
政协××市六届×次会议简报
（第 24 期）

大会秘书处　　　　　　　　　　　　　　　　　　　　　××××年×月××日

今年政府应办几件实事

××委员说：建议市长要有相应的任期目标，要像×××那样一年办几件实事，年终总结，有哪

些完成,有哪些没完成,为什么。

改"三公开一监督"为好

×××、×××委员说:报告在谈到廉政建设时,提出实行"两公开一监督",我们认为应改为"三公开一监督",即再增加公开市、县两级主要领导的经济收入,以便接受人民群众的监督。

不能再走大投入低效益之路

×××委员认为:××××年我市社会总产值为180亿元,国民收入为74亿元,而全市的财政收入只有9.15亿元,很明显,经济效益是很低的。而××××年的计划数字,基本上是按比例同步增长,经济效益无明显提高。这是我市多年来生产发展的一个关键性的问题,即大投入,低效益,致使财政拮据,入不敷出。市领导应着眼长远,从当前入手,立足于大力提高经济效益和增强生产后劲(包括政策、体制、发展规划、产业结构、环境整顿、提高管理水平、提高劳动力的素质、提高劳动生产率、大力发展科技、教育等多方面综合治理)。只有这样,才能使我市的经济进入高一层次的发展,形成良性循环。这才是提高经济效益的真正出路。

(引自百度文库)

【评析】

这是一篇典型的会议简报。会议主要针对政府今年应该办的几件事展开讨论,主要通过记录一些委员针对这个问题的发言来体现主题。

此外,因为会议简报是在会议期间发的,所以不要报送发给单位和个人。

第四节 调查报告

一、调查报告的含义及其种类

(一)调查报告的含义

调查报告是调查人员运用科学的方法,通过对典型的问题、情况、事件的深入调查,仔细的分析和研究后写成的一种反映调查研究结果的书面报告。我们通常所说的"考察报告"、"情况介绍"、"信访调查"等也都属于调查报告的范围,它是一种日常生活中常见的文体。

(二)调查报告的种类

调查报告从内容、作用上大体可以分为以下五类:

1. 反映情况的调查报告

这类调查报告以叙述情况为主,能够比较系统、深入地反映某一地区、某一行业、某一部门以及某项工作的基本情况。这类调查报告所反映的情况一般比较全面、完整和真实,可以作为领导部门掌握情况、制订方针政策的依据。

2. 总结典型经验的调查报告

这类调查报告具有较强的针对性。主要是以现实生活和工作中的先进个人或先进单位的典型经验为调查对象，通过对这些对象进行调查研究，着重介绍他们的具体做法和体会，以此做到以点带面，总结推广经验，指导全局工作。

3. 揭露问题的调查报告

这类调查报告主要是揭露社会生活中的具有代表性的社会弊端、不良行径以及工作失误等不良现象。在写作时，这类调查报告多是引用大量事实来进行例证，力求揭示事物的本质，以引起人们的重视，达到弄清是非、教育群众、解决问题的目的。

4. 反映新生事物的调查报告

这是针对社会现实中某种新近产生或新近有了长足发展的事物而写的调查报告。这类反映新生事物的调查报告的文体功能，就是全面的报道某一新生事物的背景、情况和特点，分析它的性质和意义，指出它的发展规律和前景。

5. 反映历史进程的调查报告

这是对过去发生的某一事件、某一阶段的史实进行调查研究后写成的调查报告。这类调查报告一方面可以反映历史的真实面貌，一方面也可以为现实提供历史借鉴。

二、调查报告的特点和作用

（一）调查报告的特点

1. 针对性

针对性其实就是指每篇调查报告的写作目的。任何调查都要有明确的目的，只有做到有针对性地深入调查，才能解决问题。调查报告的针对性越强，也就越能发挥调查报告的积极作用。

2. 真实性

调查报告所反映的内容和得出的结论必须以客观事实为依据。这就要求我们在写作时必须根据事实来说话，要通过大量的事实让人们去了解情况，学习经验，同时所选用的材料必须是真实有效可靠的，不允许道听途说、东拼西凑，更不能随意歪曲、妄下结论。

3. 典型性

典型性指的是写作调查报告时，要选取具有典型性、代表性的被调查对象。这样才能起到推动全面工作进展的作用。

（二）调查报告的作用

1. 为上级领导提供决策依据

"没有调查就没有发言权，没有调查就更没有决策权"。机关工作总要在自身的范围内不断地作出决策。因此，在日常生活工作中，调查报告往往使领导者可以全面、清晰的了解情况，为其制订决策提供了可靠的依据。

2. 总结经验，提高工作水平

通过调查报告能够使工作中好的经验得到深化和发扬，提高整体的管理水平。只有通过科学的调查研究，将实践中的经验转化为理性而系统的认识，并将之付诸新的管理实践，才能将管理水平提高到更高的层次，从而提高管理效能。

三、调查报告的撰写步骤

调查报告的撰写一般可以分成四个阶段完成。

（一）准备阶段

准备阶段的主要任务如下：

1. 明确调查目的、任务和意义

在调查之前，对于调查具体要解决什么问题、需要了解哪些情况以及本次调查的意义都要有明确的认识。如果不明确，那么就会使我们的工作变得十分盲目，影响调查结果。

2. 确定相应的指导思想和理论基础

调查是一种实践性活动，需要对实践中的现象进行解释。因此，调查之前必须确定相应的指导思想和理论基础。这就要求调查人员不仅要熟悉与课题相关的法规、政策和方针，同时更要了解与课题相关的专业知识，只有这样才能做到在调查过程中更好地去发现问题，解决问题。

3. 熟悉调查对象的相关背景材料

要保证实现自己的调查目的，就要尽量地熟悉与调查对象相关的材料。背景材料越是充分，调查中也就会多一分发现，多一分收获。

4. 明确调查研究的方法

讲究调查研究的方法是调查过程中不可或缺的。现在科学技术突飞猛进，可以采用的技术方法也很多。目前，掌握计算机操作技术和摄录技术是调查者不可或缺的。除此之外，还可用设计问卷的方式来进行调查。总之，调查前明确调查研究的方法，能够保证调查活动顺利有序地进行。

5. 拟写调查提纲

在调查前应先草拟一个调查提纲。调查提纲一般包括调查的目的、对象、主要问题、方式、方法、时间、人员安排等内容。这些内容不需过细，在实际的调查过程中可以根据情况进行相应的修改。

（二）调查阶段

这个阶段是整个调查研究过程中最重要的环节。直接决定调查得来材料的真实可靠程度。调查要直接深入生活、工作之中，按照调查准备阶段的要求进行系统、客观、准确的了解。

为保证调查资料的客观和准确,需要遵循以下几个方面原则:

1. **要有正确的立场、观点和态度**

正确的立场、观点和态度是调查成败的前提。因此,调查人员要保持一种谦虚、诚恳的态度,脚踏实地进行调查取证,确保调查工作顺利开展。

2. **以实地调查为基础,掌握被调查对象的相关情况**

调查工作是一项深入实践的活动,因此必须以实地调查为基础,对调查对象的相关情况进行详细的了解,多搜集一些资料,无论是正面材料,还是反面材料,都要搜集到。总之,调查对象相关材料搜集越是充分,调查结果可信度也就越高,调查报告的意义也就更大。

3. **要采取科学适当的调查方式**

科学适当的调查方式是快速获取材料的有效途径。

按调查的范围分,主要有普遍调查、典型调查、抽样调查三种方法。

(1) 普遍调查

普遍调查,简称普查,是专门组织的一次性的全面调查。组织方式有两种:一种是建立专门的普查机构;另一种是利用调查单位的原始记录和核算资料,发放调查表,由登记单位填报。普查时需要注意以下原则:规定统一的标准时点、规定统一的普查期限、规定普查的项目和指标。普遍调查的方法覆盖面广,获取的材料全面,但是耗费大,仅用于像人口普查、工业普查等非此不可的课题。

(2) 典型调查

典型调查是指从研究总体中有意识地挑选出少数具有代表性的对象进行调查,以达到了解总体的特征和本质的方法。典型调查要求搜集大量的第一手资料,搞清所调查的典型中各方面的情况,作系统、细致的解剖,从中得出用以指导工作的结论和办法。典型调查适用于调查总体同质性比较大的情形。同时,它要求研究者有较丰富的经验,在划分类别、选择典型上有较大的把握。

(3) 抽样调查

抽样调查可分为随机抽样和非随机抽样两种方式。它是一种非全面调查,它是从全部调查研究对象中,抽选出一部分进行调查,并据此对全部调查研究对象作出估计和推断的一种调查方法。显然,抽样调查虽然是非全面调查,但它的目的却在于取得反映总体情况的信息资料,因而,也可起到全面调查的作用。

按调查的形式分,常用的调查方法有:

(1) 问卷调查

问卷调查是一种数据搜集手段,问卷调查假定研究者已经确定所要问的问题。这些问题被打印在问卷上,编制成书面的问题表格,交由调查对象填写,然后收回整理分析,从而得出结论。

(2)个别访谈

个别访谈,指调查员单独与被调查对象进行的访谈活动,具有保密性强,访谈形式灵活,调查结果准确,访问表回收率高等优点。

(3)实地考察

实地考察指为明白一个事物的真相、势态发展流程,而去实地进行直观的、局部的、详细的调查。在条件允许的情况下,调查中尽量进行实地考察,搜集第一手资料。

(4)查阅资料

查阅资料是一种间接获得材料的方法。在调查中,要仔细查阅相关的调查资料,确保调查结果的正确性。

(5)开调查会

开调查会是一种最简便易行又最安全可靠的办法。开调查会前应该把相关的材料准备充分,调查题目也要提前通知对方,并且每次邀请的参会人员不宜过多。

(三)研究阶段

这一阶段主要任务就是对调查来的资料进行系统的整理、分析和研究。在分析资料时要做到由表及里、层层深入,从中找出事物的本质规律。

(四)总结阶段

这一阶段指的是在调查分析基础上,将调查来的情况结合相应的理论进行论证、分析,拟写报告提纲,作补充调查。

四、调查报告的格式和写法

调查报告一般包括标题和正文两大部分。

(一)标题

调查报告的标题一般有两种形式。

1. 公文式标题

基本遵循公文标题的写作要求,常用的形式是:"事由+文种",如《关于农村生活状况的调查报告》。也可采用"调查机关+事由+文种"的形式,如《开发区关于妇女工作现状的调研报告》。

2. 文章式标题

文章式标题还可分为两种形式:单行标题和双行标题。

单行标题可灵活运用,主要用来揭示调查报告的主题或是反映调查内容等,如《强化网络建设,促进经济社会大发展》。

双行标题即正副标题形式。正标题一般用来揭示文章的主旨,副标题用来说明调查对象和范围等事项,如《情系水世界——对我市水位站、水文站的调查》。

(二) 正文

正文一般由开头、主体和结尾三部分组成。

1. 开头

开头也称导语、前言或引言等。开头常见的写法有以下几种：

(1) 介绍调查的基本情况

简明扼要地说明此次调查的目的、时间、地点、对象、范围、经过及方式方法等。

(2) 介绍被调查对象的情况

写明被调查对象的历史背景、现实状况、主要成绩、突出问题等。

(3) 概括主旨

开门见山，直接概括出调查的结果，说明中心内容。

开头具有画龙点睛的作用，因此在写作时要求精练概括，直奔主题。

2. 主体

主体是调查报告的核心部分。主体部分内容含量比较大，需要精心布置。在这一部分要详细地叙述调查研究的基本情况、做法、经验以及最后得出的观点或结论等。通常主体部分采用以下三种结构方式进行写作：

一是纵式结构。即按照调查先后顺序和事物发展过程的过程顺序来安排组织材料。这种写法一般容易组织材料，写起来相对容易。但是如果对材料不加挑选的话，也很容易写成"流水账"。

二是横式结构。即按照事物的性质和特点进行组织材料。采用这种方式可以按照事物的性质和特点分门别类地把材料归纳整理，多采用小标题的形式来标明各类问题的性质、特点。

三是综合式结构。即兼有纵式结构和横式结构两种结构形式的特点。总体上按时间顺序安排材料，具体叙述时采用横式结构展开论述。两种结构形式相互配合安排组织材料，既要考虑时间顺序，又要考虑事物的性质。这也是调查报告中最为常用的一种结构形式。

3. 结尾

结尾即调查报告的结束语。结尾常用的写法有以下几种：

①概括文章主旨，深化主题。

②提出问题、建议及对策。

③补充说明正文。

④发出号召，提出希望。

除了以上几种常见写法之外，有的调查报告如果主体部分意思已经表达完整，也可以省略结尾。

五、调查报告写作的注意事项

1. 要以客观事实为依据,充分占有材料

调查报告本身就是对事实进行调查研究然后得出结论或结果的文书。所以,撰写调查报告就要求以客观事实为依据来进行材料的组织和安排,而充分占有材料是撰写调查报告的前提。对任何一个事物的调查研究,都要尽可能掌握这个事物所有的材料。这样,在充分占有材料的基础上,再以客观事实为依据,才能了解事物的真正发展过程,进而才能得出正确的结论。

2. 恰当选用表达方式,处理好叙述和议论的关系

调查报告中既有事实材料,又有相应的理论分析。因此在撰写调查报告时,经常采用叙述和议论相结合的表达方式。要恰当运用这两种表达方式,叙述时一定要选择典型有说服力的材料说明观点,议论时也要以事实为依据进行论证。叙是议的基础,议是叙的升华。

例文评析

【例文1】

关于廊坊市国有工业企业改革与脱困情况的调查报告

根据省政协的安排,五月中旬至七月下旬,我们廊坊市政协由一位副主席负责,组织部分委员,会同有关部门负责同志,围绕如何促进国有工业企业改革与脱困的课题进行了专题调研。先后到市直4个企业主管部门和香河县听取有关领导的情况介绍,分别组织召开了3个相关部门和8个不同类型的企业座谈会,对30个国有工业企业进行了问卷调查,深入到7个企业作了实地考察,并召开了专家论证会,对国有工业企业的现状估价、改革与脱困的做法、经验、问题、原因以及如何脱困,达成了共识。

一、国有工业企业现状

据调查,1998年底,我市国有工业企业和国有控股企业164个、职工49 815人,其中工程技术人员3 609人,占职工总数的7.29%。共有主导产品10类,29种。总资产525 099万元,净资产146 223万元,总负债378 876万元,负债率63%;1998年实现总产值281 115万元,比上年增长7.31%;利润7 114万元;纳税17 071万元,占全市财政收入的12.1%。全市涉及产权制度改革的企业有61个,占总数的37.2%;改组中,中外合资的12个,兼并的14个,破产的10个,嫁接改造的12个,推行股份制和股份合作制的42个;建立现代企业制度的15个,占总数的9%,其中6个达到省级五项标准的要求并通过省级验收。现在已经脱困的企业70个,占总数的43%;到明年底有望脱困的59个,占总数的36%;近期脱困无望的35个,占总数的21%。下岗职工3 470人,占职工总数7%。其中再就业1 201人,再就业率为34.61%。我市国有工业企业的现状表明,改革与脱困工作虽然取得了一定的成果,但形势严峻,不容乐观,任务十分艰巨。

二、国有工业企业改革与脱困的主要做法和经验

市委、市政府和职能部门，围绕国有工业企业改革与脱困，引导企业，做了大量富有成效的工作。

第一，深化企业改革。按照省委企业改革的总体部署，针对我市企业的实际，市委、市政府制订印发了《放开搞活中小企业》和《关于进一步加快国有工商企业和城镇集体企业改革的若干实施办法和规定》等文件，成立改革领导小组，抽调精干力量到企业具体指导，引导企业大胆探索试验组建企业集团、股份制改造、转让出售、嫁接改造、兼并破产等多种做法，使国有经济在改革中不断获取新的生机和活力，融资24亿元，吸纳外资719万美元，摆脱债务负担25 996.5万元。全市已有30个企业跻身国家级、省级重点企业、集团和上市公司行列之中。第二，推进科技进步。按照市委、市政府提出的大力实施"项目带动"战略的指导思想，围绕产业产品结构进行了合理调整。1997年以来，完成技改项目257个，投资13.3亿元；开发新产品62项，有力地推进了企业的科技进步。第三，强化企业管理。我市国有工业企业把学邯钢活动同"三改一加强"紧密结合起来，以提高企业整体素质为着眼点，以降低成本、提高质量、挖潜增效为主要内容，一方面通过延伸企业"管理效益年"活动，1998年挖潜增效8 600万元；另一方面积极推行现代化科学管理，把计算机应用于企业管理和产品设计，推进企业积极与国际质量管理体系接轨。市红黄蓝、香河华冷等15家企业通过了国际质量标准体系认证，率先按照国际通行的质量管理体系运行。第四，搞活营销工作。针对市场需求不旺和东南亚金融危机对我市工业的负面影响等不利因素，我市采取组织企业参加各种形式的商品交易会、强化销售队伍、改进营销策略、落实销售回款责任制、组织产品外销等措施，使全市实现销售收入314 179万元，比1997年增长5.68%。货款回收率普遍提高，其中美联公司高达104%。第五，加强班子建设。市委、市政府着力加强企业领导班子建设。首先，通过民主推荐、公开选拔、严格考核等形式，多数企业进行厂级领导班子的调整充实，重点选拔了一、二把手，确定了法人，同时配齐了2~3名副职，一些企业还储备了一定数量的年轻后备干部。其次，加强业务培训。仅1998年全市就有17名大型企业和百优企业的厂级领导参加了河北工业大学的脱产学习，有64名大中型企业领导及后备干部参加了市工商企业管理培训班，有310名企业干部参加了市、县集中培训班，有效地提高了企业经营管理者的管理水平。

从国有工业企业改革与脱困的做法中，得到的重要启示是：（以下具体内容略）

1. 解放思想是搞好企业改革与脱困的前提。（略）
2. 加强领导是搞好企业改革与脱困的保证。（略）
3. 依靠职工是搞好企业改革与脱困的基础。（略）
4. 产权制度改革是搞活国有工业企业的关键。（略）
5. 发展是国有工业企业脱困的主要出路。（略）

三、国有工业企业改革与脱困中存在的主要问题和原因

调查中，我们看到了国有工业企业改革与脱困所取得的成绩，同时也发现了改革与脱困中存在的一些错综复杂的问题。概括起来主要有四个方面：

（一）国有工业企业运行体制不适应市场经济的要求。具体表现在：①国有工业企业产权制度改革的面小。全市改革触及产权的才61个，仅占总数的37.2%，多数企业仍然延续计划经济体制的模式。②有些企业虽然进行了改革改组，但经营机制、管理模式、政企关系均没有变，没有真正建立起法人治理结构，决策层、监督层与执行层彼此间制衡机制形同虚设。③现代企业科学管理制度没有建立起来，已经建立起制度的也没按照规范的章程运作。④职能部门苦于应付，叫苦叫难叫没权，只能是出出主意，传传话，要要数字，管管情况。管理、监督、协调、服务的职能作用还没有完全到位。究其原因是受传统计划经济惯性作用的影响，习惯于用计划经济体制下的手段和办法管理企业，跳不出旧圈子，离不开老路子，打不破老框子，市场经济观念树立不起来，求稳怕乱的思想比较严重，存在着不愿改、不想改、不敢改，不会改的问题。致使经济体制改革步子缓慢，政治体制改革相对滞后，改革不配套。

（二）产业产品结构不尽合理。从工业经济效益综合指数看，1998年为69.45%，比上年同期下降2.7个百分点，其中总资产贡献率5.88%，下降0.11%。资产保值增值率82.14%，下降31.81%。具体原因主要是长期以来低水平重复建设积累下来的结构不合理的问题十分突出，不仅技改项目严重不足，而且在项目谋划筛选上，也不适应国家的产业政策要求。相当一些属低水平、一般加工型，多数产品为大路货，工艺简单，连分散的个体户都能干，集聚在市场竞争密集区，造成生产能力严重过剩。加之我们的产品科技含量低、成本高、效益差，在产大于求的市场经济条件下竞相降价，无序竞争，国有工业企业显现出的市场竞争能力非常微弱。

（三）资金普遍紧缺。调查中反映较为集中的问题是资金严重短缺，到五月底全市县以上国有工业企业仅流动资金缺口就达5.2亿元，致使相当数量的企业开工不足，甚至停产，效益下滑幅度较大。造成企业资金短缺的原因是多方面的，主要有：①政府没钱投。拨改贷及分税制政策的出台，使投资主体由国家转换为企业，国企资本金匮乏。②银行贷款难。国家进行技改贷款结构调整和信贷政策调整，银行贷款主要向基础工业和骨干企业倾斜。而我市国有工业企业多是以加工行业为主的地方中小企业，且在银行的信誉等级评定中大多处于劣势，很难享受信贷优惠，企业普遍遇到贷款难问题。③企业自筹能力弱：一是货款回收难，周期长；二是工业品价格下降，原辅材料价格上涨，企业效益低；三是包税制政策取消后，负债压力增加，自有资金不足。④寻求社会投资不多。企业多数属于基础弱、底子薄、规模小，没有像样的拳头产品，因此对投资者吸引力不大。

（四）企业包袱重。包袱重主要表现在：其一是负债过重。1998年国有工业企业负债总额高达378 876万元，占全部国有工业企业总资产的63%。负债总量居各经济类型之首。其二是利息费用过高。仅市直重工企业1998年全年利息支出就达3 275万元，是市直重工企业实现利润的近四倍。其三是社会负担和历史包袱沉重。在座谈中了解到，社会年支出额占企业成本的56%，老企业在职职工供养离退休人员偏高，如锻压机床厂在职与离退休人员之比为1∶1.25。分析主要原因是在计划经济体制下，国有工业企业一方面要负责生产，另一方面又要负担职工的"生老病死"、子女的教育就业等办社会职能。在市场经济条件下,企业成为参与市场竞争的独立经济主体,而社会保障和养老保险制度等尚没有多大变化,国企的双重职能没有得到彻底改变。

四、国有工业企业改革与脱困的建议

按照江总书记搞好国有企业的改革和发展,是今年经济工作的重中之重的指示精神,针对调查发现的问题,就如何搞好我市国有工业企业改革与脱困提出如下建议:(略)

(一)强化观念转变,进一步深化产权制度改革。(略)

(二)大力调整产业产品结构,推进科技进步和创新能力。(略)

(三)研究制订有效措施,着力解决资金短缺问题。(略)

(四)努力推进配套改革,切实为国有工业企业改革与脱困创造良好的环境和条件。(略)

目前,我市国有工业企业突出问题是包袱重、底子薄、基础差,难以平等参与市场竞争,必须加大综合配套改革的力度,为国有工业企业创造一个良好的氛围,使之轻装上阵。①要建立和完善社会保障体系。重点是完善失业和养老保险制度,提高统筹层次,扩大覆盖面,同时对非国有工业企业也要建立收缴养老保险金和失业保险金制度,这不仅能提高收缴率,也可为国企下岗职工排除后顾之忧,拓展再就业渠道,减轻国有工业企业职工分流的压力。②要积极探索建立有效的国有资产经营管理、营运新体系,落实国有资产经营管理责任制,赋予运营管理者一定手段和责任,切实加强国有资产经营管理以提高资产运营效率,确保国有资产增值保值。③对国有企业经营管理人员的任用制度要进行重大改革,真正建立一个廉洁高效、适应市场机制的高素质、责任心强、努力拼搏、艰苦奋斗的企业领导班子。领导班子是企业的命脉,决定着企业的前途。只有有了懂经营、善管理、说真话、办实事的领导班子,才能团结带领职工扭亏脱困,搞活企业。在班子建设上,改变长期以来形成的那种干部管理的模式和观念,将国有企业领导人从党政机关系统中分离出来,按照规范的程序不拘一格民主选定;同时取消行政级别,任职期间同效益挂钩,按所在岗位享受相应待遇,离岗后不再享受;还要强化监督约束机制,制订相应的管理办法,杜绝看摊不负责、短期行为、虚假政绩、报盈不报亏等现象的发生,确保企业健康发展。④各部门都要以支持企业改革和发展为出发点,少一些关卡和干扰,多一些服务,千方百计地、真心实意地帮企业解决困难和问题。

(引自《应用文写作》)

【评析】

本文是一篇反映情况的调查报告。

标题采用的是公文式标题。即"事由+文种"的形式。标题清晰地揭示了全文的主要内容。

正文由开头和主体两个部分组成。开头介绍了调查组成立的依据、调查组成员的组成情况、调查的范围以及对调查组情况的介绍。主体部分采用递进式的结构,首先概述了国有工业企业的基本情况,介绍情况时用准确的调查数据进行说明,保证了调查的真实性,并且容易使人信服。接下来重点介绍了国有工业企业改革与脱困的主要做法和经验,又分析了国有工业企业改革与脱困中存在的主要问题和原因,最后针对出现的问题提出了合理化的建议。

这篇调查报告整体从实际出发,用有力的数据佐证,层次结构清晰,值得借鉴。

【例文2】

东莞奇迹是如何创造的

雄踞南海之滨,胸怀天下;独居改革潮头,心系中国。改革开放30年,东莞奇迹震天下。

在全国率先引进外商投资,逐步扩大劳动力就业,建立加工贸易基地,培育出口产业集群。既能"请进来",又能"走出去",逐渐走出了一条外向型经济、园区经济、民营经济交相呼应,信息产业和现代服务业互为支撑的发展路子。

城市面貌、投资环境不断改善,村镇经济不断壮大,实现城乡共同富裕。到2007年底,东莞的经济总量跃居全国地级城市第一位,全市地区生产总值、城镇居民可支配收入和农村居民人均纯收入,分别是1978年的120倍、84倍和76倍,为建立社会主义市场经济体制提供了实践经验。

展望未来,东莞人继续开疆拓土,全力打造现代制造业和现代服务业名城,以东莞方式夯实东莞奇迹。

东莞位于珠江口东岸,北靠广州,南连深圳,总面积2 465平方公里。

1978年,东莞仍是一个有111万人口的农业县,农村居民人均纯收入149元。党的十一届三中全会以后,东莞人敢为人先,不懈努力,大力发展经济。2007年底,全市生产总值达3 151亿元,是1978年的120倍;按常住人口计算,人均地区生产总值46 014元,是1978年的82倍;财政收入538亿元,是1978年的440倍;进出口总额1 011亿美元,其中出口额602亿美元;城镇居民人均可支配收入26 983元,农村居民人均纯收入11 514元,分别是1978年的84倍和76倍。今日的东莞,经济总量已跃居全国城市第十二位,地级城市第一位,并先后荣获国际花园城市、中国最具经济活力城市等称号。东莞奇迹集中体现在五个方面:

引进外资

出手奇快　建成加工出口产业集群

●截至2007年11月底,30多个国家和地区的外商,在莞投资办厂1.54多万家

●精心选择外资,优先为投资500万美元以上的项目解决用地指标

利用区位优势,通过招商引资加快发展,是东莞经济腾飞的主要途径。

一是以电子信息产业为主体,由小到大逐步形成产业集群。东莞电子类企业不断集聚,由低端到高端、由面向国内市场到走向国际市场。目前全市拥有电子信息企业3 300多家,主要集中在通信设备、计算机及其他电子设备制造业,从业人员达80多万人。2007年全市规模以上电子信息企业完成工业总产值2 610亿元,占全市工业总产值的44.8%;机电产品出口436.8亿美元,占全市出口总额的72.5%。

目前东莞的IT产品在世界市场份额超过10%的有十多种，其中电脑磁头、电脑机箱及半成品占40%。东莞电子产品远销美、欧、日、韩等国。有人惊呼"东莞塞车、全球缺货"。

二是从制造业向研发、制造、物流业不断延伸。为了提高制造业的档次和水平，东莞建立了以引进消化吸收再创新为基本模式、以产学研合作为着力点、以企业为主体的自主创新体系。从2006年起，市财政计划连续5年每年投入10亿元，建设公共和行业性技术创新平台，健全技术创新支持体系。目前，全市拥有国家、省、市级企业工程技术研发中心分别为1家、13家和43家，有9个镇为广东省专业技术创新试点单位。

发展现代商贸物流业，实现科工贸一体化发展，是创造东莞经济奇迹的重要环节。目前市政府认定了54家工业商贸龙头企业，给予重点支持；目前全市已拥有9个中国商业名牌企业、12家国家级酒店。全市已形成半小时商业圈，进出口十分方便。

三是从主要吸引港台资金转向吸引全球大企业资金。30年来，东莞发挥地理人文优势，通过"借船出海""三来一补"等形式，大力发展外向型工业。截至2007年11月底，东莞共吸引了来自30多个国家和地区的外商前来投资，拥有外商投资企业1.54多万家，有48家世界五百强企业投资了81宗项目，全市累计合同吸收外资超过五百亿美元，形成了外向型现代工业体系。

四是从招商引资转向招商选资。随着企业数量和外来人口的增加，东莞成为一个特大型城市，土地、淡水供给能力已接近极限。如何节约利用土地等资源、保护生态环境，成为急需解决的问题。他们一方面从集约使用土地资源入手，全面清理闲置土地，重点打造科技产业园、工业园和生态园；另一方面实施外向型经济转型升级工程，精心选择外资，优先为投资500万美元以上的项目解决用地指标，要求每亩投资强度必须在50万美元以上，不断提高引进项目的门槛，使全市利用外资水平不断提升。2006年，全市新签项目合同平均金额248万美元，比2003年增加1.2倍；其中超千万美元的项目31宗，世界五百强企业项目新增5宗。

壮大内资
搭建平台　国内能人竞相进莞创业

●2007年末，个体工商户、私营企业比2000年增长3倍，注册资金800多亿元
●2007年民营经济增加值993亿元，占全市地区生产总值的31.5%

由外商独资、控股的加工贸易不是支撑东莞经济的长久之计，只有内资企业不断壮大，实现由外资为主向内资为主、由加工贸易为主向一般贸易为主的转型升级，才是东莞经济持续发展的根本大计。为此，市政府采取措施，利用外资企业的溢出效应，鼓励内资企业发展。

一是为打工族提供创业服务。东莞有几百万务工经商人员，政府为他们的成才培训、土地供应、社会保障、工作环境、子女上学等提供一条龙式服务。2007年末，全市个体工商户、私营企业比2000年增长了近3倍，占全市各类经济实体的94%；注册资金超过800亿元，增长5倍多。全市逐步形成了纺织、服装、家具、五金、模具等以内资为主体的特色产业群，每年都有十几万劳动力进入东莞，走出了一条以创业带动就业的新路子。

二是为科研成果转化搭建舞台。为支持发展科技型企业，市财政每年安排1 000万元作为中小企业发展专项资金，重点用于支持民营企业技术创新和中小企业服务体系建设，并引导企业向园区集中。良好的创业环境，吸引了境内外的创业者，像宏威数码、易事特等民营企业，就是带着技术成果来东莞创业成功的。仅松山湖科技园区留学归国人员创业企业就达100家，民营科技企业如雨后春笋迅速兴起，培育出一大批名、特、优、新产品。截至2007年底，全市民营企业已拥有9个中国驰名商标、14个中国名牌产品，拥有广东省著名商标和名牌产品近200个。目前已有12家成为重点培育的上市后备科技企业。2007年民营经济增加值993亿元，占全市地区生产总值的31.5%；民营企业纳税183亿元，占全市税收的38.8%。

三是鼓励本地劳动力在服务领域就业。目前当地居民在酒店服务、房屋出租、市场营销、物业管理、教育医疗、旅游休闲、交通运输等方面站稳脚跟，仅厂房、宿舍、柜台出租即带来可观的收益，全市人民普遍富裕起来。

改善环境
大搞基建　软硬投资环境升级

● 全市公路通车里程2 000多公里，平均每平方公里通车里程91公里，公路密度超过韩国

● 用"新莞人"代替"外来工"的称谓，在全国率先实施社保年检制度，在新莞人中扩大工伤保险

企业是"摇钱树"，环境是"聚宝盆"。东莞大力改善投资环境。在硬环境建设上，东莞先后走了两步棋：

第一步，改革开放之初着重打基础。20世纪80年代初主要是解决供水供电、交通运输等问题。1988年开始实施大规模建设基础设施战略，发展联网公路，扩大水电供给等。1992年又提出按现代化城市格局建设东莞战略，以高标准和超前意识抓城市规划。目前全市公路通车里程2 000多公里，平均每平方公里通车里程91公里，公路密度超过韩国。

第二步，新世纪以来着力抓提高。围绕统筹城乡发展，积极推进农村城市化、农业现代化、农民市民化，形成了城乡一体的网络化基础设施。近年来共投入115亿元，用于环保设施建设。2007年，启动了40多处污水和垃圾处理工程，对六大污染行业采取关闭、搬迁、在线监控等措施。市财政出资5.5亿元、镇村配套25亿元，兴建了5个森林公园，城市建成区新增绿地面积80平方公里，绿化覆盖率达41.2%，森林覆盖率33.1%；斥资5亿元建设面积为4平方公里的绿色世界城市公园，城市环境大为改善。

在软环境建设上，东莞抓了两件事：一是建立服务型政府。企业的发展需要有力的信贷支持和良好的金融生态。东莞一方面重视发展金融保险业，积极吸引海内外金融机构来东莞开设分支机构；另一方面改革完善地方金融机构。市政府建立了产业发展基金，重点支持企业自主研发技术成果产业化。通过建立风险投资基金、贷款担保公司，为重点发展产业的企业提供贷款贴息和担保，鼓励企业充分利用资本市场融资。组建科技投资担保公司，重点支持制

型、科技型、就业型民营企业的发展。目前全市金融机构不良贷款只有2%。

二是建设和谐东莞。市委市政府决定用"新莞人"代替"外来工"的称谓,以关爱新莞人为切入点,突出为新莞人办好实事。加强工资和用工管理,把最低月工资标准从2005年的450元提高到2007年的720元;做好社会保障工作,在全国率先实施社保年检制度,在新莞人中扩大工伤保险,目前新莞人参保率达82%;政府新建廉租房和收购农民旧房,以较低价格出租给新莞人。放宽新莞人入户规定,对企业技术骨干和表现优秀的新莞人,给予入户东莞等鼓励。为保障新莞人民主政治权利,在去年市党代会和两会上,新莞人首次出现5名政协委员和17名党员代表。最近,东莞还在新莞人中公开选拔专职团市委副书记和市妇联副主席,并计划今后在工青妇组织中拿出若干职位进行公选。

做大村镇
缩小差距　城乡一体化进程加速

● 2007年底,全市农村集体资产1 089亿元,占全省同级资产的1/3,村均净资产1.47亿元,均纯收入1 463万元。

● 从2002年开始,把81个纯收入低于50万元的村和11个经济欠发达镇列为扶持对象

重视发展农村集体经济,是东莞经济的一大亮点。

在发展工商业中增强集体经济。早在推行家庭联产承包责任制时,东莞市就对集体资产实行分类管理,将适宜分户使用的耕牛、农具分配到户,将会堂、仓库等适合统一经营的资产保留在集体。对外开放后,东莞农民充分利用这些保留下来的集体资产,通过土地开发、建厂出租、房屋出租和门面房出租等方式,增加了集体收入。目前,在以集体经济为主导的农村,集中了全市2/3的户籍人口、经济总量和工业企业。到2007年底,全市农村集体总资产已达1 089亿元,占全省同级资产的1/3;年经营收入140亿元,约占全市公共可支配财力的1/3。村均净资产1.47亿元,均纯收入1 463万元,全市没有一个集体经济"空白村"。2007年,全市农村居民人均纯收入11 514元,其中来自集体的收入6 934元,占60%。集体经济已成为东莞农民收入的主要来源。

在以工建农中发展现代农业。发展现代农业是东莞的一大优势。近些年来,东莞在坚持农村基本经营制度的基础上,提出了走中国特色农业现代化之路的新目标,利用二、三产业的收入建设农业和农村,调整农业产业结构,加强农村基础设施建设,健全农村市场和服务体系,努力发展多种经营,积极扶持农民专业合作组织,并向专业化、产业化迈进。目前全市农村以林果业为重点,初步形成了现代化农业的发展格局,全市大部分农民过上小康生活。

在共同富裕中努力实现城乡一体化。先富帮后富,富村带穷村,是东莞走向共同富裕的一条重要经验。从上世纪80年代中期起,他们着手对经济后进村进行帮扶,并逐步提高扶持标准。1985年纯收入低于3万元的村为扶持对象。从2002年开始,把81个纯收入低于50万元的村和11个经济欠发达镇列为扶持对象,通过实施财政转移支付、发放扶贫贷款、化解不良债务、结对挂钩帮扶等一系列措施,使欠发达村镇的经济得到较快发展。到2007年底,这些欠发

达村总资产达41.5亿元,年经营总收入3.1亿元。2002年以来,全市累计为经济欠发达镇发放扶贫贷款34.6亿元,市财政投入农村扶贫基础设施建设2.84亿元,在农村教育、文化体育、医疗保健和社会保障等方面实施财政倾斜,有力地改善了农村投资环境和生活条件,缩小了各村镇发展差距,促进了城乡一体化发展。

文化建设
鼓励学习　新莞人归属感倍增

● 创建图书馆之城、博物馆之城、广场文化之城,全市共投入15亿元建设文化设施

● 从2006年起,市财政连续5年每年投入10亿元,用于青年人就业培训补贴

东莞人富了,怎样改变小富即安、不思进取的现象,为此,东莞着重抓了三件事:

一是以先进文化塑造人。为建设"文化新城",创建图书馆之城、博物馆之城、广场文化之城,全市共投入15亿元建设文化设施,大剧院、展览馆、图书馆、群众艺术馆、岭南画院等文化设施相继落成。投入40多亿元建成村镇文化中心80个、图书馆(室)367个、文化广场360个、电影院和影剧院49间,市、镇、村三级文化设施网络初步形成。他们还定期举办以高雅艺术和知识普及为特色的"文化周末""文化高地直播车""东莞学习论坛""读书节""图书流动服务车",各镇村举办了特色鲜明的广场文化活动。同时,开展了"温情东莞三联系"系列活动,即加强党和政府与人民群众的血肉联系,加强本地户籍居民与外来暂住人口的联系,加强企业老板与企业员工的联系,增强人们对东莞的认同感、亲切感和归属感。

二是以优质教育培养人。为实施科教兴市和人才强市战略,东莞市始终把教育摆在优先发展的战略地位。东莞1989年普及九年义务教育,1995年在全省率先普及高中阶段教育,2006年全市户籍人口高等教育毛入学率达58.6%。大力实施名教师、名校长、名学校的"三名工程"。选拔校长教师参加省"百千万人才工程"培训,选派校长出国挂职学习和轮训,开展英语教师"海外培训计划",选聘学科带头人。鼓励教师参加各类学历进修、高级研修、业务技能培训、技能考证和技能竞赛。

三是以创新创业激励人。近年来东莞市加快实施了"创业东莞"工程。通过使用《劳动力资源应用平台系统》,对劳动力资源实行动态管理,对落实各项就业政策实现信息化管理。从2006年起,市财政连续5年每年投入10亿元,用于青年人就业培训补贴。长安镇对考上大学的青年人,给予学费资助和补贴,直到学业完成;对愿意出去打工的青年人,工资低于本村居民的,由村委会给予补齐;对于参军入伍的,保留户口和村民身份。

2003年4月,胡锦涛总书记视察东莞时,对东莞"打基础、办实业、走正道"的发展道路给予充分肯定,并要求东莞率先发展、全面发展、协调发展,创造出更多的经验。胡锦涛总书记的指示给东莞人民以极大的鼓舞和鞭策。

展望未来,东莞提出分两步走的宏伟目标:到2010年,全市地区生产总值达到4 000亿元,人均地区生产总值达到61 500元。到2020年,全市地区生产总值比2010年再翻一番。

【评析】

这是一篇介绍典型经验的调查报告。

采用文章式标题形式,揭露文章的主旨。正文分为开头、主体和结尾三个部分。开头部分简要地介绍了东莞现今的情况:城市面貌、投资环境不断改善,村镇经济不断壮大,实现城乡共同富裕以及调查任务。主体部分条理清晰、层层递进地重点介绍了东莞的奇迹是如何创造出来的。结尾用简短的语言提出了未来东莞发展的宏伟目标。

这篇调查报告内容充实,材料典型,数据可信,结构严谨,很好地突出了调查的重点。

第五节　开幕词　闭幕词

一、开幕词

(一)开幕词的含义

开幕词是会议讲话的一种。指的是党政机关、社会团体、企事业单位的有关领导人在会议开幕时所作的讲话。开幕词多在比较重要或隆重的会议上使用。目的是阐明会议的主旨,明确指导思想,说明会议程序,提出注意事项。同时鼓励与会者满腔热情参会,隆重宣布会议开幕,形成一种隆重的气氛。

(二)开幕词的特点

1. 具有鼓动性

开幕词在郑重宣布开幕,造成一种隆重气氛的同时,用带有祈使句的语言鼓励与会代表,满腔热情地参加会议,具有较强的振奋人心,鼓舞士气的作用。

2. 语言简洁、明快

开幕词的语言应该通俗、明快、富有感情色彩。要多使用口语化的语言,同时语气要保持热情、友好。

3. 篇幅短小精悍

开幕词的篇幅切忌长篇累牍,应保证简洁明了,短小精悍。

(三)开幕词的格式和写法

开幕词格式由标题、称谓、正文三部分组成。

1. 标题

开幕词标题常见写法有两种:公文式标题和文章式标题。

(1)公文式标题

公文式标题有两种形式:一种是"会议名称+文种",如《中国共产党第十五次全国代表大会开幕词》。一种是"致辞人姓名+会议名称+文种",如《××同志在××大会上的讲话》。

(2) 文章式标题

直接概括会议的主旨内容,如毛泽东在第一届全国人民代表大会第一次会议上所致的开幕词标题为:《为建设一个伟大的社会主义国家而奋斗》。

一般在开幕词标题之下要写上会议时间。标注方法是用括号写在标题下方居中的位置。

2. 称谓

称谓即对参会人员的统称。可根据会议的不同对象选择相应的称谓。常见的如"同志们""女士们""先生们""朋友们"等。一般写在标题下一行顶格位置,同时要在称谓之后加注冒号。

3. 正文

正文一般由开头、主体和结尾三部分组成。

(1) 开头

一般写宣布会议开幕之类的话。

(2) 主体

主体部分主要包括以下几项内容:会议的筹备情况以及参会人员;会议的背景和意义;会议的性质、目的及主要任务;会议的主要议程、要求、奋斗目标及深远影响等。

(3) 结尾

结尾部分一般用富有鼓动性的语言发出号召或祝愿,最后常用"预祝大会圆满成功"等语句结束全文。

二、闭幕词

(一) 闭幕词的含义

闭幕词与开幕词相对应,指的是会议结束时由有关领导人或一些德高望重者对会议所进行的总结性话语。具有典型的总结性、评估性和号召性。

(二) 闭幕词的格式和写法

与开幕词一样,闭幕词也包括标题、称谓、正文和结尾几个部分。

1. 标题

与开幕词的标题写法形式相同。

2. 称谓

称谓一般与开幕词一致。

3. 正文

闭幕词的正文部分一般包括以下几个方面内容:

①宣布会议圆满结束。

②概括会议基本情况并总结会议成果。

③会议的重要性和深远影响。
④提出号召、希望和要求。
一般在写作时,这几部分内容是必不可少的,文章要简洁有力,起到激发斗志、增强信念的作用。

4. 结尾

闭幕词的结尾比较简单,一般主要用来郑重的宣布会议闭幕,常见语句是:"现在,我宣布,××××大会闭幕。"

例文评析

【例文1】

中国化工施工企业协会2009年年会开幕词

各位理事、各位代表、同志们:

在全国人民高举建设中国特色社会主义伟大旗帜,认真学习和贯彻落实十一届人大二次会议精神,在进一步动员和激励全国各族人民积极应对国际金融危机严重冲击、坚定必胜信心、继续推动国民经济又好又快发展、全面建设小康社会的伟大进程中,我们中国化工施工企业协会2009年年会在江西革命老区吉安市召开了。首先,让我代表理事会对各位代表和同志们的到来表示热烈的欢迎。今天到会的还有不少新入会的会员,对他们的到来也表示热烈的欢迎,并致以亲切地问候!

我们这次会议是在我国经济社会发展经受了历史罕见的严重挑战和考验,改革开放和社会主义现代化建设取得了新的重大成就的新形势下召开的。也是我们化工施工企业在战胜各种困难、经过激烈的竞争、市场容量不断扩大、施工任务日趋饱满、经济状况日益改善、改革继续深入、管理和机制不断创新的情况下召开的。因此,我们这次会议也是总结过去、开创未来、加快发展的大会。也是我们协会要更好地为会员企业服务、开创协会工作新局面、为我国石油和化工建设作出新贡献的大会。

2008年是极不平凡的一年。我国经济社会发展经受住了历史罕见的重大挑战和考验,全面夺取了抗击特大自然灾害的重大胜利,成功举办了北京奥运会、残运会,圆满完成了神舟七号载人航天飞行,积极地应对了国际金融危机的严重冲击,国民经济继续保持了平稳较快发展。2008年国内生产总值达到30.067万亿元,比上年增长9%,来之不易,现已跃居世界第三位;国家财力大为增强,全国财政收入已达到6.13万亿元,比上年增长19.5%,创历史最高水平;对外贸易继续较快增长,进出口总额已达到2.56万亿美元,比上年增长17.8%;年末外汇储备已达到19 400亿美元,位居世界第一;社会事业加快发展,人民生活进一步改善,城乡居民人均可支配收入已分别达到15 700多元和4 700元,实际增长8.4%和8%。城乡居民储蓄存款总额已达到21.78万亿元,占国家各类存款总额的45.5%;"三农"工作进一步加强,农民得到了更多的实惠。2008年主要工农业产品的产量都位居世界前列:国家粮食产量达到

52 850万吨，超过了1万亿斤，连续五年增产，钢产量超过5亿吨、煤炭27.9亿吨、发电量3.46万亿度、水泥14亿吨，均名列世界第一。2008年全国共完成固定资产投资17.23万亿元，比上年增长25.8%，一批大型工程顺利建成投产，一批国家重点建设项目开工建设。我国石油和化学工业也取得了令人鼓舞的业绩，全国共完成生产总值65 842亿元，同比增长24%，主要产品的实际产量稳定增长，原油达1.9亿吨、天然气达760亿立方米、原油加工3.42亿吨、化肥（折纯）6 012万吨、乙烯998万吨、轮胎5.46亿套；三大基本化工原料：硫酸、纯碱、烧碱分别达到5 132万吨、1 881万吨、1 852万吨，产量均位居世界前列。2008年我国石油和化工固定资产投资规模加大，全年共完成固定资产投资8 964.5亿元，同比增长27.1%，有7 045个项目开工建设，有5 414个项目建成投产。其中，化工行业共完成固定资产投资5 130.7亿元，同比增长34.7%，有6 437个项目开工建设、4 829个项目建成投产，创化工基本建设历史最高水平。这些成绩的取得也凝聚着我们广大会员企业全体职工的辛勤汗水，大家为我国石油和化学工业的发展作出了重大的贡献。

　　国家快速发展的同时，我们化工施工企业自身的改革和发展也在不断推进。近年来，我们从容地应对了企业包袱沉重、市场竞争激烈、施工任务严重不足、经济效益下滑、金融风暴冲击等各种困难，企业在改革改制、队伍建设、管理创新、工程承包能力、施工技术水平、经济效益等方面都有很大提高，现已步入了健康发展轨道，形势总的来说是好的。据不完全统计，2008年全国化工施工行业共计完成建筑业总产值约500多亿元，是近年来最好的一年，仅中国化学工程总公司系统去年新签合同额就达485亿元，实现主营业务收入267亿元，比上年增长了34%，今年又签订了多项合同，市场容量在不断扩大。中化二建集团公司、中国化学工程第三建设公司、第六建设公司、中油吉林化建公司、陕西化建公司等单位2008年完成的建筑业产值都在20亿元以上，多数企业在加强企业管理、完成施工任务、提高经济效益等方面都创造了历史最高水平。目前，中化总公司系统的整体改制工作已顺利完成，即将择机上市；陕西化建已完成借壳上市，开始步入资本市场；中国化学工程第十二建设公司已完成股份制改造，定名为中石化工建设有限公司。可以肯定地说，我们绝大多数会员企业前景美好，竞争能力增强，施工任务日趋饱满，经济效益提高，职工生活在不断改善，各项事业正在和谐地向前发展。

　　同样，我们协会的工作在过去的一年中，也取得了一定的成绩。在宣传和贯彻党和国家的方针、政策，推动企业深化改革，加强企业管理，增强企业竞争能力，拓宽经营领域，推进技术进步，搞好职工培训，提高队伍素质，为企业树立良好的社会形象等方面都做了大量的工作，发挥了桥梁纽带作用。协会的各项工作都得到了各会员单位的大力支持，在此，我代表协会向所有支持、帮助、关心协会工作的领导和同志们表示衷心的感谢！

　　党的十七大号召我们要高举建设中国特色社会主义的伟大旗帜，为夺取全面建设小康社会的新胜利而努力奋斗。十一届人大二次会议又进一步确定了今年我国经济社会发展的目标和任务，并作出了具体的安排和部署。2009年是实施"十一五"规划关键的一年，也是进入新世纪以来我国经济社会发展最为困难的一年，改革、发展、稳定的任务十分繁重。2009年国民经济和社会发展的预期目标是国民生产总值增长8%左右。当前,世界经济形势复杂、严峻,金融危机还在蔓延,尚未见底,不确定因素增多,给我国经济社会发展带来了一定的影响。但是,我们必须看到:挑战与机遇并存,困难与希望同在,综观国内外形势,我国仍处于重要战略机遇期,我国经济的基本面是好的,我国经济发展长期趋好的态势没变。因此,我们一定要充满必胜的信心,把握好扩内需、保增长、调结构、上水平,抓改革、增活力、重民生、促和谐的方针,齐心协力,扎实工作,把社会主义现代化建设继续推向前进。

国际金融危机给我们建筑行业带来了很大的冲击,不少施工企业反映:已经完成的工程回收工程款难了,正在建设的工程进度放慢了,有些已经签约的工程进度推迟了,正在跟踪和将要招投标的项目还不知什么时候能启动,企业的经营活动受到了限制,这不能不给我们企业的经济发展带来影响,怎么办?还是中央领导同志讲的那句话:"要有信心。"

扩内需、保增长、促发展对我们非常有利。今年国家固定资产投资规模有望达到20万亿元,建筑市场的容量很大。国务院已把石油化工行业作为重点抓好的十大行业之一,提出了产业调整和振兴规划。石化行业调整产业结构和改变增长方式的任务很重,固定资产投资规模将接近1万亿元,除一批在建的工程要继续完成外,还将有一批调整结构的重点项目和改扩建工程要开工建设。我们一定要抓住当前这个重要时机,深入分析企业的有利条件和不利因素,正确判断内外部的环境和形势,加强经营,拓宽领域,攻坚克难,勇于竞争,敢于取胜,把今年的任务安排好,落实好。我们要明确目标,制订措施,调动一切积极因素,加快企业自身的发展。我相信,我们化工施工企业的形势一定会越来越好。我衷心地祝愿我们的会员企业都能取得更好的成绩。

同志们,我们这次会议的主要任务是:总结2008年协会的工作,商定2009年的工作任务,交流会员企业在改革改制、应对国际金融危机等方面的经验。同时,也希望大家对协会的工作提出更多的建议和意见,并给予更多的关心、支持和帮助。协会秘书处也要加强自身建设,开拓进取、扎实工作、多办实事,把协会今后的工作做得更好。

我们这次会议的会期很短,希望大家集中精力把会议开好。最后,祝大家精神愉快、身体健康!祝会议圆满成功!

(和讯网)

【评析】

这是中国化工施工企业协会2009年年会开幕词。

标题由大会名称和文种组成。正文部分回顾了2008年以来中国化工施工企业协会所经历的挑战和考验,最后结尾部分提出了此次会议的主要任务和希望。这篇开幕词饱含热情,富有鼓舞性,值得借鉴。

【例文2】

中国互联网大会闭幕词

女士们、先生们、朋友们：

　　大家好！一年一度的互联网业界盛会——2010中国互联网大会历时三天即将落下帷幕。本次大会的召开时值我国经济由回升向好向稳定增长转变的关键时期。会议期间，我们共举行了14场论坛，政府主管部门、业界同仁、专家学者、企业代表、媒体朋友从不同角度对互联网诚信体系建设、版权保护、构建安全健康可信的网络环境、网络视频、网络营销、电子商务、移动互联网、搜索、云计算、IT信息服务实践、网络文化产业、网络媒体等互联网应用领域进行了广泛而深入的探讨。各个论坛既有精彩纷呈的新视角，也有新颖犀利的新观点。电信运营商、互联网企业、传统企业等在内的近百家企业参与了大会，160余位嘉宾做了演讲，7000余人次参与了各分论坛及大会的展览，大会的气氛热烈，规模空前。归纳起来，本次大会呈现出以下特点：

　　一是政府主管部门对本次大会给予高度重视。工业和信息化部、国务院新闻办公室、新闻出版总署等部门和单位的领导和相关负责人到会指导。工业和信息化部李毅中部长为大会致贺词，并在开幕式当天专程视察大会现场，参观了媒体现场访谈间和大会展区，还特别在台湾电信运营商展台了解互联网新应用情况。工业和信息化部奚国华副部长、国务院新闻办公室钱小芊副主任做主旨报告。商务部副部长蒋耀平亲临大会，对发展互联网事业提出殷切希望和中肯的指导意见。所有这些，充分反映出政府有关部门对大会的高度重视和鼎力支持。

　　二是专家演讲报告精彩纷呈。围绕大会主题，参会专家嘉宾以全新的视角深入剖析了当前形势下互联网发展的机遇、互联网服务模式与商业模式创新、互联网在国民经济发展中的价值和作用、互联网跨界融合等问题，发表了各自的真知灼见。探讨的内容涵盖了移动互联网、云计算等互联网热点前沿技术，也覆盖了IT信息服务、三网融合等传统行业及相关应用领域。特别是中国工程院邬贺铨院士在演讲中提出的互联网宽带化、互联网发展带来的节能挑战，以及绿色化互联网发展方向等互联网发展的趋势和问题，引起了参会者的普遍关注。大家普遍反映，只有建立节能、绿色、安全、健康、可信的互联网环境，互联网产业才能得到更快更好的可持续的发展。

　　三是两岸互联网业界借助大会平台加强交流与合作。来自台湾地区的电信运营商、互联网界代表出席本次大会，我会与台北市电脑公会共同组织两岸"移动互联网"主题展览，远传电信等企业为大会展示了台湾企业在移动互联网应用发展中取得的成果，展览以很强的互动性吸引了众多参会领导和观众的目光。两岸电信运营商代表在移动互联网高峰论坛上进行互动对话，加深了彼此的交流和了解。由我会与台北市电脑公会联合于今年4月在两岸同时启动的数字内容互动大赛在本届大会上举行决赛，经两岸业界专家共同评审，有21件创意独特、形式新颖的作品在征集到的400余件作品中脱颖而出，获得各相关奖项。

　　四是大会论坛形式多样，配套活动影响广泛。本届大会在形式上有所创新，再次举办网络草根创业与就业论坛,为年轻而活跃的互联网创业者们提供资源、搭建平台,让他们在互联网大会的舞台上介绍创业模式,展现自我风采。本届大会首次举办了企业核心战略与新产品、新服务的发布;还首次大规模引入微博,在会场全程投影微博内容,嘉宾也不断发送微博与网友互动,将大会放到了网民"身边"。

五是媒体高度重视,积极宣传报道。对本届大会,中央新闻媒体、广播电视媒体、平面媒体、网络媒体均高度关注,共有251家媒体对大会开幕式和各个论坛进行了广泛深入的报道,引起了社会各方面的普遍关注。特别值得强调的是:今年的大会首开先河,使会场内外的参与者能通过微博进行互动交流,这件事,已当仁不让地成为本届大会将留在大家记忆中的一个亮点。人民网、新华网首次在大会现场搭建在线演播室,在第一时间及时准确地向广大网友传递大会现场新闻资讯。本届大会上,媒体对演讲嘉宾、企业高层、专家学者的专访次数和深度均比历届有所增强。正是有广大媒体的积极参与,在对大会的宣传报道方面发挥了非常重要的作用。

各位嘉宾:

2010中国互联网大会圆满完成了大会各项议程,即将闭幕。在这里我再次代表中国互联网协会感谢互联网业界的广泛参与,感谢政府主管部门的热心帮助,感谢媒体客观公正的宣传报道,还要特别感谢广大网民的关注和大力支持。正因为有了大家的共同努力,本届大会才开得圆满成功。尽管如此,我们也深知,大会的组织工作还存在诸多不尽如人意之处,论坛设置安排需要完善等等。我们会虚心听取各方面的意见和建议,不断改进我们的工作,努力办好一年一度的中国互联网大会。在我看来,中国互联网大会属于中国互联网界,它的使命是真实展现中国互联网界的风景。我们要和大家共同努力,使每年的大会都能充分体现中国互联网新的辉煌。

我宣布:2010中国互联网大会闭幕,让我们明年再相会,谢谢大家!

(中国网库)

【评析】

这是一篇中国互联网大会闭幕词。

标题由会议名称加上文种组成。正文部分首先用简洁的语言说明大会已经完成了预定的议程,接着总结了此次大会呈现出的五个特点,最后在结尾时提出了希望和号召。

整篇闭幕词简洁有力、行文热情洋溢,起到一种激发斗志、增强信念的作用。

第六节　启事　声明

一、启事

(一)启事的含义及其种类

1. 启事的含义

启事是一种常见的应用文,指的是企事业单位或者个人有事情需要公开向大众说明或者请求大家援助、支持或参与时所使用的一种文体。

2. 启事的种类

启事从不同的角度可以有不同的划分方法,一般常见的有三类启事,即寻找类启事、征招类启事和周知类启事。

(二)启事的格式和写法

启事的写作一般包含标题、正文和落款三个部分。

1. 标题

启事的标题要醒目,通常采取"事由+文种"的形式,如"征稿启事"、"寻物启事"等。此外可以在前面加上单位名称,如"××商厦开业启事"。还可以只写文种"启事"即可。如果启事所陈述的内容非常重要或者紧迫,可以在"启事"前面加上"重要""紧急"等字样,如"重要启事""紧急启事"等。

2. 正文

根据启事种类的不同,正文的写法也可以有所侧重。

(1)寻找类启事

寻找类启事可以分为寻物启事、寻人启事和招领启事三种。寻物启事要侧重写明丢失物品的时间、地点、数量、名称、特征等。寻人启事则要重点写清楚被找人的姓名、性别、年龄、身高、外貌、口音、服饰等,有必要也可标明走失的原因。此外,一定要写清联系人的姓名、地址以及电话等,并写上"必有重谢"之类的话语。

招领启事又叫失物招领,指捡到别人东西的人为告知失主前来认领而张贴的文书。一般要写明何时何地拾到何物,以及认领地址和对认领人的要求等。需要注意的是招领启事不宜写出物品的特征,以防别人冒领。

(2)征招类启事

征招类启事一般用于各企事业单位及服务行业,一般有招聘启事、招生启事、征集设计启事以及征稿启事几类,每个具体类别正文内容各有侧重。

招聘启事要先写明单位的自身情况,然后注明对招聘人员的具体要求、报名及面试方式和单位的联系方式,此外也可说明录用后的待遇等问题。

招生启事是学校、文艺演出团体及各类培训班等公开向社会招收学生、学员或演员时所使用的一种启事。写招生启事的时候正文应包含招生目的、专业、人数、对象、条件、方法、报名时间、地点、手续、费用和考试等事宜。

征集设计启事正文写明征集目的、相关背景、设计要求、奖励办法及投稿地址和截止日期等。

征稿启事要交代征文的原因、目的、具体要求、字数限定、注意事项、奖励办法、截止日期和投稿地址等。

（3）周知类启事

周知类启事包括开业启事、搬迁启事和聘请法律顾问启事等几种。

开业启事一般要写清开业单位名称、性质、经营方针和范围、地址及其联系方式，最后要写上"欢迎光临"等词语。

搬迁启事要写清搬迁日期、新址、联系方式以及相关注意事项。

聘请法律顾问启事一般需要简单写明聘请单位名称、聘请顾问名称即可，必要时说明聘请目的以及法律顾问的职权。

3. 落款

落款一般需要标明单位名称，并写上日期。如果标题中或正文已写明单位名称，结尾处可以省略不写。此外，凡以机关、团体和单位名义张贴的启事，应该加盖公章，以示负责。

（三）启事写作的注意事项

①标题要简短、醒目。
②内容要严密、完整。
③文字要简明、扼要。

二、声明

（一）声明的含义及种类

1. 声明的含义

声明是指机关团体、企事业单位、社会团体以及个人为了表明自己对某些重大问题或事件的立场、观点、态度和建议时所使用的一种文体。声明具有一定的制约性及告知性，主要用来说明问题、告知大众，多在报纸上公开发表，也可以通过广播电台等媒体进行发布，还可以进行张贴。

2. 声明的种类

声明包括一般性声明和政治性声明两类。

一般性声明用于日常工作中出现的问题，如支票遗失声明、作废声明等。

政治性声明包括抗议、驳斥或者澄清事实性质声明及某些领导人就某事进行会谈时所发表的声明。

(二)声明的格式和写法

声明一般包括标题、正文和落款三个部分。

1. 标题

标题有三种形式:

一种是直接以文种命名,如"声明";二是"事由+文种",如"作废声明";三是"发文单位+事由+文种",此类标题多用于比较严肃的政治声明,如"中华人民共和国和越南社会主义共和国关于新世纪全面合作的联合声明"等。

2. 正文

正文一般首先交代声明的主要目的或相关背景,然后重点说明需要相关人员知道的事情,或者表明对某一个问题的立场、观点等,最后结尾部分常用惯用语"特此声明"或"特此严正声明"作结。

3. 落款

正文结束后在右下方写上发出声明的单位和日期。

例文评析

【例文1】

××中学招聘教师启事

××中学隶属于××市教育局,是一所公办的全日制完全中学,因办学发展的需要,需向社会公开招聘老师若干名。

一、所需学科:中文、数学、英语、物理、生物

二、招聘条件:有良好的敬业精神和较强的教育能力、教学能力,大学本科及以上学历,年龄在45周岁以下,高级、特级教师年龄可适当放宽。

三、待遇:凡被聘用者,可办理正式调动手续,家属工作、子女入学问题学校帮助解决安排,年薪和待遇从优。

四、报名办法:凡有意者,请将个人简历、学历证书、职称证书、身份证等复印件,近期照片两张,在×月×日前寄往××市教育局人事科。

初审合格者,通知面试试讲。

联系地址:××省××市教育局人事科

联系人:×××

电话:×××××××××

××省××市教育局

×年×月×日

(转引自《应用文写作教程》)

【评析】

这是一份典型的招聘启事。

标题由启事内容和文种组成。正文部分明确地写明了招聘条件、待遇、报名方法、联系地址、电话等等。结尾标注了单位名称和日期。文字简明,让人一看即懂。

【例文2】

遗失声明

××公司不慎将正本海运提单遗失(提单号是:××××,船名:×××××,航次:××××,卸货港:××××),特此声明该票正本作废。

××公司
×年×月×日

【评析】

这是一份遗失类的声明。

标题由事由和文种组成。正文交代了声明的背景和原因,结尾部分用"特此声明"作结。语言准确,态度鲜明。

第七节 述职报告

一、述职报告的含义及种类

(一)述职报告的含义

述职报告是指各级各类机关工作人员,主要是领导干部向上级、主管部门和下属群众陈述自己任职情况,包括履行岗位职责、完成工作任务的成绩、存在的问题等一种自我评述性的报告。

(二)述职报告的种类

1. 从内容上分:综合性述职报告和专题性述职报告两类。

综合性述职报告是对某一个时期所做工作的全面、综合的反映;专题性述职报告是对某一方面工作的专题反映。

2. 从时间上分:任期述职报告、年度述职报告和临时性述职报告三类。

任期述职报告是指对任现职以来的总体工作进行报告。一般来说,时间较长,涉及面较广,要写出一届任期的情况。

年度述职报告是指一年一度的述职报告,即写本年度的履职情况。

临时性述职报告是指担任某一项临时性的职务,写出其任职情况。比如,负责了一期的招生工作,或主持一项科学实验,或组织了一项体育竞赛,写出其履职情况。

3. 从表达形式上分:口头述职报告和书面述职报告两种。

口头述职报告是指需要向选区选民述职,或向本单位职工群众述职的,用口语化的语言写成的述职报告;书面述职报告是指向上级领导机关或人事部门报告的书面述职报告。

二、述职报告的特点和作用

(一)述职报告的特点

1. 自述性

述职报告要求报告人,自己述说自己在一定时期内履行职责的情况。因此,必须使用第一人称,采用自述的方式,向有关方面报告自己的工作实绩。

2. 自评性

述职报告要求报告人,依据岗位规范和职责目标,对自己任期内的德、能、勤、绩等方面的情况,作自我评估、自我鉴定、自我定性。述职人必须持严肃、认真、慎重的态度,切忌浮泛的空谈,切勿引经据典的论证,定性分析必须在定量证明的基础上进行。

(二)述职报告的作用

①有利于主管部门管理和考核干部的业绩。
②有利于进行回顾和反思自己任职期间的工作历程,总结经验,认清不足。
③有利于沟通领导干部与下属员工之间的思想感情。

三、述职报告的格式和写法

述职报告由标题、正文和落款三部分组成。

(一)标题

标题有四种方式:一是只写文种"述职报告"即可;二是公文式写法,在文种前面加上年限和所任职务,如"2011学年任××大学校长期间的述职报告";三是会议式写法,即"作者姓名+职务+会议名称+文种",如"张××主任在××次会议上的述职报告";四是文章式写法,可以采用正副标题的形式。

(二)正文

述职报告的正文一般包含三部分的内容:

第一部分是任职的基本情况和总体评价。这一部分可以用简洁的文字概述自己何时任职,工作背景情况、岗位职责及其个人对任职的总体评价。

第二部分是述职报告的主体部分,具体陈述任职期间的工作情况。这部分一方面详细叙述自己任职期间的工作业绩和实际经验,另一方面写工作中存在的问题和不足。对于主体部分内容的写作可以采取横式排列的写法，每一点可以列小标题进行表述。

第三部分是改进措施和今后打算。这部分作为正文的结尾部分，要根据实际工作情况提出切实可行的改进措施，并且对今后的工作也要有科学可行的规划。

（三）落款

落款包括署名和日期两个部分。这两个部分可以写在标题之下，也可以放在正文结束之后。

四、述职报告写作的注意事项

1. 要实事求是

写述职报告要本着实事求是、严肃认真的态度。对自己的评价要实事求是，不夸大，不缩小，要准确恰当，有分寸，不说过头话、大话、假话、套话、空话。

2. 要抓住重点，突出个人特色

述职报告中所表述的内容应抓住重点，抓住最能显示工作实绩的大事件或关键事写入述职报告。凡重点工作、经验、体会或问题等，一定要有理有据，充实具体，而对一般性、事务性工作，宜概括说明，不必面面俱到。抓住重点，突出中心。

3. 要突出个人特色

不同的工作岗位有不同的职责要求和履行方式，即使是相同的岗位，也有不同的工作风格，所以述职报告还应突出自己的特色，突出自己独有的气质、独有的风格、独有的贡献，让人能分辨出自己在具体工作中所起的作用。

例文评析

【例文1】

乡镇党委书记述职报告

本人于2006年9月担任红山镇党委书记、人大主席以来，在县委、县政府的正确领导下，认真依照岗位目标责任要求，扎实抓好各项工作任务的贯彻落实。两年半以来，全镇各项工作开展顺利，经济健康稳步发展，党的建设、政治文明、精神文明建设和社会各项事业也取得新的成效。现将本人两年半以来的学习、工作及作风等方面情况汇报如下：

一、勤奋学习，努力提高思想政治素质和执政水平

两年多来，本人做到政治坚定，思想上始终与党中央保持一致，坚持学习，注重提高自身思想政治素质，始终把理论和业务学习放在首位。着重学习马克思主义理论、邓小平理论、"三个代表"重要思想、科学发展观和保持共产党员先进性等重要理论知识。认真学习胡锦涛总书记一系列重要讲话，认真学习法律常识、市场经济知识、农业科技知识和上级有关文件。通过学习，进一步提高了贯彻实践"三个代表"的自觉性和坚定性，保持了一名共产党员的先进

性和与时俱进的精神状态。认真组织好党委中心组理论学习,作好干部读书笔记。学习中,本人能带头宣讲理论、撰写心得和党课辅导材料。通过学习,保证了自己在思想政治上同党中央保持一致,提高了贯彻执行上级党委、政府的重大决策的自觉性和坚定性。

二、以"三个代表"重要思想为指导,扎实工作、开拓创新、密切与群众的联系

保证党在农村方针政策和上级党委、政府重大决策的贯彻和落实保持一致,是基层党委的一项重要任务。因此,本人始终对中央和地方党委、政府的重要文件、会议精神高度重视,能迅速主持召开党政班子会议,结合本镇实际,认真研究贯彻意见,及时传达到广大党员和干部、群众中去,并狠抓落实。认真组织党员干部学习党的十七大及十七届二中、三中全会精神,带领党员干部扎实开展《民情日记》活动,并以开展《民情日记》活动和保持共产党员先进性学习教育活动为契机,扎根基层,放眼全镇,经常深入农村,走访群众,对群众的困难、疾苦和无力解决的问题想方设法寻求解决的办法。在工作中始终能按照"三个代表"重要思想的要求,坚持"高标准、严要求、求真务实、高度负责"的原则投入到工作中,时刻提醒自己要居安思危,牢固树立为党和人民长期艰苦奋斗的观念,努力把我镇各项工作推上一个新台阶:一是坚持党的基本路线,坚持以经济建设为中心,组织镇村干部集中力量发展经济,加大招商引资力度,着力调整农业和农村经济结构,有效提升产业规模,不断推进社会主义新农村建设。二是始终坚持"两手抓、两手都要硬"的方针,大力加强农村精神文明建设,大力加强党风廉政建设,大力加强思想政治工作,促进全镇三个文明建设快速发展。三是围绕改革、发展、稳定的大局,不折不扣地贯彻执行党在农村的各项方针政策,牢牢把握农村各项事业发展方向,想尽办法,千方百计,确保了全镇工作正常运作。四是加强城乡基础设施建设,积极为群众办好事办实事。在2007年底完成了中山、烟竹两村公路硬底化建设;争取了变电站增容扩建项目,并于2007年初投产使用,满足了全镇电力资源向外输送的需要;完成中小学配套设施建设和卫生院住院部大楼建设;加大了全镇水利、通信、市政等基础设施的建设力度,促进社会各项事业健康发展。

三、认真贯彻民主集中制,努力维护班子团结

作为"班长",在民主决策中,本人坚持和贯彻民主集中制原则,坚决执行县委、镇党委的各项决议、决定,坚持集体领导和个人分工负责制,无论是议事、谋事、做事,都能做到与其他领导通气、交换意见。在牵涉全局重大问题的决策上,能广泛征求干部群众意见,发挥集体智慧优势,重大问题都提交班子集体研究决定,不擅自主张,努力做到决策的民主化、科学化,并自觉维护班子团结和威信。对分管领导的工作,积极支持和鼓励他们在分工的范围内独立行使职权,在其位,谋其政,做到分工不分家。对集体研究的决策,自己带头履行,并充分依靠和发挥班子成员作用,依靠人大、政府支持,依靠全镇广大干群配合,抓好贯彻落实。在班子内部政治生活中,能带头开展批评与自我批评,遇事多商量、多通气,出现工作分歧和矛盾及时沟通化解。善于听取各方面的意见和建议,不计较个人的利益得失,大事讲原则,小事讲风格,做到与班子成员相互之间推心置腹、坦诚相见。在班子中形成了互相尊重、互相信任、互相支持、互相谅解的良好氛围,增强了班子凝聚力、向心力和战斗力。三年来,班子成员中没有出现不团结

现象,批评与自我批评能正常开展。

四、改进工作作风,扎实推进机关效能建设

一是深化了乡镇机构改革。把一批年轻干部和优秀人才安排在重要岗位,有效激发了广大干部的积极性、主动性和创造性;二是深入开展了机关效能建设,健全和完善了工作业绩考核、考勤、请销假等制度,转变了工作作风,提高了机关工作效率;三是率先垂范,牢固树立群众观点,强化宗旨意识,密切联系群众,做到求真务实。坚持有足够的时间下基层调查研究和开展工作。及时掌握情况,倾听群众呼声与愿望,使思想认识符合不断变化的客观实际,妥善解决工作中存在的新矛盾、新问题。能关心贫困户、计生困难户、受灾户等群众的疾苦,在政策扶持等方面给予最大限度的帮助与支持。

五、勤政廉政,切实做到廉洁自律

注意做到从我做起,办事公开,自觉接受党组织和群众监督。牢固树立法制观念,恪守党章党规党纪,遵守国家法律法规,坚持秉公办事;认真贯彻中央和县委关于领导干部廉洁自律的各项规定及四项制度,坚持做到自重、自省、自警、自励,做到廉洁自律、勤政为民。不为个人名利去损害群众利益,不为争名次虚报数字,不收受红包、礼金,不用公款吃喝玩乐、请客送礼,不到高消费娱乐场所消费。努力把好办事政策关、生活纪律关、处事人情关。同时,注意按照党风廉政建设责任制的要求,抓苗头、抓倾向、抓教育、抓典型,扎实落实好责任制的各项规定。

两年半以来,本人尽了自己的努力,取得了一些工作成绩,但也清醒地认识到自己存在的差距,主要表现在政治理论素质和业务水平还有待提高,政治理论及业务知识学习还不够系统深入;在新形势下对如何增加经济总量、解决财政收入趋缓的办法还不够多,经济发展趋势不够明显;在如何扶持和指导集体经济相对薄弱的村集体经济发展方面,成效不够突出等。今后,本人将发扬优点,克服不足,从学习实践好"三个代表"重要思想和认真落实科学发展观入手,立足整改,努力使自己在思想上、政治上、作风上、纪律上有明显的改进和提高,强化理论学习,提高自身素质,改进工作作风和工作方法,提高工作能力,尽心尽职履行好工作职责,振奋精神,开拓创新,为我镇经济建设和各项社会事业的发展作出更大的贡献!

(摘自公文网)

【评析】

这是一篇典型的个人述职报告。

这份个人述职报告首先从整体对自己进行了评价,接着从五个方面具体阐述了自己任职期间的工作情况。重点写出了自己工作的实绩和经验,充分体现出了个人的工作能力和管理水平,接着又分析了自己工作中的不足,并且针对不足之处,提出了今后的努力方向和工作打算。不失为一篇较好的述职报告。

第八节 会议记录

一、会议记录的含义及种类

（一）会议记录的含义

会议记录指的是由会议记录人员当场把会议的基本情况和具体讨论的内容等记录下来形成的书面文字材料。一般来讲，会议记录可以作为传达、执行会议决定和贯彻会议精神的依据，还可以作为今后工作的参考资料，起到备查的作用。

（二）会议记录的种类

按照会议性质来分，会议记录可分为：办公会议记录、专题会议记录和座谈会议记录等。

办公会议记录是记述机关或企业、事业单位等对重要的、综合性工作进行讨论、研究、决议等事项的一种会议记录。

专题会议记录是专门记述座谈会讨论、研究的情况与成果的一种会议记录。其主要特点是主题的集中性与观点意见的分呈性相结合，既要归纳比较集中、统一的认识，又要将各种不同观点和倾向性意见都归纳表达出来。

座谈会议记录是为解决某个重要问题，召集有代表性的人员参加，进行座谈讨论而作的会议记录。

二、会议记录的特点

（一）综合性

会议记录是在对会议中各种材料、与会人员的发言以及会议简报等进行综合分析和概括提炼基础上形成的，它具有整理和提要的基本特点。

（二）指导性

这一特性包含两层含义：一是会议本身的权威性；二是会议记录集中反映了会议的主要精神和决定事项。因而记录一经下发，将对有关单位和人员产生约束力，起着类似于指示、决定或决议等指挥性公文的作用。会议记录还可以作为与会同志向单位领导汇报、向群众传达的文字依据。

（三）备考性

一些会议记录主要不是为了贯彻执行，而是向上汇报或向下通报情况，必要时可作查阅之用。

三、会议记录与会议纪要的区别

两者都是反映会议的基本情况、突出会议精神的文种,但是二者之间也有一些不同之处:
(1)性质不同
会议记录是讨论发言的实录,属事务文书。会议纪要只记要点,是法定行政公文。
(2)写作方式不同
会议记录要求在开会当时就进行记录,而会议纪要则必须在会议结束之后进行写作。
(3)写作对象不同
会议记录在任何会议上均可进行。而会议纪要一般用于比较重要的会议。
(4)发挥作用不同
会议记录的作用是作为凭证或资料保存,而会议纪要则往往用于向上级报告或下发指导工作。
(5)载体方式不同
会议记录的载体是会议记录簿,而会议纪要载体为文件。
(6)写作要求不同
会议记录要求按照会议进行的程序如实记录,而会议纪要则要求较强的理论性和系统性,要集中地反映会议精神。

四、会议记录的格式和写法

会议记录包括会议基本情况、会议内容两个部分。

(一)会议基本情况

这一部分是会议的基本情况概述,具体包括以下几个方面:
①标题。即会议的名称,通常由"单位名称+会议事由+文种"组成,如"××省科研机关第六次会议记录"。
②时间和地点。即开会时间和地点,要写清楚。时间上不仅要写年、月、日,而且具体几点几分也要记录。
③出席人员。人数少的会议可把出席人都列出来,人数多的可以只写出席人数。
④缺席人员。列出缺席人员名单,并注明原因。
⑤列席人员。指不属于会议的正式成员,但是与会议有关方面相关的人员,一般要注明单位名称和职务。
⑥主持人。
⑦记录人。要写明记录人的姓名,多人记录,应写清各自所记的内容,以示负责。

(二)会议内容

这是会议记录的主体部分。这部分写作时应该突出的重点有：

①会议中心议题以及围绕中心议题展开的有关活动。

②会议讨论、争论的焦点及其各方的主要见解。

③权威人士或代表人物的言论。

④会议开始时的定调性言论和结束前的总结性言论。

⑤会议已议决的或议而未决的事项。

⑥对会议产生较大影响的其他言论或活动。

一般记录这部分内容可采取两种方法：一种是摘要记录法，这种方法适合于一般性的会议记录，即只重点记录会议所讨论的问题以及通过的决议等，不记录讨论时的个人发言或报告；另一种是详细记录法，这种记录法要求记录会议上的所有内容，包括个人发言和报告。

以上两种记录的方法各有所长，选用哪种方法，要根据会议的性质、目的、要求及讨论的问题而定。除此之外，在会议内容记录完之后，要写上"散会"两个字。

五、会议记录写作的注意事项

1. 写明会议基本情况

即会议记录的第一部分内容，一定要准确无误地写明，必要时在开会前就要把已掌握的情况写在会议记录本上。

2. 内容要真实、准确、清楚

要如实地记录别人的发言，不论是详细记录，还是概要记录，都必须忠实原意，不得添加记录者的观点、主张，不得断章取义，尤其是会议决定之类的东西，更不能有丝毫出入。真实准确的要求具体包括：不添加，不遗漏，依实而记；清楚，首先是书写要清楚，其次是记录要有条理，突出重点。

例文评析

【例文】

××市城南开发区管委会办公会议记录

时间：××××年×月×日上午

地点：管委会会议室

主持人：李四（管委会主任）

出席者：杨××（管委会副主任）　周××（管委会副主任管城建）

　　　　李××（市建委副主任）　张××（市工商局副局长）

　　　　陈××（市建委城建科科长）　建委、工商局有关科室人员

列席者：管委会全体干部

记录人：邹××（管委会办公室秘书）

讨论议题：1. 如何整顿城市市场秩序

2. 如何制止违章建筑，维护市容市貌

杨主任报告城市现状：

我区过去在开发区党委领导下，各职能单位齐心协力，齐抓共管，在创建文明卫生城市方面取得了一定成绩，相应的城市秩序有一定进步，市场街道也比较可观。可近几个月来，市场秩序倒退了，街道上小商贩逐渐多了起来，水果摊、菜担、小百货满街乱摆……一些建筑施工单位沿街违章搭棚、乱堆放材料，搬运泥土洒落大街……这些情况严重破坏了市容市貌，使大街变得又乱又脏，社会各界反应强烈。因此今天请大家来研究：如何整顿市场秩序；如何治理违章建筑、违章作业，维护市容。

讨论发言：

肖××：个体商贩不按规定到指定市场经营，管理不力，处理不坚决，我们有责任。这件事我们坚决狠抓落实：重新宣传市场有关规定，坐商收店、小贩收市、农民卖蔬菜副食到专门的农贸市场……工商局全面出动抓，也希望街道居委会配合，具体行动我们再考虑。

罗××（工商局市管科科长）市场是到了非整治不可的地步了。我们的方针、办法都有了，过去实行过，都是行之有效的，现在的问题是要有人抓，敢于抓，落到实处……只要大家齐心协力，问题是能够解决的。

秦××：（居委会主任）整顿市场纪律居委会也有责任。我们一定发动居民配合好，制止乱摆摊、乱叫卖的现象。

李××：（建委副主任）去年上半年创建文明卫生城市时，市里出了个7号文件，其中施工单位不能乱摆"战场"。工场、工棚不得临街设置，更不准侵占人行道。沿街面施工要有安全防护措施……今年有些施工单位不顾市里文件，在人行道上搭工棚、堆器材。这些违章作业严重影响了街道整齐、美观，也影响了行人安全。基建取出的泥土，拖斗车装得过多，外运时沿街散落，到处有泥沙，破坏了街道整洁。希望管委会召集主管施工单位召开一次会议，重申市府7号文件，要求他们限期改正，否则按文件规定惩处。态度要明确、坚决。

陈××：对犯规者一是教育，二是严肃处理。我们先宣传教育，如果施工单位仍我行我素不执行，那时按文件严肃处理。

周××：城市管理我们都有文件，有办法，现在是贵在执行，职能部门是主力军，着重抓，其他部门配合抓。居委会把居民特别是"执勤老人"都发动起来，按7号文件办事，我们市区就会文明、整洁、美观。

与会人员经过充分讨论、协商，一致决定：

由工商局牵头，居委会及其他部门配合，第一周宣传，第二周行动，监督落实，做到坐商归店、摊贩归点、农贸归市,彻底改变市场紊乱状况。

由管委会牵头,城建委等单位配合,对全区建筑工地进行一次彻查,然后召开一次施工单位会议,对违章建筑、违章工场限期改正。一个月内改变面貌。过期不改者坚决照章处理。

散会。

主持人:(签名盖章)
记录人:(签名盖章)
××××年×月×日

【评析】

这是一份典型的会议记录。

标题由单位名称、会议名称和文种组成。正文部分采用详细记录法,首先针对提出的问题每个人发表意见,再把每个人的发言进行详细的记录。然后记录会议最终的决定,宣布散会。落款写明了主持人、记录人的名称和日期。

第五章
Chapter 5

书信类文书

第一节 求职信

一、求职信的含义

求职信是求职者向用人单位推荐自己以谋求职位的一种专用书信。它是应聘者根据自己的实际条件和求职意向,向招聘单位或个人介绍自己情况,争取获得面试机会的一种书信。

二、求职信的特点和作用

(一)求职信的特点

1. 针对性

求职信是为了谋求工作而写的,不同的招聘单位对人才的需求不尽相同,因此,求职者应针对应聘单位的具体情况,了解对方的企业文化、产品和服务等方面的内容,结合自身条件,客观分析自己,有针对性撰写求职信。

2. 自荐性

求职信又称自荐书、自荐信,因此,求职信有突出的自荐性。求职信是向用人单位介绍自己、推荐自己,所以要求真实充分地把自己的优势展现出来,让对方了解你,给对方一个良好的第一印象,从而获得面试机会。

3. 个性化

个性化的求职信能让你的求职材料从成百上万封信件中脱颖而出。个性化的求职信能表现求职者一种独有的特质,以生动易读的内容、活泼的编排风格吸引读者。

(二)求职信的作用

求职信是求职者与用人单位进行特别沟通的文字媒介。求职者向招聘者展示自己的优势和特色以说服招聘者接受你的简历,建立良好第一印象,获得面试机会。用人单位则可从多份求职信中认真筛选,决定面试人员,快速、高效、及时地找到适用人才。

三、求职信的格式和写法

(一)求职信的格式

求职信的写作格式一般由六部分组成:标题、称呼、正文、结尾、落款和附件。

(二)求职信的写法

1. 标题

第一行居中直接写"求职信(书)"、"自荐信(书)"。

2. 称呼

标题下一行顶格书写。如果知道用人单位联系负责人的名字,就直接写上对方名字,后面加"先生""女士"等。如果不知道对方名字,直接写单位或部门的名称,加主管者的职务、称呼,如"×××公司(人事部)经理"等。前面也可加"尊敬的"等修饰词。

3. 正文

称呼下一行空两格书写,通常用"您好!""请恕打扰!"开篇。接下来是求职信的主体部分,主要说明求职信息的来源、应聘的职位、个人基本情况和取得的成绩等事项,一般分两部分书写:

第一部分是介绍自己和书写求职信的原因。避免与简历重复,这里只是写上自己简单的情况,如姓名、政治面貌、毕业院校等。特别介绍自己的知识结构、业务能力、实践经历、获得的成绩、基本素质、兴趣爱好等内容。对于大学生来说,可以列上几门有特色的专业课。实践经历包括勤工俭学、课外活动、参加各种各样的社团组织、大学期间获得的奖励、实习单位对自己的评价等。此外,还要写上要应聘的职位。

第二部分是针对所应聘的职位说明自己的能力。这部分的书写要特别符合对方的需要,要重点突出,还要写出你的相关实力,即为什么比别人更适合这个位置。不要写你期望得到的待遇,而要写你能为对方做些什么,以给对方留下较好的、深刻的第一印象。

4. 结尾

结尾通常包括三方面内容,一是希望对方给予答复,并盼望能够得到参加面试的机会。二是对对方阅读求职信的感谢,即表敬意、祝福之类的词句。三是认真写明自己的准确、详细的联系方式,即联系电话和电子邮箱等。

5. 落款

在结尾下一行右下方署上求职者的姓名,姓名下面写上具体日期。

6. 附件

一般包括个人简历、学历证书、获奖证书、资格证书、身份证的复印件,也可附上发表过的文章。但附件不宜过多,应选择有代表性的奉上,以取得最佳效果。

四、求职信的写作注意事项

1. 语言精练,语气自然

求职信的写作要使用简单的句子表达明确的意思,不使用语法上复杂、难懂的句子。情况的介绍既要具体真实,又要简明扼要。语气谦和,不能盛气凌人,也不能唯唯诺诺,而要充满自信心。

2. 措辞得体,通俗易懂

求职信的阅读者可能是人事主管,而不是你这个专业的行家,所以用词要恰当,不能用太过专业的词语,以免使对方失去阅读的兴趣。

3. 言简意赅,切忌面面俱到

在内容完整、突出重点后,尽可能简明扼要,阅读者没有时间认真研读每份求职信,建议一页纸就足够了。

例文评析
求 职 信

尊敬的领导:

您好!

感谢您抽出宝贵的工作时间,阅读这封求职信!我是×大学×系的一名学生,即将毕业。久闻贵公司相当有实力和前景,对员工要求严格。近日在网上了解到贵公司在扩大业务,扩大市场的同时,也在扩大团队。故本人毛遂自荐,写此求职信,诚挚地希望成为贵公司的一员!

今年6月,我将从母校毕业。我的本科专业是××专业,论文题目是××。在校学习期间,我获得过各项奖学金,并在××等期刊多次发表论文。在校期间,我积极参与各种活动的组织与协调,曾在××活动中担任××。强烈的责任感与事业心促使我在任何困难和挑战面前都能成功应对。

在校外,我做过许多兼职与实习。曾在××公司的××部门做过实习生,在实习期间,曾多次受到领导对我工作上的认可。丰富的实习经历,让我提升了工作能力及沟通技巧,每一次实习中我都能够与团队中的每一位成员相处融洽。我相信,再加入新的团队我会很好地融入,并协助团队每一位成员,按时保质完成任务。

对于我来说,过去的成就不能够代表未来的发展,我的知识面有限,很多东西需要学,勤奋努力地付出才能获得成果。在步入工作岗位后,我会保持虚心学习的态度,严格要求自己,踏实做好本职工作,在实践中积极主动地锻炼和提高自己。我十分热爱贵公司所从事的事业,梦想能在您的领导下,为公司的发展作出最大的贡献,希望贵公司能给我一个展现能力的发展平台。

  此致
敬礼

×××
××××年×月×日

【评析】
  正文首先写求职缘起、原由,接着写求职意向、个人简历,最后表明希望和应聘成功后努力工作的决心。全文语言简洁,态度谦虚又不失自信,礼貌又不卑不亢。

第二节　介绍信　证明信

一、介绍信

(一)介绍信的含义

  介绍信是政府机关、社会团体和企事业单位派本单位人员前往有关部门联系工作、商洽事情、参观学习、办理事务或参加相关活动时,由派出人员携带的一种专用函件。介绍信有用一般信纸书写的手写式书信介绍信,也有带存根和编号的专用介绍信,其内容、格式与手写式介绍信大致相同。

(二)介绍信的作用

  介绍信具有介绍和证明的双重作用。一是介绍性,持信人可凭此同有关机构或个人取得联系、商洽事务,是联系双方的一个纽带。二是证明性,收信机构或个人可从信中了解来人的姓名、身份、政治面貌、接洽事项和目的要求等,以便帮助支持对方办好事情。所以介绍信还有证明身份的作用。

(三)介绍信的格式与写法

1.介绍信的格式
正式的介绍信一般由标题、称呼、正文、结束语、落款组成。

2.介绍信的写法

(1)标题

  手写介绍信在第一行正中位置写"介绍信"三个字,字体比正文稍大。印刷好的介绍信在第一行正中印上"介绍信"。

(2)称呼

  在标题下一行顶格写对方单位的名称(一般用全称)或对方负责人姓名,后边加上冒号。

(3)正文

称呼下一行空两格写介绍信的内容,开头常用"兹""今""现"等字样。正文部分主要写持信人的职务、姓名、政治面貌、人数及前往接洽的事项和对接洽单位所提出的希望和要求。有的介绍信还需写上有效期限,天数用汉字数字书写。常用"请接洽""请予以协助"等结尾。

(4)结束语

正文写完,另起一行空两格写"此致",下一行顶格写"敬礼"等表示祝福和敬意的话。

(5)落款

在结束语下一行的右下方署上开具介绍信的单位名称,并加盖公章,无公章视为无效介绍信。单位署名下一行,写上成文日期。

存根部分的书写。存根这一联标题与介绍信一联一致。由于存根一联供本单位查考用,所以省去称呼。正文大致与介绍信正文相同,无结语和单位署名,只注明成文日期即可。有存根的介绍信需要在存根和介绍信之间加盖骑缝章。

(四)介绍信的写作注意事项

1. 信息准确真实

持介绍信人的情况必须真实,不能提供虚假信息或冒名顶替。一封介绍信只能写给一个单位,严禁开具"×××等单位""各有关部门"这种通用式介绍信。

2. 内容简明扼要

尽可能简明、清楚地一句话概括出需接洽的业务或商谈的事情,一些无关的事情不必写在介绍信上。

3. 语言谦虚得体

因为介绍信多是请求得到对方的帮助,所以多用"贵单位""请接洽"等礼貌用语,而不用"应该""务必""必须"等带有命令性口气的词语。

4. 文字书写工整

介绍信要书写工整,不得随意涂改,如有涂改,须在涂改处加盖公章,否则对方可以不予接待。

例文评析

【例文1】

介 绍 信

××研究中心:

　　兹介绍我校学生×××到你处申请经济学双学位学习,请予以接洽。

　　我单位对此事表示支持。

　　此致

敬礼

×× 大学
××××年×月×日
(加盖公章)

【例文2】

带有存根的介绍信

介绍信（存根） （　）字第××号 ×××等×人，前往×××联系×× ××××××事情。 　　　　　×××× 年 × 月 × 日	介 绍 信 （　）字第××号 兹介绍×××等×人，前往××× 联系××××××××事情，请接洽并 予协助。 　　此致 　　敬礼 　　　　　　　××××（单位章） 　　　　　　　×××× 年 × 月 × 日

二、证明信

（一）证明信的含义和分类

1. 证明信的含义

证明信，通称证明。它是以单位或个人名义书写的，用以证明有关人员的身份、职务、经历或有关事件真实情况的一种专用书信。有的证明信有长久的证明作用，应归档保存。

2. 证明信的分类

根据开具证明信作者的不同，可分为以下两类：

（1）以组织名义开具的证明信

这类证明信多是证明曾在或现在本单位工作人员的身份、职务、政治面貌、经历或与本单位有关事件的真实情况。

（2）以个人名义开具的证明信

这种证明信由个人书写，证明有关人员、有关事项的真实情况，证明人签字盖章后，经证明人所在单位审核签署意见。

此外，根据证明信的内容还有主动发往对方的证明信，答复对方来函询问的证明信，证明差旅事项或真实材料的证明信。

（二）证明信的特点

证明信对了解和考察有关人员或事件的真实情况，有重要证明和参考作用，因此，证明信具有以下特点：

1. 真实性

真实性是证明信最本质的特征。证明信的书写必须实事求是，应根据具体情况作出证明，不能作假,假的证明信将产生严重的后果。

2. 凭证性

证明信的作用重在证明事实。是持信人证明自己身份、经历或某事真实性的一种凭证。

(三)证明信的格式与写法

1. 证明信的格式

证明信由标题、称呼、正文、结语、落款几部分组成。个人开具的证明信还有单位签署的意见。

2. 证明信的写法

(1)标题

第一行居中写"证明信"或"证明",字体略大于正文。

(2)称呼

标题下一行顶格写收信单位或个人的名称,加冒号。证明外出人员身份的证明信因无固定的收信单位或个人,可不写称呼,在正文前用公文引导词"兹"引起正文内容。

(3)正文

称呼下一行空两格写起,根据对方要求写清楚内容和情况。如证明个人经历要写清起止时间、地点和职务;如证明事件要按照发展顺序写清时间、地点、参与人,事件的起因、经过和结果。

(4)结语

正文下一行空两格写"特此证明"。一般不用"此致敬礼"。

(5)落款

结语的右下方写开具证明信的单位或个人的名称,并加盖公章,否则视为无效。署名下一行写上开具证明信的时间。

个人开具的证明信,在签署时间的下一行空两格说明写证明信人的身份、职务和政治面貌等。对于证明材料熟悉可写"情况属实"或"情况不属实",不熟悉则写"仅供参考"等字样。另起一行右方签署单位名称、日期,并盖公章。

(四)证明信写作注意事项

1. 内容真实可信

证明信的内容能够影响对方的判断,是一种凭据,所以书写证明信必须了解具体情况,实事求是,认真负责地开具证明信。

2. 语言简明准确

证明信的语言必须清楚、准确,不能使用模棱两可、含糊不清的词语,否则将降低证明信的可信度。还要根据对事实的了解情况作出明确的结论。如涂改,在涂改处加盖公章。

【例文1】

证 明 信

×××大学：

  ×××同志2007年3月至2011年7月在我校工作，曾任学工处处长。该同志工作认真负责，能以身作则，团结同事，成绩突出，2009年、2010年连续两次被评为我院先进工作者。

  特此证明

×××大学（盖章）
2011年7月2日

【例文2】

证 明 信

××局负责同志：

  王××原为我校中文系××级学生，曾担任学生会主席职务，在校期间，该生遵守学校各项规章制度，没有参与任何不利于安定团结的活动。

  特此证明

龚××（签字，盖章）

  龚××系我校文学院院长，所提供情况属实。

×××学校人事处（盖章）
×年×月×日

第三节　感谢信　表扬信　慰问信　贺信

一、感谢信

（一）感谢信的含义

  感谢信是某个单位或个人得到帮助、支援、关心后向对方表示感谢的一种书信。这种信可以直接写给个人或个人所在的单位，也可以在对方单位或所在地的公共场所张贴，还可以交给报社、杂志刊登或电台、电视台播放。

（二）感谢信的特点和作用

  感谢信的应用范围很广，可以感谢相助、捐赠、祝贺、鼓励和探访等。感谢信具有对象的专指性、事实的具体性和感情的鲜明性等特点，只要接受了对方的支持和帮助，就可以运用感谢信的方式向对方表示感激之情。

(三)感谢信的格式和写法

1. 感谢信的格式

感谢信由标题、称呼、正文、结语、落款五部分构成。

2. 感谢信的写法

(1)标题

在感谢信第一行居中位置写"感谢信"三个字,或者"致×××的感谢信",字体略大于正文。

(2)称呼

标题下一行顶格写被感谢单位的名称或个人的姓名。如果感谢对象较多,可在正文中提出。

(3)正文

称呼下一行空两格写感谢信的正文,一般分三个层次进行叙写:一是先简明扼要地陈述事实,写清楚对方在什么时间、地点,由于什么原因,做了什么事情,对自己或单位有什么支持和帮助,事情有什么好的结果和影响。二是对事实作出评价,写清楚从中表现了对方哪些好思想、好品德、好风格。三是表示真诚谢意和向对方学习的态度、决心。

(4)结语

写上表示感激、敬意的话。如"请接受我最诚挚的谢意!"等。另起一行空两格写"此致",下一行顶格写"敬礼"。

(5)落款

在结语下一行右方署上写信单位的名称或个人的姓名。下面写上具体时间。以单位名称发出的感谢信,还应加盖公章,以示严肃、郑重。

(四)感谢信写作的注意事项

①叙述准确。要对事件准确地叙述清楚,使对方的组织和群众了解什么人做了什么事,有什么好的影响,便于组织了解和群众学习。

②用语得体。感谢信的语言一定要真挚恰当,切忌使用虚言浮词,或不着边际地大发议论,要确保感谢信的质量和效果。

③感情真实。在书写感谢信过程中必须以发自内心的真情实感来深深地表达谢意,话语不必多,但一定要真情流露,过于客套、恭维,会给人敷衍应酬之感。

④篇幅不宜过长。

二、表扬信

(一)表扬信的含义

表扬信是用来表彰单位或个人的先进思想、先进事迹的一种书信。可以以组织的名义写,也可以以个人的名义写。

（二）表扬信的特点和作用

1. 表扬信的特点

（1）对象的明确性

表扬信中要明确写出被表扬单位的名称或个人的姓名。

（2）事实的具体性

表扬信中要清楚地写明事情的真实经过，为什么表扬，以便于他人学习。

（3）感情的鲜明性

表扬信要写得感情强烈，真心实意地赞扬对方，使他人也能受到感染。

2. 表扬信的作用

表扬信通常是送给受表扬的单位，重要的、有社会影响意义的可以在报刊、杂志刊登或在电台、电视台播放。因此，表扬信具有增强社会交往，号召大家学习以形成良好的社会风气，提高全民素质的作用。它是宣传新人、新事，颂扬团结互助，表彰先进思想的有效方式之一。

（三）表扬信的格式和写法

1. 表扬信的格式

表扬信由标题、称呼、正文、结尾、落款五部分组成。

2. 表扬信的写法

（1）标题

第一行居中写"表扬信"，也可以根据表扬信内容自拟题目，其后还可加副标题，如《千金送还·风格高尚——对×××的表扬信》，字体略大于正文。

（2）称呼

标题下一行顶格书写收信单位名称或个人姓名，写给个人的表扬信称呼要得体，常用"尊敬的×××先生/同志"等，后加冒号。公开发表的表扬信也可不加称呼。

（3）正文

另起一行空两格写表扬信的内容。表扬信的正文一般包括四项内容：一是表扬谁，要明确写出；二是概述表扬的缘由，即表扬对象事迹发生的时间、地点、主要内容和影响等要素；三是对事迹作出合适的评价、充分的肯定和热情的赞扬；四是阐明先进事迹的意义，并表明自己向被表扬者学习的心意，并号召大家向其学习。

（4）结尾

写给被表扬者所在单位或领导的，可提表扬的具体建议，如"请在适当场合予以公开表扬"。如写给个人的，可写表祝愿的话，如"谨表示感谢""深受感动""值得学习"等。

（5）落款

结尾右下方署上发信单位的名称或个人姓名，下面写发文具体时间，以单位名义发出的表扬信要加盖公章。

（四）表扬信的写作注意事项

1. 事迹要真实具体

叙述表扬的事迹一定要实事求是，不夸大，不缩小，突出最有现实教育意义的方面，以便给人以启迪和教育。

2. 评价要准确恰当

评价要恰如其分，用语得体，严禁堆积华美辞藻，使人感到不可信，也使受表扬者感到尴尬。

3. 语言要富有感染力

表扬信的语言要热情、亲切、富有感染力，使读到的人深受感动。

4. 篇幅不宜过长

表扬信要抓住被表扬者闪光的事来写，切忌长篇大论。

三、慰问信

（一）慰问信的含义

慰问信是以组织或个人名义向对方表示关怀和问候的专用书信。慰问信通常用于节日的慰问，对作出突出贡献、巨大牺牲的同志或家人的慰问，对遇到困难、灾害的相关人员的关心、鼓励和支持。慰问信可以直接发给接受慰问的单位或个人，也可以在媒体刊登、播放。

（二）慰问信的作用

慰问信作用在于充分体现组织、集体和社会成员的温暖和关怀，以及组织、集体、个人之间的真挚情感，以给人不断向上的信心，克服困难的勇气，努力工作的热情，勤奋学习的动力。针对慰问对象、事件的不同，慰问信的书写体现出较强的针对性。

（三）慰问信的格式和写法

1. 慰问信的格式

慰问信由标题、称呼、正文、结语和落款五部分组成。

2. 慰问信的写法

（1）标题

第一行正中写"慰问信"，或"×××致×××的慰问信"。

（2）称呼

标题下一行顶格写接受慰问的单位名称或个人姓名，如写给个人的慰问信，在姓名后加上"同志""先生""女士"，加冒号。

（3）正文

称呼下一行空两格书写。首先，用简要的文字说明慰问的背景和原因。其次，根据慰问事情、对象的不同，内容有所不同。慰问在工作和生产中取得突出成绩的集体或个人，要赞扬对方取得的成绩,并对工作中的辛劳和体现出的可贵精神予以叙述。节日慰问信,根据对方的工作性质,阐述此种工作的意义,赞扬他们的辛劳和奉献精神。给身处困境和灾区人民的慰问信,要表示同情和安抚,并提出有关希望和要求,和所能提供的具体帮助措施和方式。

(4)结语

正文之后另起一行空两格写一句表示慰勉与祝愿的话,如"祝节日快乐""祝你们取得更大的进步""祝早日康复"等。

(5)落款

结语右下方写上发出慰问信的单位名称或个人姓名,并在下方写上具体日期。以单位名义发出的慰问信加盖单位公章。

(四)慰问信的写作注意事项

1. 语言简明,内容集中

书写慰问信要用简短的语言来集中叙述,必须针对接受慰问者的实际情况来书写。

2. 语气诚恳,情真意切

慰问信要体现出同被慰问者的情感共鸣和对其现状的感同身受,使被慰问者从中得到慰藉与鼓励。

3. 恰当发布,注意影响

慰问信既是对对方的一种关怀,也是对广大群众的一种教育,所以要选择恰当的传播媒介,发挥慰问信的影响力。

四、贺信

(一)贺信的含义和种类

1. 贺信的含义

贺信是向取得重大成就或作出突出贡献的有关单位或个人表示庆祝、贺喜、赞扬或表彰的一种表达美好意愿的书信。以电报的形式发出则称为"贺电"。贺信可以直接寄给对方,也可以在报纸杂志上刊登,或在电台、电视台播放。

2. 贺信的种类

按照行文方向,贺信可分为四类:

①上级机关对所属单位或职工发出的贺信。

②下级机关给上级单位所发的贺信。

③平级单位相互之间发出的贺信。

④以单位、组织或个人的名义给某个重要人物的贺信。

(二)贺信的格式和写法

1. 贺信的格式
贺信的基本格式包括标题、称谓、正文、结语和落款五个部分。

2. 贺信的写法

(1)标题

直接居中写"贺信",也可加上发文机关的名称,即"×××贺信",还可以以特定的语法结构即"×××给×××的贺信"作为标题。

(2)称谓

标题下一行顶格写接受贺信的单位名称或个人姓名及称谓,后加冒号。

(3)正文

另起一行写正文,空两格开始写贺信的内容。主要写明祝贺的原因和内容。其中原因即指称赞对方取得的成绩和重大意义;祝贺的内容则根据祝贺的对象、场合、身份等具体情况而有所侧重。例如祝贺会议召开,要重点阐述会议的主要内容和它的重要性,以及祝贺会议圆满成功;如祝贺对方取得了突出成绩,在充分肯定和赞扬对方取得的成绩及意义后,对方如是同级单位,还应提出向对方学习的内容;如祝贺对象是上级单位,还应表明自己的决心和态度;如祝贺对象是个人,应着重写出有哪些可供群众学习的方面和意义。

(4)结尾

一般写表示祝愿的词语,如"祝大会圆满成功""祝今后取得更大的成绩"等。

(5)落款

结尾右下方署上单位名称或个人姓名,下面写上具体日期,以单位名义发出的贺信加盖公章。

(四)贺信的写作注意事项

1. 感情真挚、强烈
贺信是向对方表示祝贺,感情要真挚、强烈,给人以鼓舞、希望和赞扬之感。

2. 评价真实、恰当
贺信在热情赞扬对方所取得的成绩时,对成绩的评价一定要实事求是,不能随意夸大或缩小,对被祝贺者的成绩或有关会议的意义、重要性等要作出恰当的分析,否则会使对方有不安之感。

3. 语言简练、朴素
贺信的语言必须注意讲求分寸,做到谦虚得体,不堆砌华丽辞藻,避免陈词滥调,要以通俗、简洁的语句表达出对对方的由衷祝贺之意。

例文评析

【例文1】

四川省委省政府发表感谢信致谢全社会

支援四川抗震救灾和灾后恢复重建的广大救援与援建人员、志愿者和社会各界人士,港澳台同胞、海外华人华侨及国际友人:

2008年5月12日14时28分,汶川特大地震突如其来,地裂山崩,路断河改,数万鲜活生命顷刻消逝,无数美丽家园瞬间毁灭。365个日夜过去,我们沉痛悼念在地震中不幸罹难的同胞,深切缅怀在救灾中英勇献身的烈士!

一年安危与共,一年风雨同舟。地震发生后,党中央、国务院举全国之力组织救灾,解放军指战员、武警官兵、民兵预备役人员和公安民警冲锋在前,医疗人员、专业技术人员和新闻工作者奋战一线,广大援建人员、志愿者和社会各界人士倾情奉献,港澳台同胞、海外华人华侨和国际友人真诚援助,凝聚成万众一心、众志成城,不畏艰险、百折不挠,以人为本、尊重科学的伟大抗震救灾精神。我们永远铭记,在抢险救援的危急关头,你们与灾区人民血脉共搏、千里驰援、生死营救,创造了战天斗地的奇迹,谱写了感天动地的壮歌;我们永远铭记,在恢复重建的艰难时期,你们与灾区人民心手相连,无私无畏、超常付出,全力以赴救灾区所急,千方百计解灾区所难。无疆之爱昭示了大真大善大美,倾力之援展现了坚定坚强坚韧。抗震救灾斗争取得的重大胜利使我们更加深切地感受到:祖国大家庭最温暖,人民子弟兵最可爱,赤子之心最可贵,匹夫之责最可敬。在此,我们谨代表地震灾区及全川8 800万人民,对一年来你们给予的真诚关心和宝贵支持表示最诚挚的感谢,并致以最崇高的敬意!

承关爱自奋起,历磨难志愈坚。在中央的亲切关怀和社会各界的大力支持下,我们自立自强自救。在抢险救援阶段,从废墟中救出生还者8万多人,收治伤病员400多万人次。在安置群众阶段,震后第一时间对近1 200万群众进行了紧急安置,北京奥运会开幕前按"就地、就近、分散"原则解决了450万户住所问题,震后第一个冬季确保了安全过冬温暖过年,实现了受灾群众"安居、安定、安全、安稳、安心"。在恢复重建阶段,切实加大力度、加快进度,已开工建设重建项目19 702个、完成投资3 370.5亿元,已开工农村、城镇永久性住房重建分别占总数的99%和45.2%,已开工建设学校、医院分别占总数的76.9%和51.6%。全省经济社会发展逐步走出特大地震和国际金融危机的不利影响。遭遇特大地震,四川人民没有垮,抑制悲痛、隐忍哀思,从废墟中挺立、在危难中崛起;遭遇特大地震,四川没有垮,浴火重生、负重前行,正加快建设灾后美好新家园、加快建设西部经济发展高地。

一周年是重建家园的重要节点,更是加快发展的崭新起点。我们将继续弘扬伟大抗震救灾精神,坚持实事求是和群众满意,突出民生优先和科学统筹,攻坚克难,爬坡上行,力争灾后恢复重建三年目标任务两年基本完成,到2010年9月基本实现"家家有房住、户户有就业、人人有保障、设施有提高、经济有发展、生态有改善",灾区基本生活条件和经济社会发展水平总体达到或超过灾前水平,向历史和人民交出一份合格答卷。

灾后四川依然美丽，今日天府处处生机。我们坚信，有党中央、国务院的坚强领导，有亿万同胞和国际友人的巨大关怀，更加美好的四川一定会展现在世界面前！

中共四川省委 四川省人民政府
××××年×月××日

【评析】

这篇感谢信首先表达对逝者的哀悼，接着叙述感谢的对象和事迹，对对方品德的赞扬和己方的感激、感谢之情。接着描述在全社会的帮助之下，灾区重建工作的具体进展。最后表明对重建天府的决心和态度。通篇用语洋溢着感激之情，情感真挚。

【例文2】

表 扬 信

海南省外办、海南大学：

4月13～15日，金砖国家领导人第三次会晤、博鳌亚洲论坛第十次年会在海南召开。海南大学旅游学院2009级学生鲍玲玲、诸燕，经济与管理学院2009级学生李雅雯作为志愿者参与了我组有关会务筹备工作。

鲍玲玲、诸燕、李雅雯三名同学在工作中表现出了良好的个人素质，展现了当代大学生的精神风貌。她们服从领导指挥，工作积极主动，承担了大量外联和文字处理工作，任劳任怨，经常加班至半夜。三位同学均具有较好的政治素质、综合协调和办事能力，为金砖国家、博鳌论坛活动的顺利开展作出了自己的贡献。特予表扬。

同时，对海南省外办、海南大学对我组工作的大力支持表示衷心感谢！

金砖国家领导人第三次会晤、博鳌亚洲论坛三亚会务组
二〇一一年四月十六日

【评析】

这是表扬志愿者工作的一封书信。开篇书写表扬信的背景和表扬的个人。第二段简要描述体被表扬者的具体事迹。最后对先进个人所在单位表示感谢。全文篇幅简短，语言精练。

【例文3】

慰 问 信

亲爱的志愿者朋友们：

你们好！

举世瞩目的第26届世界大学生夏季运动会即将开幕，全市人民都在为办好大运、提升城市、建设美好家园而辛勤工作。在这座城市，到处可见志愿者灿烂的微笑。你们冒着酷暑，在

场馆、在车站、在地铁、在社区,在整个城市传递爱心、挥洒汗水;你们辛勤劳动、优质服务、热心公益、无私奉献的精神,感动着深圳每一个人。市委市政府感谢你们,全市人民感谢你们!

志愿服务是一项源自心灵的行动。也许你们的岗位很平凡,但你们每一个甜蜜的微笑、每一句温暖的话语、每一次的奉献和服务,都将触发温馨的心灵共鸣、奏响动人的心灵乐章。城市因你们更美丽、社会因你们更文明,你们让志愿服务成为一种时代风尚和潮流。深圳以你们为傲!

即将到来的大运盛会,不仅是各国各地区运动员展示风采的舞台,也是深圳志愿者闪耀光芒的机会。希望大家继续弘扬崇高的志愿者精神,在服务各国各地区运动员、服务赛事运行、服务海内外来宾的过程中,充分展现深圳人热情有礼、文明开放的风貌,为这座城市增添新的光彩。

送人玫瑰、手有余香。志愿服务意味着奉献和付出,也是一种历练和收获。只要你们立志奉献、勇于坚持,就能增添宝贵的经历、丰富美好的人生,就能从无私付出中获得无价的回报。

在未来的道路上,我们将一如既往,与你们同行,分担你们的艰辛,分享你们的荣耀。让全社会都来关爱志愿者、支持志愿者,让更多的人都来参与志愿服务,让深圳成为一座令人景仰、受人尊敬的"志愿者之城",让这座青春的城市不断绽放出"不一样的精彩"!

中共深圳市委书记　王　荣
深圳市人民政府市长　许　勤
2011年7月25日

【评析】

该文是深圳市政府对大运会志愿者发出的慰问信。首先,是志愿工作的具体情况和深圳市政府及所代表的全市人民对志愿者的感谢、赞扬、慰问之情;其次,是对志愿者工作的肯定和志愿工作积极意义的概述;最后,向全社会提出加入到志愿者的队伍的希望。全文热情洋溢,赞美之情溢于言表,感召力强,充分体现了深圳政府对志愿工作的支持。

【例文4】

致全国青联十一届全委会和全国学联二十五大的贺信

青年朋友们:

值此中华全国青年联合会第十一届委员会全体会议和中华全国学生联合会第二十五次代表大会开幕之际,我代表党中央,向大会的召开表示热烈的祝贺,向全国各族青年和青年学生、向广大海外中华青年表示诚挚的问候!

这些年来,在党的坚强领导和共青团帮助指导下,各级青联和学联组织高举爱国主义和社会主义旗帜,紧紧围绕党和国家工作大局,充分发挥各自优势,在团结、组织、引导、服务青年和青年学生方面做了大量富有成效的工作。广大青年和青年学生意气风发投身改革开放和社主义现代化建设,以炽热的爱国情怀和可贵的奉献精神,为推动科学发展、促进社会和谐作出了重要贡献。实践充分证明,广大青年和青年学生确实是堪当重任、大有希望的一代。

我们国家正处在全面建设小康社会、加快推进社会主义现代化的关键时期。希望广大青年和青年学生自觉担负起时代赋予的光荣使命,以坚定远大的理想励志前行,以孜孜不倦的精神求索新知,以高尚美好的情操培育品德,以锐意创新的激情投身实践,以艰苦扎实的奋斗成就人生,不断创造新的青春业绩,为实现中华民族伟大复兴而奋发努力。

希望青联和学联组织顺应形势发展,贴近青年实际,拓展工作领域,创新活动方式,不断增强工作的感召力和影响力,进一步把广大青年和青年学生团结在党和政府周围。

我们党历来把事业发展的希望寄托于青年。各级党委和政府务必高度重视青年和青年工作,采取更加有力的措施,为广大青年和青年学生健康成长、干事创业提供有利条件,更好发挥他们在全面建设小康社会、坚持和发展中国特色社会主义中的重要作用。

最后,祝大会取得圆满成功!

胡锦涛

二〇一〇年八月二十三日

【评析】
该文是格式规范、具有借鉴意义的一封贺信。正文表达了祝贺的缘由,继而褒扬对方的优良传统和作风,评述了对方取得的成绩,最后提出殷切的希望并祝大会圆满成功。全文层次清楚,文字准确。

第四节　欢迎词　欢送词

一、欢迎词

(一)欢迎词的含义

欢迎词是机关、团体、企事业单位在迎接宾客的仪式、大型集会和宴会上对宾客的光临表示热烈欢迎的一种礼仪性文书。

(二)欢迎词的格式和写法

1. 欢迎词的格式

欢迎词的格式(包括)标题、称谓、正文和结尾四个部分。

2. 欢迎词的写法

(1)标题

一般由致词人、致词场合和文种三个要素组成,如《×××在×××宴会上的欢迎词》,有时也可省略致词人和致词场合,直接居中写"欢迎词"三个字。

(2) 称谓

即对欢迎对象的称呼。称谓要使用全称,并把所有宾客都包括进去,称谓前可加"尊敬的""敬爱的"等修饰词,以显庄重和尊敬,后可加"先生""女士"之类的称谓。称谓应在标题下一行顶格写,后加冒号。

(3) 正文

首先对宾客的来临表示热烈的欢迎。接下来的主体部分,应根据实际情况书写欢迎内容。一般先交代致词人在何种情境下,代表谁,向来宾表示欢迎,接着写宾客来访的目的、意义和作用,并回顾双方交往的历史和友谊,突出双方合作的成果,对对方的贡献予以赞扬,继而表示继续加强合作的意愿、希望和信心。

(4) 结尾

结尾部分对宾客的到来再一次表示欢迎,还可加"祝大会取得圆满成功""祝各位身体健康"等一些表示祝愿的话。

(5) 落款

在正文的右下方,签署致词机关的名称、致词人的姓名,并署上日期。如标题中已写明,则此处不必再落款。

(三) 欢迎词写作的注意事项

1. 语气谦恭、委婉

欢迎词是社交活动中主人对宾客表示欢迎的一种文书,从中可体现出主人的社交修养和风度,鲜明表现出主人的谦恭和恭敬,并有利于增强双方的合作关系。即使双方在交往过程中存在分歧,欢迎词在表达主人原则、立场时绝不能直来直去,应力求表达巧妙、含蓄委婉,在不伤害对方感情的基础上表达自己的立场,以便双方的交往与合作继续保持和发展。

2. 语言简练、恳切

欢迎词要以简明扼要的语言充分表达对来宾的欢迎之意,既有礼貌又不失分寸,既尊重对方又不卑不亢。

3. 便于朗读和演说

欢迎词大都用于宴会、会议等场合,因而语言应便于朗读和演说,又要切合实际。

二、欢送词

(一) 欢送词的含义

欢送词是在欢送宾客的仪式、集会和宴会上主人对宾客即将离去表示热诚欢送的一种礼仪文书。多在会议结束、学生毕业、演出结束等场合应用。

(二)欢送词的格式和写法

1. 欢送词的格式

欢送词由标题、称谓、正文、结尾和落款五部分组成。

2. 欢送词的写法

(1)标题

与欢迎词大体相同,只需将"欢迎词"改成"欢送词"。

(2)称谓

与欢迎词写法相同。

(3)正文

开头直接表达欢送之意。正文对来宾访问成功和会谈成功表示祝贺和感谢,对访问的成果、收获和产生的意义、影响进行总结和概括,然后表示进一步加强合作的意愿。

(4)结尾

表达对宾客的惜别之情,并表示对再次来访的期待并祝愿一路顺风。

(5)落款

与欢迎词写法相同。

(三)欢送词的写作注意事项

与欢迎词基本相同。

例文评析

【例文1】

欢 迎 词

胡锦涛主席阁下、梅德韦杰夫总统阁下、祖马总统阁下、金滉植首相阁下、萨帕特罗首相阁下、阿扎罗夫首相阁下,各位来宾和朋友们:

我谨代表博鳌亚洲论坛,对所有从亚洲和世界各地前来参加这次会议的政府、经济界、学术界和媒体界的各位领导表示由衷的欢迎。

今年年会的主题是"包容性发展"。现在在世界经济当中,很多国家还处于低迷状态,有着前途缥缈等不确定因素。反而最近中国等亚洲国家的经济发展非常显著,常常成为人们的话题。尽管如此,在亚洲,随着国内生产总值的增长,人们的目光也开始转向经济发展的质量。

众所周知,即便在经济发展显著的中国,国家主席胡锦涛也提倡将要实现平衡的和谐社会。同时,温家宝总理在最近的"两会"的政府报告当中,也多次强调发展的内容至关重要。去年11月份,在横滨举行的亚太经合组织首脑会上,各国首脑对发展战略达成了共识,那就是经济发展应该是平衡的、包容性的、可持续性的、有创意的和安全的。如果这些概念得不到落实的话,任何一个战略最终只不过是纸上谈兵。从这个角度来讲,这次我们论坛的主题"包容性发展"非常适时。在这个论坛上,我们希望不仅倾听社会、官方及各位的见解,而且也要寻找民间人士的见解,彼此分享智慧。借此机会,我想就最近日本特大地震和海啸说两句。在最近的地震和海啸之后,我们收到了来自世界各国的各种支援,中国政府也在第一时间表示提供各种支援的意愿。对此,我谨代表日本对此表示感谢。来自包括中国和美国在内的世界各国支援日本,连日本也有报道,对从事救灾的人们给予很大鼓励。这次日本地震海啸造成另外一个灾难,也就是福田第一核电站的事故,我们正在继续解决这个问题。这次不仅令周边国家,而且令整个国际社会非常担忧,对此我表示遗憾。现在断定结论为时尚早,但我个人认为我们不应该因为这一次事故就一下子放弃所有核电站,这样的想法目光比较短浅。但是,我认为至少重新考虑核电站的安全标准是今后不可回避的大问题。

自2002年第一次年会以来已经历经了十年,如今它已经成为世界著名的经济论坛之一,我对到今天一直培养这个论坛的各位表示由衷感谢。我希望借此机会各位能够享受与老朋友再会的快乐,或者能够认识新的朋友。

祝此次会议取得圆满成功。

福田康夫
二〇一一年四月十五日

【评析】

这是一篇欢迎词。内容分为四个部分。其一,对客人表示热烈地欢迎;其二,明确交代此次会议的主题;其三,这封欢迎词的特殊之处在于它是福田康夫在日本地震、海啸和核泄漏之后的致辞,在不影响整篇欢迎词主题和结构的基础之上,福田康夫对各国的援助表示感谢,并就此问题提出合理的建议;最后,写祝颂语。言辞情真意切,友善礼貌,营造出一种友好的气氛。

【例文2】

北京奥运会欢送词

女士们,先生们:

第29届北京奥运会,历时14天,通过奥运会各国与会代表的共同努力,顺利地完成既定的各项议程,即将圆满结束了。

本届奥运会,规模较大、范围较广。层次较高,在世界奥运会体育学术的交流中是空前的,也是少有的。它反映了世界有识之士的共同愿望——和平,符合世界各国人民的共同利益。

通过本届奥运会,世界更多地了解了中国,中国更多地了解了世界,来自204个国家和地区奥委会的运动健儿们在光彩夺目的场馆里同场竞技,用他们的精湛技艺博得了我们的赞叹。新的奥运明星诞生了,往日的奥运明星又一次带来惊喜,我们分享他们的欢笑和泪水,我们钦佩他们的才能与风采,我们将长久铭记再次见证的辉煌成就。

这届奥运会,得到了世界各国和各级领导部门的关心和帮助,得到了广大作家和文学工作者的合作和支持。我谨代表奥运会的领导集体,对世界各国和主办城市奥运会的热爱者的光临指导,表示亲切的感谢和敬意;向出席本届奥运会并为盛会竭尽心智的全体代表,向新闻界以及所有为盛会召开付出辛勤劳动的工作人员表示衷心感谢!

　　我们这次盛会,围绕着奥运精神,展现了各项技艺,创造了很多新的纪录,为振兴体育、创奥运辉煌的宏伟目标而奠基。

　　女士们、先生们,昨天已经过去,让我们携起手来,在奥委会的领导下,高举和平理论的伟大旗帜,紧紧团结互助,坚持为人民健身服务,弘扬体育的主旋律,提倡多样化,注重思想与艺术性和平统一。努力学习、勇于开拓、勤奋创新、锐意进取、满怀信心地迎接2012年第30届奥运会新纪元的到来!

　　最后,祝愿世界体育教育事业共同发展,祝与会代表身体健康、万事如意!

致词人:×××
二〇〇八年八月二十四

【评析】

　　这是一篇北京奥运会结束之后的欢送词。先对本次奥运会的成功召开进行总结,接着写本届奥运会的情况和中国的收获,并对关心和支持本次奥运会的世界各国和领导部门表示感谢,最后写东道主的希望和要求及对下届奥运会的期待。全文用语适当,语言精练,感情真挚、诚恳。

第五节　请柬　邀请书　申请书　聘书

一、请柬

(一)请柬的含义

　　请柬也称请帖,是组织或个人邀请有关人员参加某些重要活动时发出的一种告知性文书。它是人际交往中的一种常用礼仪信函。多用于联谊会,友好交往的各种纪念活动、婚宴和诞辰,一般不用邮寄的方式。有的请柬会附带入场券,有的请柬本身即是入场的凭证。

(二)请柬的特点

　1. **礼仪性**

　　请柬是为了盛情邀请对方而发出的,表现出对被邀请者的敬重、礼貌和热情,也表示出邀请者对相关活动的郑重态度。因此,请柬在语言上多采用礼节性语言,不用口语、俗语。

　2. **简练性**

　　请柬不同于普通信函,可畅所欲言,它只能在一张卡片的一面或两面的篇幅上发挥,因此,请柬的篇幅宜简短,文字宜简洁,说清事情即可。

3. 公开性

请柬内容一般是公开的,是允许被邀请人以外的人看的,因此,公开发送。在请人托带时,信封常常是不封口的。

4. 美观性

为了表示对活动的重视,请柬大多用有一定厚度、质地优良的纸做成,且装帧美观、精致,看起来像一件工艺品。

5. 时效性

请柬是为了某个活动、仪式制作的,过了活动时间,请柬就失去了意义。

(三)请柬的格式和写法

1. 请柬的格式

请柬的格式包括封面、称呼、正文、结尾、落款和附言六部分组成。

2. 请柬的写法

(1)封面

封面有横、竖两种。居中写"请柬"或"请帖"二字,且多用美术字或手写体,还有的加绘画、烫金等作装饰,使其美观。

(2)称呼

第一行顶格写被邀请单位名称或个人姓名,后面加冒号。如邀请人是个人,在姓名后多加其职务或职称,如"×××局长""×××教授"等尊称,也可写"×××女士/先生"等。

(3)正文

另起一行空两格写起,一般用"兹定于""谨定于"等开头,接着写明邀请缘由、活动内容、时间、地点及注意事项等。

(4)结尾

紧接着正文写或换行顶格写表示敬意和邀请的礼貌性用语,如"敬请届时莅临""恭候光临"等。

(5)落款

在结尾右下方写上邀请单位的名称(加盖公章)或邀请人姓名,署名下方写上请柬发出的年、月、日。

(6)附言

根据具体情况,有的请柬需要确定对方能否应邀,还要写上"能否应邀希早日回复""能否前往请回电"等;有的邀请客人观看文艺演出,应在落款后左侧另起一行空两格写上"附入场券××张",限定人数的,"每柬××人"等字样。

（四）请柬的写作注意事项

1. 交代信息准确

活动所涉及的时间、地点、被邀请者的姓名及头衔等关键性词语，一定要核查清楚，做到准确无误。

2. 措辞简明、得体

请柬是一种告知性很强的文书，但内容简短，所以要语言明白、确切，不使对方发生歧义，又要态度诚恳。字里行间要时刻注意传递出尊重的态度。

3. 精心制作请柬

如手写，字体要端庄、郑重，不可潦草，用黑水笔或毛笔书写，不可用铅笔、圆珠笔。

二、邀请书

（一）邀请书的含义

邀请书是行政机关、企事业单位、社会团体或个人邀请有关单位和个人前往某地参加某项活动时所使用的一种专用书信。邀请书的内容较复杂，除了请柬交代的内容外，还要向被邀请者交代有关需要做的事情，所以通常是写在信纸上的。

（二）邀请书的格式和写法

1. 邀请书的格式

邀请书的写作格式包括标题、称呼、正文、结尾和落款五部分组成。

2. 邀请书的写法

（1）标题

邀请书的标题一般有两种写法：一是由发文缘由和文种组成。如《关于出席亚太经济发展会议的邀请书》；二是单独由文种组成，如《邀请书》《邀请信》。第一行居中写，字体稍大。

（2）称呼

标题下一行顶格写被邀请单位名称或个人姓名，后加冒号。

（3）正文

一般将举办活动的目的、内容、背景、时间、地点及相关事宜等交代清楚。出席相关会议的邀请书，还要写明报名的方式、收费标准及联系人的姓名和电话，需要被邀请者准备和携带的材料、物品及相关事项等也应在正文中写清。

（4）结尾

通常以"敬请莅临""恳请光临""致以敬意"等礼节性用语结尾。

（5）落款

邀请书的落款要署上发文单位名称或个人姓名和日期两项，以单位名义发出的邀请书加盖公章，以示郑重。

（三）邀请书的写作注意事项

1. 叙述详尽

邀请书是被邀请人进行必要准备的依据，所以各事项要在邀请书上详细的显示出来，使邀请对象可以有备而来，也使主办方少些不必要的麻烦。

2. 用语得体

邀请书在用词上一定要讲求礼貌，因为邀请书带有几分请求、商量的意思。此外，用语还要热情、诚恳、清楚，不可故作高深，给人以虚而不实之感。

3. 提前发送

要根据被邀请人与活动举办地距离的远近，给对方留出充足的时间进行准备工作，使对方对各项事务有一个充分的安排，而不会由于时间的问题而无法应邀前往。

三、申请书

（一）申请书的含义和分类

1. 申请书的含义

申请书是个人或集体因为某种需要向领导或相关部门表达自己的愿望，提出请求时而使用的一种专用书信。

2. 申请书的分类

根据申请的内容，申请书大致可分为以下三类：

（1）申请加入某组织的申请书

这是个人申请要求加入某一党派、社会团体而写的申请书，如《入党申请书》《入团申请书》等等。

（2）申请解决问题的申请书

这是向相关组织或部门提出要解决某问题而写的申请书。例如《调动工作申请书》《继续深造申请书》等等。

（3）申请获得某种权力或批准的申请书

这是向组织或相关部门提出得到某种权力或者请求批准某一项目而写的申请书。如《专利申请书》《离职申请书》等。

（二）申请书的作用

申请书的使用范围非常广泛，个人和集体都可以通过申请书来表达愿望，如个人入团、入党、申请科研项目；单位的某些事务需要得到上级部门的批准；个人或单位有特殊困难，需要得到相关部门帮助解决。这些事项，都可以以申请书的形式提出。

(三)申请书的格式和写法

1. 申请书的格式

申请书和其他专用书信的格式大体相同,通常包括标题、称呼、正文、结尾和落款五大部分。

2. 申请书的写法

(1)标题

标题通常有两种写法。一是直接居中在首行写上"申请书"三个字。二是根据申请的事项写明事由,在申请书首行居中写"×××申请书",如《入党申请书》。字体都略大于正文。

(2)称呼

标题下一行顶格写接受申请的组织名称或个人姓名,组织的名称要用全称或者规范化的简称,如"×××校长""×××工商局"等。

(3)正文

正文的中心内容主要包括三项内容:即申请的理由、申请的具体事项及要求和申请人的态度。首先,要明确提出充分、正当的申请理由。其次,简明列出要申请的事项,重点突出。最后,根据申请事项,申请人要向所申请的组织或领导明确地表明自己的态度,或者提出诚恳的希望。

(4)结尾

结尾可以在正文后另起一行书写,也可以紧接着正文书写。根据申请的具体情况,在结尾写上表祝福或敬意的话,也可以感谢词结尾。如"此致敬礼""请接受我的致谢"等。

(5)落款

在结尾右下方署上申请人的姓名或者单位的名称,名称下面写上提出申请的具体日期。

(四)申请书的写作注意事项

①申请事项明确,态度恳切。申请书中的申请事项要明确、清晰,让接受申请的个人或相关部门一目了然。书写申请书的态度要真挚、诚恳。

②要看准接受申请的对象,根据接受申请书的相关部门或领导的情况来写申请书,对于了解详细情况的部门,申请书则要详写。

四、聘书

(一)聘书的含义

聘书,又称聘请书,是企事业单位聘请有关人员担任某一职务或承担某项工作时所使用的一种书信。聘书是人事管理招聘科学化、合法化的重要表现形式。

(二)聘书的作用

在人才任用过程中,使用聘书可以体现出对受聘人员的尊重之意,也可以增强受聘人员的

荣誉感和责任心。受聘人员还可以利用聘书来向单位证明自己的业务能力和水平。受聘单位也可以利用聘书来权衡受聘者的思想业务情况,并把它作为任用和升降人才的某些依据。

(三)聘书的格式和写法

1. 聘书的格式

聘书的格式包括标题、称呼、正文、结尾和落款几部分组成。

2. 聘书的写法

(1)标题

第一行居中写"聘书"或"聘请书",字体略大于正文。带有封皮印刷制的聘书,将"聘书"字样印在封皮上。

(2)称呼

在标题下一行顶格写受聘者的姓名,在姓名后经常加"×××先生""×××女士"等称谓,后加冒号。有时也将称呼置于正文之中,而省略称呼。

(3)正文

要写明聘请的原因,所担任的职务或所从事的工作等内容,有的聘书还要写明对被聘者的要求、工作的具体内容、工作量、待遇等。

(4)结尾

在正文下一行空两格以"此聘""此致敬礼"等字样结尾。

(5)落款

在右下方署明聘请单位的全称,下面写明日期并加盖公章。

(四)聘书的写作注意事项

①内容概括,篇幅短小。书写聘书时,一定要高度概括,用简明、扼要的文字交代清楚聘请谁、聘请缘由、被聘者的主要工作及相关的希望、要求等,最大限度地缩减行文的篇幅。

②书写态度得体。聘书是聘请有关人员担任某一职务或承担某项工作,由此看来,是求得别人的帮助,因此,措辞要体现出礼貌,语气则要庄重恭敬,但又不能过于祈求,甚至全篇堆积着客套话语。

③在行文中要给对方一个限定的答复时间,以免无限期地拖下去,影响己方工作的开展。

例文评析

【例文1】

请　束

×××女士/先生:

　　兹定于9月12日晚7:00-9:00在市政协礼堂举行中秋茶话会,届时敬请光临。

　　此致

敬礼

×× 市政治协商会
×× 年九月十日

【评析】

这是一份茶话会的请柬，用语礼貌恭敬，时间、地点交代准确。

【例文 2】

请　柬

×× 电视台：

兹定于五月四日晚八时整，在 ×× 大学学习堂举行"五四"青年诗歌朗诵会，届时恭请贵台派记者光临。

×× 大学团委会
二○一一年五月二日

【评析】

这是一份邀请记者到大学参加诗歌朗诵的请柬，写清了朗诵会召开的时间、地点、事项。

【例文 3】

2010 上海世博会"文化中国 · 智慧城市"全球论坛邀请书

致尊敬的企业领导：

　　您好！

　　2010 上海世博会，是首次在中国举办的规模最大的世界性博览盛会，有 240 多个国家和国际组织参展，预计在 6 个月的展出时间内将吸引超过 1 亿人次的游客参观，必将像北京奥运会一样，缔造出中国的、也是世界的奇迹。

　　借助 2010 上海世博会的全球平台，由我会作为主办方之一的"文化中国·智慧城市"全球论坛将同期举行。举办该论坛的宗旨，是在一个地球、一个联合国的大背景下，营造世界一家的国际交流环境，让世界上不同国家、不同种族、不同语言、不同肤色的人们都来关心与人类生活息息相关的历史文化传承和未来城市发展，分享经验、总结教训，共同探寻人类赖以生存的多位空间和城市可持续发展路径，描绘更加美好的明天。

　　该论坛定位：世博搭台，城市唱戏；国际视野，政府参与。论坛主题："文化中国·智慧城市"——创新型国家未来城市发展的文化传承和科技支撑。

　　论坛时间：2010 年 6 月 12 日至 18 日

　　论坛地点：上海世博会联合国馆

论坛优势：

1. 与世博会同期举办，参加人数多，综合规模大，媒体曝光度高。

2. 联合国关注。联合国多个组织参与其中，分享城市建设经验，对于发展中的中国城市具有特殊意义。

3. 政府支持。国务院相关部委指导，城市政府部门、行业协会主办、协办，各级领导出席支持。

4. 群英汇聚。论坛汇聚政界、商界、知识界、新闻界知名人士，交流经验，探讨问题，既是资源整合的高端平台，也是品牌传播的最佳时机。

5. 媒体密集。国内外高端媒体轮番跟进、全程推介、密集报道，势将营造出中国文化和城市未来的饕餮盛宴。

在此，中国华夏文化遗产基金会向您发出邀请，请您赞助、支持、参与此次论坛活动，我基金会可以如下方式回报：

企业冠名；

共同主办方；

独家协办；

特别鸣谢单位；

战略协作伙伴等。

贵企业若有兴趣参加此次论坛活动，请及时联系我们，进一步商谈具体合作事宜。

衷心感谢您的大力支持！

联系人：苏添欣　萧尧

传真：(+00)8610-58156230-618

办公室电话：(+00)8610-58156230/6231/3232/6233

电子邮件：postmaster@cchfound.org　unterricht@163.com

中国华夏文化遗产基金会

二〇一〇年五月五日于北京

【评析】

例文3是一份邀请企业领导参加论坛的邀请书，因而措辞带有与论坛性质相关的适应性。而且邀请书正文中介绍了论坛的大致内容，使被邀请的参会者大致了解论坛的目的、意义，从而决定是否参加此次论坛。此外，论坛举行的具体时间和地点交代清楚，用语庄重、礼貌。

【例文4】

申 请 书

××教育局：

　　我是原杏花中学校长，从事教育40余年，现已正式退休。在有生之年为了能发挥自己的最后一丝余热，准备开办一所私立学校。

　　在从事教育工作的几十年间，我积累了很多教学和管理经验，并且希望这些经验能够继续发挥作用。另外，××区人口密集，学校相对较少，开办学校对缓解当前适龄儿童升学压力有一定的作用。我已准备好开办学校所需资金和其他设施，师资均为各名校退休的骨干教师。

　　如获批准，我将以最大的激情投入到工作中，严格管理，按章收费，认真负责，争取为教育事业多作贡献！

　　请贵局根据现实情况和本人申请，通过对本方案和学校各方面的考核，批准我的申请。

　　此致
敬礼

申请人：李××
二〇一一年五月十日

【评析】

　　这是一份申请成立一所私立学校的申请书，全文申请理由充分，目的明确，语言恳切，值得借鉴。

【例文5】

聘 书

×××同学：

　　兹聘你为×××大学2010～2011年度社团联合会主席。

　　敬希应聘。

×××大学
二〇一〇年十月十日

【评析】

　　这是一封聘书，格式准确，用语礼貌、简明。

第六节 倡议书 公开信

一、倡议书

（一）倡议书的含义

倡议书是以组织或个人联合的名义，为开展或推动某项活动或事业，向社会有关方面首先公开提出，带有号召性的一种文体。倡议书的发送范围十分广泛，倡议的对象通常是一个部门、一个地区、一个系统，甚至向全国发出倡议。它可以由电视台、广播电台播发，也可以在报刊上刊登或通过网络传播。

（二）倡议书的作用

倡议书虽然没有强制性，但却有着特殊的价值和作用。倡议的最直接目的是得到别人的响应，倡议的事项大部分是新生的事物或长期搁置但又急需启动的事情，通过倡议书阐明事项的重要性和必备性，从而进一步加深人们对某项活动或事业的理解、认识和支持、响应，在更大范围内调动群众的积极性和参与性，推动这一活动或事业的发展。

（三）倡议书的格式和写法

1. 倡议书的格式

倡议书由标题、称呼、正文和落款四部分组成。

2. 倡议书的写法

（1）标题

倡议书的标题有三种写法：一是在首行居中写"倡议书"三个字；二是由发出倡议的机关（单位）名称、事由和文种（倡议书）组成，如《教育部、中国文字改革委员会等十五单位关于大家都来说普通话的倡议书》；三是以概括的倡议内容或明确的倡议对象做标题，如《"植树造林·绿化祖国"倡议书》《致全国基层党组织和党务工作者倡议书》。

（2）称呼

标题下一行顶格写倡议对象的名称。称呼应明确界限和范围，口气既庄重又亲切，如"全校广大教职工""全市人民"等。

（3）正文

倡议书的正文首先写明发出倡议的根据、原因、意义和所要达到的目的，使倡议的对象了解行文的缘由和必要性，明确行动的方向和目标。此部分的书写要简明概括，切忌离题较远。其次，详细写明倡议的具体内容和要求做到的具体事项。通常要分条或分段写，从几个方面提出各自的具体要求，便于倡议对象理解和付诸行动。最后，表明倡议者的决心、希望和建议。

(4)落款

在正文的右下侧写明发出倡议的单位名称和具体日期。

(四)倡议书的写作注意事项

1. 内容具有时代性和可行性

倡议书所倡导的内容一般反映了党和国家或者本地区、本单位当下的中心工作,具有很强的时代性,因此在撰写时必须紧密结合当前形势以及党和国家的方针政策,紧扣时代脉搏,提出相应的倡议事项,这样,才能使倡议对象容易接受。此外,倡议书所倡议的内容也应该是人们十分关心的事情,所以提出的要求和条件要具有可行性。

2. 语言具有号召性和感染力

倡议书对接受者而言没有任何强制约束力,完全靠其自觉的意识和行为。因此,倡议书的语言要富有感染力和号召力,起到一种带动、宣传和鼓励的作用,激发他们以满腔的热情积极投身到所倡议的活动中去,实现倡议的目标。

3. 发布方式具有公开性和群众性

为了扩大影响、广泛宣传,倡议书应公开张贴、广播,或在一定范围的领导、干部、群众会议活动上宣读,以便让更多人知道倡议书的内容。

二、公开信

(一)公开信的含义

公开信是党和国家的某一机关、部门,或是党和国家直接领导的人民团体向人民群众或某一特定范围的人员宣布政策或对某一重大问题阐明观点、原则,并号召予以落实的具有广泛宣传性的一种专用书信。

(二)公开信的格式和写法

1. 公开信的格式

公开信一般由标题、称呼、正文和落款四部分组成。

2. 公开信的写法

(1)标题

公开信的标题包括发信机关或单位的名称、主要内容、授信对象和文种四部分组成,如《中共中央关于控制我国人口增长问题致全体共产党员和共青团员的公开信》。一般情况下,省略主要内容,由单位名称、授信者和文种三要素组成,如《中国女足致全国球迷的公开信》。最简单的只标示文种,即"公开信"三个字,首行居中书写,字体稍大。

(2)称呼

标题下顶格写公开信的发送对象,并在后面加冒号。

（3）正文

公开信的正文部分首先要简明扼要地阐述发信的背景、缘由或所涉及内容事项的重要意义及迫切性等，其次交代具体相关内容的经过和产生的结果，或者针对某个问题所应采取的办法和措施，最后向有关人员提出希望或要求。

（4）落款

在正文右下方署上发信机关或单位名称及发信日期。

（三）公开信的写作注意事项

1. 内容的针对性

公开信所发布的内容必须是群众所普遍关注而且还是因各种原因没解决好的问题，所以写作时要做到问题真、观点新。

2. 发布形式恰当

公开信虽然是发给相关的对象，但内容通常具有普遍的指导意义或是全局性的倡导意义。所以发布形式比较广泛，可以张贴，也可以通过报刊发表，还可以通过广播、电视或网络的形式传播，以达到最佳效果。

例文评析

【例文1】

西南干旱灾害地区救灾捐献倡议书

全国的企业家朋友们：

当前，我国西南地区因气候异常，降水持续偏少，广西、重庆、四川、贵州、云南等五省市区正遭受着最为严重的特大干旱，这是我国目前面临的最严重的自然灾害，水库露底、河水断流、农田龟裂、水井干涸，其中云南、广西的部分地区的旱情已达到特大干旱等级，部分地区旱情甚至百年一遇。

本次西南地区干旱发生范围之广、历时之长、程度之深、损失之重，在西南地区历史同期少有，给城乡居民饮水安全带来较大困难，给工农业生产特别是已经到来的春耕生产造成极大威胁，损失十分严重。

灾情发生后，党中央、国务院高度关注，党和国家领导人多次作出重要批示和指示，对灾区人民生产生活和抗旱减灾工作给予了极大的关怀、支持和鼓舞，国家各有关部门和灾区各级党委、政府迅速行动，及时组织开展了有效的抗旱减灾工作。广大灾区群众不等不靠，努力开展生产自救，最大限度地减轻灾害损失和影响，干旱灾区抗旱救灾工作取得了初步成效。

然而，由于近期灾区旱情仍将持续发展、蔓延，灾情仍在进一步加深、加重，灾区群众的生产生活遇到了严重的困难，抗旱形势异常严峻。与此同时，新疆的融雪灾害也牵动着全国人民的心。

我认为,这就是当前我们面临的一场国难,考验我们企业家社会责任感的时候到了。我们作为有良知的企业家,就应该为党和政府分担重任,为人民群众解决困难。为此,我倡议所有有爱心的企业家,一定要充分发扬中华民族"一方有难,八方支援"的传统美德,积极关注灾区灾情,伸出热情援助之手,慷慨解囊。在这个时候,我提议,应该把2009年,至少把2009年净利润的50%以上拿出来,购买矿泉水捐往干旱灾区,帮助受灾地区人民群众共克时艰。

希望大家有钱出钱,有力出力,踊跃捐献。这两天,我已经购买了3 000吨矿泉水,计划通过南京市光彩促进会向云南灾区捐赠1 000吨;通过南京市总工会向贵州灾区捐赠1 000吨;通过江苏省慈善总会向广西灾区捐赠1 000吨。大力营造捐献生命之水的氛围,吸引更多社会人士奉献爱心。

同时,我还算了一笔账,这3 000吨矿泉水折合300万公斤,按每瓶0.5公斤计算,有600万瓶,按载重量15吨的卡车装载的话,要2万车。按人体每天摄入的饮用水为2.5公斤来算,这3 000吨水可解决120万人亟待解决的日常饮水问题。

颗颗爱心将化作充足的水源流向龟裂的土地,我们的每份捐助将化为股股清澈的甘泉,滋润灾区人民的心田。相信我们的捐赠会给灾区群众送去战胜灾害的信心和力量,我们的付出必将换得灾区群众的微笑,微笑里涌满清澈的泪花……

让我们携手同心、众志成城,与受灾群众一起共渡难关,早日夺取抗旱救灾的胜利!

倡议人:×××
二〇一〇年三月二十三日

【评析】

这是一封企业家陈光标发出的号召其他企业家为西南特大干旱地区捐款、捐物的倡议书。开篇首先描述倡议内容的具体背景,和全社会对于抗旱所作出的工作;接着对倡议发起号召,提出倡议的具体事项;最后以倡议者的实际行动号召大家奉献爱心,表明倡议者的决心、希望和要求。

【例文2】

360致用户的一封公开信

11月3日,我们与亿万互联网用户一起度过了中国互联网上最惊心动魄的一个不眠夜。360和腾讯之间由产品的争执上升到公司之间的对抗,继而又演变成了互联网用户必须做非此即彼选择的站队大战,这样的局面是任何人都不愿看到的。

11月4日一早,腾讯又召开了一场新闻发布会,这场发布会最终将矛头指向了360公司的产品。对此,我们感到非常遗憾,360公司的安全产品,包括360扣扣保镖的源代码,已经托管到中国信息安全测评中心,随时接受用户监督。同时,360也率先发布了《360用户隐私保护白皮书》,全面讲述了旗下产品的工作原理。对这场旷日持久的争议,360也不愿再将亿万

网民牵涉进去,但我们必须要对腾讯公司的新闻发布会作出两点回应:

第一,360扣扣保镖根本不存在腾讯公司指称的后门程序;

第二,360扣扣保镖根本没有窃取QQ用户隐私信息的软件行为。

在目前的情况下,我们将保持克制,但我们保留以法律手段追究腾讯公司诬蔑360安全产品的权利。

我们始终坚信用户是自己电脑的主人,中国互联网的发展始终是由每一个用户推动的。所以,我们本着为用户负责的精神,决定搁置公司与公司之间的争执。在这里,我们向每一位受这个事件影响的用户表示我们心中的歉意。

我们也在反思:我们推出一款产品,本着从用户出发的精神,希望能为用户创造价值。但是,如果因为各种原因,反而为用户造成了困扰,那我们必须为此承担责任。因此,我们决定召回360扣扣保镖。此举同样也是着眼于用户的利益,希望为用户创造一个安静的、健康的互联网环境,不用再作非此即彼的艰难选择。

同时,我们也愿意让中国互联网尽快恢复平静。我们希望经历过这个不眠之夜的互联网用户以理性、平静的心态对待此次突发事件。而且,我们坚信,是非曲直自有公道,事态平静下来之后再论是非为宜。

360公司
二〇一〇年十一月四日

【评析】

这是一封360公司致所有网民的一封公开信。首先书写发信的缘由和背景;其次具体交代事件的经过和结果,对于出现的问题采取的办法和措施,并向受影响的用户表达歉意;最后提出希望和对事件的最终结果的期待。

第六章
Chapter 6

契据诉讼类文书

第一节 合 同

一、合同的含义及种类

（一）合同的含义

合同是现代民法最重要的法律概念之一,有广义和狭义之分。

广义的合同是指一切以明确权利和义务为内容的协议,它不仅包括民法中的合同,还包括行政法中的行政合同、劳动法中的劳动合同等。

狭义的合同仅指民事合同,即民事主体设立、变更、终止民事权利义务关系的合同。1993年3月15日,我们国家颁布的《中华人民共和国合同法》第二条明文规定:"合同是平等主体的自然人、法人、其他组织之间设立、变更、终止民事权利义务关系的协议。"这一概念也即为狭义的合同概念。

（二）合同的种类

合同从不同的角度有不同的种类。如按时间划分,有长期合同、中期合同、短期合同;按表达形式分,有书面形式的合同和口语形式的合同。但是目前最常见的合同形式就是根据《中华人民共和国合同法》所规定的15种合同:买卖合同,供用电、水、气、热力合同,赠与合同,借款合同,租赁合同,融资租赁合同,承揽合同,建设工程合同,运输合同,技术合同,保管合同,仓储合同,委托合同,行纪合同,居间合同。

1. 买卖合同

指的是出卖人转移标的物的所有权于买受人，买受人支付价款的合同。即当事人将财产交给另一方当事人所有，另一方当事人接收财产，并按约定支付价款而达成的协议。其内容包括：当事人的名称或者姓名和住所，标的，数量，质量，价款，履行期限、地点和方式，包装方式，检验标准，检验方法，结算方式，合同使用的文字，违约责任，解决争议的方法等。

2. 供用电、水、气、热力合同

供用电、水、气、热力合同是供电人、供水人、供气人、供热力人，在一定期限内供给使用人一定种类、品质和数量的电、水、气、热力，而使用人向供方支付费用的合同。其内容包括供电、供水、供气、供热力的方式、质量、时间、容量、地址、性质、计量方式、价格、费用的结算方式，以及设施的维护责任等条款。

3. 赠与合同

赠与合同是赠与人将自己的财产无偿给予受赠人，受赠人表示接受赠与的合同。

4. 借款合同

借款合同指的是借款人向贷款人借款，到期返还借款并支付利息的合同。借款合同的内容包括借款种类、币种、用途、数额、利率、期限和还款方式等条款。

5. 租赁合同

租赁合同是指出租人将租赁物交付承租人使用、收益，承租人支付租金的合同。其内容包括租赁物的名称、数量、用途、租赁期限、租金及其支付期限和方式、租赁物维修等条款。

6. 融资租赁合同

融资租赁合同指的是出租人根据承租人对出卖人、租赁物的选择，向出卖人购买租赁物，提供给承租人使用，承租人支付租金的合同。其内容包括租赁物的名称、数量、规格、技术性能、检验方法、租赁期限、租金构成及其支付期限和方式、币种、租赁期间届满租赁物的归属等条款。

7. 承揽合同

承揽合同指的是承揽人按照定做人的要求完成工作、交付工作成果，定做人给付报酬的合同。承揽包括加工、定做、修理、复制、测试、检验等工作。承揽合同的内容包括承揽的标的、数量、质量、报酬、承揽方式、材料的提供、履行期限、验收标准和方法等条款。

8. 建设工程合同

建设工程合同指的是承包人进行工程建设、发包人支付价款的合同。建设工程合同包括工程勘察、设计、施工合同。建设工程合同应当采用书面形式。

9. 运输合同

运输合同指的是承运人将旅客或者货物从起运点运输到约定地点，旅客、托运人或者收货人支付票款或者运输费用的合同。包括客运和货运。

10. 技术合同

技术合同指的是当事人就技术开发、转让、咨询或者服务订立的确立相互之间权利和义务的合同。技术合同的内容包括：项目名称，标的的内容、范围和要求，履行的计划、进度、期限、地点、地域和方式，技术情报和资料的保密，风险责任的承担，技术成果的归属和收益的分成办法，验收标准和方法，价款、报酬或者使用费及其支付方式，违约金或者损失赔偿的计算方法，解决争议的方法，名词和术语的解释。

11. 保管合同

保管合同指的是保管人保管寄存人交付的保管物，并返还该物的合同。

12. 仓储合同

仓储合同指的是保管人储存存货人交付的仓储物，存货人支付仓储费的合同。

13. 委托合同

委托合同是指委托人和受托人约定，由受托人处理委托人事物的合同。委托合同可以是有偿的，也可以是无偿的。

14. 行纪合同

行纪合同又称信托合同，指的是行纪人以自己的名义为委托人从事贸易活动，委托人支付报酬的合同。

15. 居间合同

居间合同指的是居间人向委托人报告订立合同的机会或者提供订立合同的媒介服务，委托人支付报酬的合同。

二、合同的特点及作用

(一)合同的特点

1. 签订合同的当事人必须具有法律行为能力，法律地位是平等的

签订合同的当事人必须具有法律行为能力，未成年人、精神病患者、或者被剥夺政治权利的人，以及丧失语言思维能力的人是不能作为立约人的。同时，在合同关系中，当事人无地位高低之分，其法律地位是平等的

2. 合同是当事人双方协商一致的结果，其权利和义务是相互的

合同是两个或两个以上当事人协商一致的结果，不是单方的法律行为。只有双方协商一致，明确相互之间的权利和义务时，才能产生相互之间的合同关系。

3. 合同具有法律约束力

依法订立合同后，合同的当事人双方的确立即受法律保护。当事人不依照双方合同约定的条款执行，就要承担相应的法律责任。《中华人民共和国合同法》第八条规定："依法成立的合同，对当事人具有法律约束力。当事人应按照约定履行自己的义务，不得擅自变更或者解除合同。"此外，任何第三者都不得对依法成立的合同关系进行非法干涉和侵害。

（二）合同的作用

① 合同具有法律约束力，能够有效地保护当事人的权利。
② 合同是改善企业经营管理的重要手段。
③ 合同有利于加强经济建设，维护社会经济秩序。

三、合同的格式和写法

日常我们所见到的合同有两种形式：预制式和书写式。

预制式就是根据单位经营的需要预先设计、印刷好的合同文本。

书写式就是当事人双方拟定的书面合同。

合同的格式包括首部、正文、尾部和附件四个部分。

（一）首部

首部包括标题、编号和当事人名称、签订地点和签订时间几项。

1. 标题

合同标题一般采用"合同性质+文种"形式，如"酒店承包合同"，也可以简写为"合同"或"买卖合同"。

标题一般放在合同首页第一行居中用大号字体标明合同名称。

2. 编号

为了便于登记和管理，合同规范文本都具有标准的编号。规范的合同文本其总编号为："GF-××-××××"。其中"GF"是取"国"和"范"字的第一个字母，是"国家示范"的意思，中间的"××"指该合同是何年签订的，后四个"××××"中前两个指的是该合同的种类，其种类的顺序号是由《中华人民共和国合同法》所规定的，后两个则指的是该单位在该年度所签订合同的序号。例如2011年该单位所签订的合同是第一份买卖合同，那么规范的编号即为："GF-11-0101"。

编号一般在标题下一行靠右标注，具体使用中也可根据情况省略编号。

3. 当事人的名称

当事人的名称应该写全称。并在名称后注明"甲方""乙方"，一般以取得标的的一方为甲方，交付标的的一方为乙方。还可写成"买方""卖方"，但不能写成"你方""我方"。

4. 签订时间、地点。

（二）正文

合同的正文部分的写作有三种形式：表格式、条文式、表格条文结合式。

1. 表格式

表格式就是将合同的内容以表格的形式体现出来，当事人在签订合同时只需要按照表格进行填写就可以。一般多用于买卖合同，供用电、水、气、热力合同等。

2. 条文式

条文式合同指的是用说明性或叙述性的文字,将合同的全部内容展现出来。

条文式合同一般适用于赠与合同、租赁合同、融资租赁合同、承揽合同、技术合同、委托合同、行纪合同等。

条文式合同正文部分一般包括开头、主体和结尾三个部分。

（1）开头

合同的开头部分主要用来签订合同的目的、依据、原因和意义等。并且要说明这份合同是当事人双方共同协商后达成的结果。

（2）主体

主体是合同的具体内容的体现。根据《中华人民共和国合同法》第十二条规定:"合同的内容由当事人约定,一般包括以下条款:(一)当事人的名称或者姓名和住址;(二)标的;(三)数量;(四)质量;(五)价款或者报酬;(六)履行期限、地点和方式;(七)违约责任;(八)解决争议的方法。"下面针对几项主要条款的写作进行介绍:

①标的。标的也称标的物,是签订合同当事人双方权利和义务所指向的对象。一般来说,合同的标的通常是货物、货币、劳务、工程项目等等。合同中的标的一定要明确,标的不明确合同就会无法执行,标的是合同必备的基本条款。

②数量和质量。数量和质量是合同标的的具体体现。签订合同时必须明确的标注标的的数量和质量。数量和质量是衡量标的的指标,也是确定权利和义务的尺度,计算价款和酬金的依据。因此在进行数量和质量写作时应注意以下几点:一是项目要完善;二是数字要精确;三是计量单位要明确。这样才能更好地避免合同中的纠纷发生。

③价款或者报酬。价款指的是购买产品、服务或信息等的一方向对方支付的按一定价格计算的货币金额;报酬指的是为设计、施工、承揽加工、运输货物、保管货物等进行劳动服务的一方应得到的对方支付的报酬金额。二者都是以货币的形式来表现的。二者通常由价格、总额和支付方式三部分组成。价款和报酬的条款要符合国家价格管理法规和合同法中的规定。写作这两项时要明确写出货币的币种以及双方约定的价格。

④履行的期限、地点和方式。履行期限指的是当事人各方依据合同规定全面完成自己合同义务的时间。它对双方都是具有约束力的。履行地点指当事人依据合同规定完成自己合同义务所处的场所。履行方式指的是当事人完成合同义务的方法,一般可分为时间法和行为法两个方面。时间法指的是对所承担的义务是一次履行完毕,还是分期履行。行为法指的是当事人交付标的物的方式。

⑤违约责任。违约责任指的是合同当事人一方不履行合同义务或者履行合同义务不符合约定的,应当承担继续履行、采取补救措施或者赔偿损失等违约责任。这是履行合同中不可缺少的条款。在合同的履行过程中,违约现象经常出现,这时承担违约责任的方式有两种:一是支付约定的违约金;二是违约一方如果给对方造成的损失过高的话,就要向对方进行赔偿,缴

纳赔偿金。

⑥解决争议的方法。解决争议的方法指的是在合同中要写明当事人双方所约定的解决争议的方法。或协商解决;或仲裁解决;或通过法院解决。

3. 条文表格结合式

条文表格结合式指的是既在合同中用表格来注明数量、规格、单价等,又用条文式的方式加以说明和补充。

(三) 尾部

尾部一般包括合同的正副本份数,合同的有效期限,当事人双方单位名称,法人代表姓名,签订合同的日期、地点、公章、联系方式以及银行账号等。

(四) 附件

附件部分是对合同条款的补充和说明。附件部分也是合同的共同组成部分,同样具有法律效力。写作时一般把附件附在合同的后面,在正文主体部分后注明附件的名称和份数。如果合同正文中已把相关内容说清楚了,则无需有附件。

四、合同写作的注意事项

1. 合同的内容必须合法

签订合同是当事人双方意愿的体现。签订的合同必须遵守国家的法律,符合国家政策和计划的要求,不得以欺诈、胁迫等手段签订合同。如果合同的内容不符合国家法律规定,那么所签订的合同也视为无效合同。

2. 合同的条款要齐备

合同的主要条款不能缺少,如果缺少的话,那么合同就很难履行,也会带来很多不必要的麻烦。

3. 合同的内容必须具体、准确

在拟写合同时,内容要表达得具体、准确。合同的措辞要严密、简练,没有歧义;合同中出现的条款要清晰,概念要准确。切忌含糊不清,表达不当。合同的内容越是具体详尽越容易履行,而且也会减少不必要的纷争。

4. 合同要做到结构完整、格式规范

我国现在大多数合同都已经有规范的文本,如果已有规范文本,要按照规范的文本格式来写,如果没有规范文本的也要参照规范文本进行,不能标新立异。此外,合同的总价款要用汉字大写,合同的修改处要加盖印章。

例文评析

【例文】

买 卖 合 同

合同号:20080656

甲方:扬天公司

乙方:株洲新浪潮电脑有限公司

甲乙双方本着友好协商,互利互惠的原则达成以下买卖协议,空口无凭,特订立本合同。合同内容如下:

一、甲方向乙方购买电脑 100 台,电脑配置要看下面合同。

二、乙方必须按甲方要求提供甲方所要求配置的电脑,甲方向乙方提供所需要的电脑的配置。

三、合同价值

每台人民币 4 200 元,100 台,共计人民币 42 万元整。

四、电脑配置

处理器	Intel® Celeron™ Processor440
操作系统	正版 WINDOWS XP HOME SP2
内存	512 M
硬盘	160 GB
显示卡	集成高性能显卡
光驱	SATA
显示器	15 英寸液晶显示器
网卡	集成百兆网卡
扩展槽	2PCI+1PCI
键盘	键盘
声卡	集成
主板	INTEL945GC
电源	180 W
机箱	392.4(长)100(宽)328(高)MM
I/O 接口	1 串+1 并+6USB 接口(2 前 4 后)+2 组 Audio+2PS/2
功能特点	1 GB
鼠标	USB 光电鼠标

五、包装及运输：由乙方负责运到甲方办公地点，按市场零售包装。

六、乙方有责任和义务帮助甲方安装和调试，乙方有责任在三年内为甲方提供有限保修及上门服务，具体按中国的电脑保修服务指南的规定执行。

七、验货时间：2008年6月25日

八、交货日期：2008年6月25日

九、付款：本合同成立时甲方先付货款人民币5万元，乙方按甲方要求交货完毕甲方验收无误后甲方3天内向乙方支付货款30万元，乙方帮助甲方安装调试好后，甲方在3天内向乙方付清尾款。

十、违约责任：甲乙双方应严格履行合同，如一方未按合同要求履行相应的责任和义务，由违约方赔偿合同另一方的所有损失，并加付合同金额的20%。

十一、甲应按合同的要求接收货物及按合同要求付款，乙应按时交货并提供合同要求的服务，不能完成按违约处理。

十二、合同未规定之处，由双方协商处理。双方发生冲突，由株洲市仲裁委员会仲裁。

十三、本合同自合同签订后成立。

甲方	乙方
名称：扬天公司	名称：株洲新浪潮电脑公司
法人：××	法人：××
公司电话：0733-8425624	公司电话：0733-8645238
开户行：中国银行株洲市一分行	开户行：中国工商银行株洲总行
账号：××××××××	账号：××××××××
地址：株洲市建设路×号	地址：株洲市建设南路×号
甲方签字：××（盖章）	乙方签字：××（盖章）

××××年×月××日

（引自百度文库）

【评析】

这是一份典型的买卖合同。

标题简明清晰。首项内容只写了当事人双方的单位名称和合同编号，签订地点省略，签订时间在落款处有体现。正文开头部分用简明的文字写出订立合同的目的和原则，语言简练。主体部分采用表格条文结合的方法，将标的、数量、价款、交货时间、地点等列出，一目了然。落款处详细写清了联系方式、地址以及银行账户等信息，便于交接。

第二节 起 诉 状

一、起诉状的含义及种类

（一）起诉状的含义

起诉状也称"诉状"，是指公民或法人认为自己的合法权益受到侵害或者与他人发生纷争时，为了维护自身的权益不受侵害，依照事实和法律，遵照法定程序，向人民法院提起诉讼要求时所使用的文书。

（二）起诉状的种类

根据性质和目的的不同，起诉状主要有三类：民事起诉状、刑事自诉状、行政起诉状。

1. 民事起诉状

这是实用性最强，使用率最高的一种诉状。指的是公民、法人和其他组织认为自己自身的民事权益受到侵害或者是与他人发生争议时，为了维护自身的权益，向人民法院提起民事诉讼时使用的文书。

我国《民事诉讼法》第一百零八条规定，起诉必须符合四个条件：①原告是与本案有直接利害关系的公民、法人和其他组织；②有明确的被告；③有具体的诉讼请求和事实、理由；④属于人民法院受理民事诉讼的范围和受诉人民法院管辖。

2. 刑事自诉状

刑事自诉状是指被害人或者其法定代理人、近亲属，根据法律的规定直接向人民法院控告，要求追究被告人刑事责任时的文书。

自诉是相对公诉而言的。公诉权属于代表国家的人民检察院，自诉权则属于遭受犯罪行为侵害的被害人。我国《刑事诉讼法》第八十八条规定："对于自诉案件，被害人有权向人民法院直接起诉。被害人死亡或者丧失行为能力的，被害人的法定代理人、近亲属有权向人民法院起诉。"

3. 行政起诉状

行政诉讼即所谓的"民告官"。即公民、法人或其他组织认为行政机关作出的行政行为侵犯其合法权益，依据事实和法律，按照法定程序，向人民法院提起行政诉讼时制作并使用的文书。

行政起诉状中由于被告身份的特殊性，所以案件的受理范围有法律的规定性。我国《行政诉讼法》明确规定了受理的8种案件和不受理的4种案件，《最高人民法院关于执行〈中华人民共和国行政诉讼法〉若干问题的解释》又补充规定了5种不属于行政诉讼受理范围的情况。所以当事人如果要提起诉讼时必须先了解清楚，然后再依法提起诉讼。

二、起诉状的特点和作用

（一）起诉状的特点

1. 提起诉讼的直接性

任何公民、法人或其他组织的合法权益受到侵害时,或与他人发生纠纷时,都可以直接向人民法院递交起诉状,从而提起诉讼。

2. 适用范围的特定性

每一种性质的起诉状都只能在一定范围内提起诉讼时适用。如刑事自诉状,主要适用于"告诉才处理"的案件以及人民检察院没有提起公诉等类的刑事案件。

3. 处理案件的民主性和证据性

使用起诉状来维护国家、集体或公民自身的权益,不仅体现了我国社会主义法制的民主原则,同时也有利于人民法院对案件属于原告一方的基本情况、原告的请求事项和诉讼目的有所了解,也就是说,诉状本身就是一种处理案件时的证据。

（二）起诉状的作用

①起诉状能够更好地维护当事人自身的合法权益。
②起诉状是人民法院受理案件,予以立案、审理的根据。
③起诉状本身包含的内容为法院公正合理地处理案件打下基础。
④起诉状是对方当事人应诉答辩的依据。

三、起诉状的格式和写法

起诉状格式分为首部、正文和尾部三个部分。

（一）首部

首部包括标题、当事人的基本情况两个部分。

1. 标题

标题应该居中写明起诉状的性质,如民事起诉状、刑事自诉状、行政起诉状。

2. 当事人的基本情况

如果当事人是公民,应当依次写明当事人的姓名、性别、年龄、民族、职业、工作单位和职务、住址等;如果当事人无诉讼行为能力,那么应注明法定代理人的基本情况;当事人是法人或其他组织的,依次写明当事人的名称、地址、法人姓名、职务、电话、企业性质、工商登记核准号、经营范围和方式、开户银行和账号。

（二）正文

正文是起诉状的核心部分,主要包括诉讼请求、事实与理由、证据和证据来源三个部分。

1. 诉讼请求

诉讼请求指的是原告请求人民法院解决的具体问题,即原告提起诉讼所要达到的目的。如有多项具体请求,可以分条列项地进行表述。

此外,如果是刑事自诉状,要在诉讼请求前面加上"案由"一项,变成了"案由和诉讼请求"。案由即指被告人所犯何罪。

书写诉讼请求时注意以下两点:一是要明确具体。例如,原告要求赔偿经济损失的,要写明赔偿的各项金额数目;二是要合理合法。即提出的诉讼请求要有法律依据,合乎情理。

2. 事实与理由

这是起诉状的主要内容。对能否胜诉起到决定性的作用。写作时,一般是先写事实,再写理由。

事实是提起诉讼,实现诉讼请求的基础和依据,也是人民法院进行裁判的基础和依据。一般民事诉状的事实部分应当写明被告侵权行为的具体事实或当事人双方权益争执的具体内容,以及被告人所应承担的责任。包括发生争执的时间、地点、原因、情节和事实经过都应具体写明,其中,应着重写清楚被告侵权行为所造成的后果和应承担的责任以及双方当事人争执的焦点和实质性分歧。事实写清楚以后,提供充分的人证、物证、书证及其他足以证明原告起诉有理的证据;刑事自诉状要写明被告人犯罪行为的具体事实,包括犯罪的时间、地点、动机、目的、方式、手段、行为过程和造成的犯罪后果;行政起诉状必须写明被告侵犯起诉人合法权益的事实经过、原因及造成的结果,指出行政争议的焦点。如果是经过行政复议后不服提出起诉的,还要写清楚复议行政机关作出复议决定的过程和结果。

理由是在叙述事实的基础上,依据法律法规进行分析,论证诉讼请求合理合法。民事起诉状理由部分要写明认定被告侵权或违法行为的性质和所造成的后果及应承担的责任,同时写明提出请求的政策和法律依据,但必须注意援引法律应准确、适当;刑事自诉状的理由部分要根据案件的事实和法律规定,对被告人侵害行为进行分析,指明犯罪的性质和罪名,以及追究刑事责任的法律依据;行政起诉状理由部分要首先提出对具体行政行为的不服之处,然后以事实和法律为依据,得出行政机关具体行政行为不当的结论。

3. 证据和证据来源

证据对诉讼的胜负起着决定性的作用。所以在列举证据的时候,证据的名称要尽量规范化。除此之外就是要说明证据的来源,证人证言要写明证人的姓名和住址等;列举物证,要写明什么样的物品,现在何处,由谁保管等。

(三)尾部

尾部包括结尾和附项两个部分。

1. 尾部

尾部包括受诉法院名称、起诉人签名或盖章、起诉时间等。

2. 附项
附项主要写明起诉状的副本数以及各种证据情况。

四、起诉状写作的注意事项

1. 诉讼请求要明确、具体。
2. 事实要客观、清楚。
3. 理由要充分,并具有法律依据。
4. 证据要真实。

例文评析

【例文】

民事起诉状

原告:××,男,××岁,汉族,××××市人,××酒楼经理,住××××市××区××城××幢×号。
委托代理人:郭××,××××律师事务所律师。
被告:张××,男,××岁,汉族,××××市人,××公司部门经理,住××××市××区××街××号。
被告:王××,女,××岁,汉族,××××市人,××区××街道办事处干部,住址同上。
诉讼请求:
1. 请求法院判令被告张××、王××支付违约金10万元;
2. 请求法院判令二被告赔偿经济损失12.5万元;
3. 诉讼费用由二被告承担。
事实和理由:
1999年11月16日,原、被告双方签订房屋租赁协议,约定:被告张××、王××将其位于本市××路38号砖混结构三层约200平方米的楼房及其附属配电、上下水设施租赁给原告杜××作餐饮、娱乐营业之用,年租金7.5万元,租期自1999年11月20日至2003年11月19日;原告必须于每年11月30日前一次性交清全年房租,如推迟30天,被告有权收回房屋;原告在租期未满之前,有权将自己经营的酒楼转让他人,但在转让前应告知被告,并在租金不变的情况下,由被告与受让人另行签订房屋租赁协议;在租期未满前,被告不得终止协议,不得提高房租,如被告终止协议,赔偿原告4年的房租,如原告终止协议,原告所交房租不退,房屋装修部分归被告。

协议签订后,原被告双方依约履行义务。被告将房屋交付给原告,原告一次性向被告支付年租金7.5万元。随后,原告将房屋装修成酒楼经营。2000年11月,租期满一年,原告依约再次支付租金7.5万元。2000年12月19日,原告在《××晚报》上刊登转让该酒楼的广告。2001年元月初,原告将酒楼转让给第三人李××,并在转让前通知被告转让事宜。转让之后,被告拒不按协议约定与受让人李××另行签订租赁协议,并阻挠其经营,致使李××无法经营,被迫于同年11月底退出酒楼。在此期间,原告因被告的违约行为损失租金7.5万元,造成营业损失5万元。

鉴于上述事实,原告认为,被告的上述行为已经严重违背了双方订立的合同约定,给原告造成了经济损失,损害了原告的合法权益,应当承担违约责任并赔偿损失。根据《合同法》第一百零七条及《民事诉讼法》第一百零八条规定,诉请你院依法秉公裁决。

此致
××××人民法院

起诉人:杜××
××年××月××日

附项:
1. 本状副本2份;
2. 书证2分;

(引自百度文库)

【评析】
这是一篇关于经济纠纷问题的民事起诉状。

首部列写了标题和当事人的身份情况。正文分条书写了事实、理由以及诉讼请求。事实及理由部分依照时间顺序说明发生经济纠纷的原因以及经过,并指出对方的违约行为。然后诉求部分写明了具体的法律依据,说明起诉是有法律依据的,最后提出具体的法律请求。结尾标注了起诉人署名和日期。同时还带有附项。全文语言简洁、清晰,值得参考。

第三节 上 诉 状

一、上诉状的含义及种类

(一)上诉状的含义

上诉状是民事、行政或刑事案件的当事人对地方各级人民法院作出的第一审民事、行政或刑事判决或裁定不服,按照法定的程序和期限,向上一级人民法院提起上诉,请求撤销、变更一审裁决,或者重新审理而提出的诉讼文书。

《民事诉讼法》第一百四十七条规定:"当事人不服地方法院第一审判决的,有权在判决书送达之日起十五日内向上一级人民法院提起上诉。当事人不服地方人民法院第一审裁定的,有权在裁定书送达之日起十五日内向上一级人民法院提起上诉。"

(二)上诉状的种类

上诉状按照性质可分为民事上诉状、刑事上诉状和行政上诉状三类。

民事上诉状是民事诉讼当事人不服人民法院一审判决或裁定，依法定程序和期限，向上级人民法院提出上诉，请求撤销、变更原审判决或裁定，或重新审理的书状。

刑事上诉状是刑事诉讼当事人或其法定代理人对人民法院第一审案件判决或裁定不服，在法定上诉期限内依照法定程序，向上一级人民法院请求撤销或变更原审裁决或重新审理而提出的诉讼书状。

行政上诉状是行政诉讼当事人不服一审法院对行政案件作出的裁定或判决，在法定期限内依法向上一级法院提出上诉，要求撤销、变更原裁判的一种法律文书。

二、上诉状的特点和作用

（一）上诉状的特点

1. 法定的上诉主体

上诉主体必须是具有法定身份者，上诉状必须由当事人或法定代理人提起，其他人无权提起。

2. 特定的上诉对象

上诉状的上诉对象必须是地方各级人民法院的第一审裁判。我国实行的是两审终审制，所以当事人如果不服一审裁判，可以上诉进行二审。

3. 严格的时效性

我国法律规定，一般刑事案件判决的法定上诉期限为10天，裁定的法定上诉期限为5天；民事、行政判决的上诉期限为15天，裁定的上诉期限为10天。上诉期限自接到判决书、裁定书的第二日起计算，一旦超过了上诉期限，人民法院的一审判决或裁定便发生法律效力，就不能再提起上诉。

（二）上诉状的作用

①有利于保护当事人的合法权益，更好地体现民主精神。

②有利于防止错案发生，更好地保证审批质量。

三、上诉状的格式和写法

上诉状的格式包括首部、正文、尾部和附项四个部分。

（一）首部

首部包括标题、当事人基本情况和案由说明三个部分。

1. 标题

标题基本形式是"上诉性质+文种"。如"民事上诉状""刑事上诉状""行政上诉状"等。

2. 当事人基本情况

这部分要写明上诉人与被上诉人的姓名、性别、年龄、民族、籍贯、职业、地址等。如果当事人是法人或是其他组织的,应写明其名称、地址、法定代表人的姓名和职务;如果当事人有法定代理人或委托代理人的,写明法定代理人或委托代理人基本情况;如果代理人是律师的,只写姓名和职务。

3. 案由说明

案由说明是一段程式化的文字,主要写明一审人民法院的名称,判决书的编号和不服原判的缘由。具体写法是:"上诉人因××一案,不服××人民法院于×年×月×日×字第×号判决,现提出上诉。"

(二)正文

正文主要包括上诉请求和上诉理由两大部分。

1. 上诉请求

上诉请求即上诉人所要达到的目的。因此这部分上诉人应针对原判的不当之处,有针对性地要求二审人民法院全部撤销或部分变更原判的裁决。请求应写得具体、明确,不要含糊其辞。

2. 上诉理由

上诉人主要针对原审判决或裁定的不当之处进行论证,写明不服原判的具体内容。一般上诉理由首先是从认定事实方面着手,上诉人如果认定原审认定的事实是错误的,应该指出错误所在,并能提供准确可靠的证据加以证明。其次,从适用法律方面来看,如果上诉人认为原审的裁定在适用法律上有错误的话,应该明确提出正确的适用法律。最后,从运用程序方面,上诉人如果认为原审诉讼程序不合法的话,也可提出作为上诉的理由。

写完事实和理由后,紧接着要写:"为此,特向你院上诉,请依法撤销(或变更)原判决(或裁定)。"

(三)尾部

尾部写明致送人民法院的名称、上诉人的署名和时间。

(四)附项

附项部分主要说明上诉状副本的份数,证据的相关情况等。

四、上诉状写作的注意事项

1. 注意说理要具有针对性

上诉状说理部分要针对原裁判的不当之处,据理力争。要将原审中的事实错误、适用法律错误以及程序不合理的方面进行充分的论证,提出充分的上诉理由。

2. 能够抓住重点,发现新的事实和证据

要抓住原审判决存在关键性问题,进行说理。同时要尽量发现和搜集原审中疏忽没能提供的事实和证据,以此来增强上诉理由的充分性,便于二审法院作出正确的裁定。

例文评析

【例文】

民事上诉状

上诉人:贺××,男,1970年7月5日出生,汉族,农民,住宁乡县煤炭坝镇贺家湾村

被上诉人:宁乡县贺家湾煤矿

法定代表人:贺××

职务:矿长

地址:宁乡县煤炭坝镇贺家湾村

上诉人因劳动争议一案,不服湖南宁乡县人民法院的(2006)宁民初字第1108号民事判决书,现依法提起上诉,请求依法改判。

上诉请求:

1. 请求二审法院依法撤销宁乡县人民法院的(2006)宁民初字第1108号民事判决。

2. 请求二审法院在查清事实的基础上,依法改判。

3. 请求二审法院判决被上诉人承担本案的全部诉讼费用。

事实及理由:

一、一审判决认定事实错误,定性不正确

1. 一审判决认定"原告提出的要求被告支付原告违法解除劳动合同补偿金及额外经济补偿的诉讼请求,未经劳动争议委员会仲裁,本院不予以审理"是错误的。

《最高人民法院关于审理劳动争议案件适用法律若干问题的解释》第六条规定:人民法院受理劳动争议案件后,当事人增加诉讼请求的,如该诉讼请求与讼争的劳动争议具有不可分性,应当合并审理;如属独立的劳动争议,应当告知当事人向劳动争议仲裁委员会申请仲裁。本案中上诉人在起诉的时候提起的要求被上诉人给予经济补偿金及额外经济补偿金的诉讼请求是与提起劳动仲裁的讼争的劳动争议具有不可分性,上诉人是在基于同一事实引起的法律后果内增加诉讼请求的,人民法院应当受理。理由:人民法院对劳动争议案件的处理享有最终司法权,当事人一旦依法提起诉讼,仲裁的处理结果归于无效,人民法院就必须依据《民诉法》程序及上面提到的《最高人民法院关于审理劳动争议案件适用法律若干问题的解释》第六条的规定进行审理,包括对案件事实及其法律后果的全面审理。因此上诉人增加的诉讼请求属于法院应当审理的范围。

2. 一审法院对劳动仲裁中的第一个诉讼请求即"责令被上诉人与上诉人签订无固定期限的劳动合同"没有判决是错误的。

上诉人在提起劳动仲裁时提了两个请求:一是责令被上诉人与上诉人签订无固定期限的劳动合同,二是责令被上诉人为上诉人补缴养老保险金。在劳动仲裁中劳动仲裁委作出对第一个签订无固定期限的劳动合同的诉讼请求不予支持,所以上诉人向一审法院提起民事诉讼。而一审法院对这个诉讼请求不予判决,是错误的。

如果一审法院对上诉人的第一个诉讼请求作出判决,只有两种结果,一是支持签订无固定期限的劳动合同;二是不支持签订无固定期限的劳动合同。如果是第一种结果,那么也就不存在给予经济补偿金的问题了;如果是第二种结果,就应当依法判决被上诉人给予上诉人经济补偿金,这是法律的强制性规定,而不是愿意不愿意的问题。《中华人民共和国劳动法》第二十八条规定:用人单位依据本法第二十四条、第二十六条、第二十七条的规定解除劳动合同的,应当依照国家有关规定给予经济补偿。可见这是一个递进的结果。

综上1、2所述,一审法院不对劳动仲裁中的第一个仲裁请求判决,直接驳回上诉人要求被上诉人支付解除劳动合同补偿金及额外经济补偿金诉讼请求的判决是错误的。

3.一审法院对被上诉人提供的证据6、7、8、9予以采信是错误的。

证据6是煤炭坝镇政府解除劳动关系的实施细则。依据国家的法律规定,煤炭坝镇政府制订的实施细则明显违反了国家的强制性法律规定,是不合法的。根据证据采信规则,不合法的规定不能采信作为证据使用。证据7是被上诉人根据证据6制订的职工工龄补偿金结算花名册,作为前提条件的证据6都不合法,那么证据7也是不合法的,因此也是不能采信的。证据8是煤炭坝镇政府的证明,由于煤炭坝镇政府是被上诉人的主管单位,两者之间存在共同的利益关系,其真实性、合法性存在异议,根据证据采信规则,一审法院直接采信是错误的。

4.关于解除劳动关系理由的问题。

被上诉人称2003年12月26日,煤炭坝镇政府决定让被上诉人实行新一轮转制承包。《劳动法》规定:"用人单位濒临破产进行法定整顿期间或者生产经营状况发生严重困难,需裁员,可以裁员。"因此对连续工龄达五年以上的原回龙铺籍职工解除劳动关系。由此来解除与被上诉人的劳动关系。被上诉人所提的解除劳动关系的理由不是《劳动法》第二十五条、第二十六条规定的法定的解除劳动关系的情形。而该法第二十七条是"用人单位濒临破产进行法定整顿期间或者生产经营状况发生严重困难,确需裁减人员的,应当提前三十日向工会或者全体职工说明情况,听取工会或者职工的意见,经向劳动行政部门报告后,可以裁减人员"。被上诉人一直没有对该条具有的情形进行举证,也没有对该条规定的程序的合法性进行举证,因此被上诉人是不能随便解除与上诉人的劳动关系的。不然对本来就处于弱势群体的广大劳动者的合法权益置于何处。因此恳请法院从本案的事实及社会效益出发,对本案依法判决。

二、一审法院适用法律错误

1.一审法院判决"被上诉人为上诉人办理从2004年7月1日至2006年12月31日的养老保险费缴费手续"是错误的。

1995年12月30日实施的《湖南省城镇企业职工养老保险办法》第二条规定本办法适用于本省境内下列人员的养老保险:(二)城镇集体所有制企业职工;(五)城镇私营企业主及其职工、个体工商户本人及其帮工。由此可知对城镇集体所有制企业职工是不是正式职工,是不是临时工,身份高低贵贱没有区分,只要是职工就适用该法。该法第三条规定本办法第二条所列用人单位及其职工必须依照本办法参加基本养老保险,缴纳养老保险费。必须的也就是强制性的,不能因为宁乡没有对其进行推广就不执行国家的法律。因此被上诉人应当办理上诉人从1995年12月30日至2006年12月31日的养老保险费缴费手续。

2.一审法院适用宁乡县人民政府2004年7月27日下发的宁政办纪(2004)25号《关于社会保险扩面工作协调会议纪要》(以下简称会议纪要)、《煤炭坝镇政府制订的实施细则》(以下简称实施细则)作为判决的法律依据是错误的。

人民法院在审理案件中只能适用法律,参照地方性法规和部门规章。宁乡县人民政府制定的会议纪要属于地方政府制定的规范性文件,不属于法律的范畴。因此一审法院在判决本案中适用这个会议纪要作为法律依据是错误的。煤炭坝镇政府制订的实施细则违反国家《劳动法》及《违反和解除劳动合同的经济补偿办法》的强制性规定,本身不具有合法性,也是不能作为一审法院判决本案的法律依据的。

综上所述,一审法院认定事实错误、定性不正确,适用法律错误。作为受害人的上诉人在被上诉人单位工作20多年,到最后如果连一分钱补偿金都拿不到,也不能继续在被上诉人单位工作,其合法权益得不到一点实现,那要劳动者如何生存。因此请求法院查明本案全部事实,从本案的事实真相、社会影响和社会效益出发,撤销一审判决,依法进行改判。为处于弱势群体的广大劳动者做主。

此致
长沙市中级人民法院

上诉人:贺××
××××年×月×日

附项:1.上诉状副本1份。
　　　2.证据目录1份。

(引自百度文库)

【评析】

这是一份民事上诉状。

首项部分列出了上诉人和被上诉人的身份情况。案由部分用简短的语言表达了上诉人是因为什么案件,不服哪个法院的在什么时候以什么文号所做的判决,并明确提出上诉。

正文部分由两部分内容组成,一是上诉请求,共有三条,分条写出,概括明确。二是上诉理由,分成两个大的方面分别从错误事实和适用法律两个方面加以论证上诉理由。

结尾写明了致送机关,落款处标有上诉人名称和日期。附项说明上诉本份数和证据份数。这份上诉状结构标准完整、表达简洁清晰。

第四节 申 诉 状

一、申诉状的含义及种类

(一) 申诉状的含义

申诉状又叫申诉书。指民事、刑事或行政案件中的当事人对已经发生法律效力的判决或裁定不服,按照法定程序请求一审法院或一审法院的上级法院重新进行审理时的诉讼文书。

申诉权是我国宪法赋予公民的一项民主权利。《民事诉讼法》第一百七十九条规定:"当事人的申请符合下列情形之一的,人民法院应当再审:①有新的证据,足以推翻原判决、裁定的;②原判决、裁定认定事实的重要证据不足的;③原判决、裁定适用法律确有错误的;④人民法院违反法定程序,可能影响案件正确判决、裁定的;⑤审判人员在审理该案件时有贪污受贿,徇私舞弊,枉法裁定行为的。"

(二) 申诉状的种类

申诉状根据案件性质的不同,可以分为民事申诉状、刑事申诉状和行政申诉状三类。

二、申诉状的特点和作用

(一) 申诉状的特点

申诉状的特点和上诉状基本相同,但二者也有一定区别:

1. 范围不同

申诉状,有权提出申诉的人范围比较广,除了当事人及其法定代理人外,被害人及其家属和公民都可以提出。而上诉状则只限于当事人及其法定代理人,其他人需被告同意方可提出上诉。

2. 对象不同

申诉状是针对已经发生法律效力的判决或裁定,包括二审终结的甚至已经执行完毕的判决或裁定;上诉状则只限于尚未发生法律效力的一审判决或裁定。

3. 受理对象不同

申诉状的受理对象可以是原审人民法院或上级人民法院,刑事案件还可以向人民检察院进行申诉;而上诉状的受理对象只能是作出一审判决或裁定的上级人民法院。

4. 受理期限不同

申诉除申请再审之外,一般不受时间的限制;而上诉只能在规定的期限内进行,并且在未发生法律效力之前上诉才有效,逾期不能上诉。

5. 处理不同

二审人民法院对被告人提出上诉,受"上诉不加刑"原则的限制,而申诉状不受该原则的限制。

(二)申诉状的作用

①有利于维护申诉人的合法权益。
②有利于实事求是,让法院纠正错误的裁判,从而维护法律的稳定性和严肃性。
③有利于保证审判质量,维护人民法院的威信。

三、申诉状的格式和写法

申诉状的基本格式由首部、正文、尾部和附项四部分组成。

(一)首部

首部包括标题、当事人基本情况和案由说明三个部分。

1. 标题

标题基本形式是"案件性质+文种",如"民事诉讼状""刑事诉讼状""行政诉讼状"等。

2. 当事人基本情况

申诉人是公民的,要写明姓名、性别、出生年月日、民族、籍贯、职业和住址等。如果是法人或其他组织的,写明单位名称、所在住址、法定代表人或代表人的姓名、职务。刑事案件如果不是当事人本人申诉的,要注明申诉人与当事人之间的关系。

3. 案由说明

案由要写明案件名称、申诉缘由和请求。一般常见写法是:"申诉人因××一案,不服××人民法院(年度)×字第×号民事判决(裁定),现提出申诉,申诉理由和请求如下:……"

(二)正文

正文主要包括申诉理由和申诉请求两个部分。

1. 申诉理由

申诉理由主要是就原判的不当或错误之处进行分析,然后提出纠正错误的证据和法律依据。一般可以分成三个层次进行写作:首先,对原审认定的事实和证据的结果和过程进行简要的概括,让受理机关对此有清楚地认识。其次,有针对性地提出原审判决在认定事实、定罪量刑、适用法律和诉讼程序方面的不当之处。最后,运用法律依据和证据材料对自己提出的申诉请求的合法性进行分析。

2. 申诉请求

明确具体地写明撤销、变更原裁定或者重新审判的要求。通常的写法是:"综上所述,原判决(或裁定)……(分情形写事实认定错误、适用法律错误、程序违法等)。为此,请求人民法院……(具体要求)。"

（三）尾部

尾部要写明致送人民法院名称、申诉人签名、盖章、申诉日期等。

（四）附项

说明判决的副本数，申诉状副本的份数，证据的种类、名称、数量，证人的姓名和住址等情况。

四、申诉状写作的注意事项

①如果认为原审判结果认定事实有误，应该本着实事求是的态度，尽量列举事实证据加以澄清和证明，同时写作申诉理由的时候要注意一定层次感。

②申诉的请求要具体、明确、合法。不同的申诉状应根据各自具体情况提出不同申诉请求。

③申诉人应将与请求目的相符的各种证据在申诉状中明确列出并进行具体说明。

④申诉状可采用证明和反驳的写法进行写作。证明法即以正确的事实证明申诉的合理性；反驳法即抓住原判中的关键性错误，提出反驳论断，再采用确凿的事实和证据，充分地加以辩驳。

例文评析

【例文】

民事申诉状

申诉人：刘××，男，苗族，44岁，住城步县西岩镇四团村

被申诉人：肖×，男，52岁，汉族，干部，广东省吴川市人，现住长沙市东区五一西路7号

被申诉人：西岩镇人民政府

法定代表人：于××，镇长

案由：申诉人不服城步县人民法院（1999）城民再初字第04号判决。根据《中华人民共和国合同法》第二百七十二条第三款和《水利工程建设项目招标投标管理规定》的第二十六条，承包人未取得水利工程建设项目所需的资质，承包扩改河堤工程淹死人命，西岩镇政府副镇长戴××诱导证人作假证，不赔偿损失，向贵院申诉。

申诉请求：请求上级法院依法判处上述二被申诉人因其有过错造成申诉人小孩死亡赔偿金、误工费、资料费、差旅费、精神抚慰金合计28万元。

由被申诉人承担一、二、再审的全部诉讼费。

申诉事实理由：

被申诉人肖×是广东省吴川市留级停薪的干部，没有施工资质，因其爱人是湖南省财政厅干部的特殊关系，1997年3月18日被申诉人西岩镇政府将70万元平整河床的工程发包给了

没有施工资质的被申诉人肖×。(见承包工程合同书)

1997年6月5日下午施工队已施工到杨家山村河段,为方便施工人员洗澡,施工挖机师傅黄××又被调转到已平整好河床的四团村河段,在三水河和大冲溪水交汇处,村民用于洗菜、洗衣、夏天小孩戏水的公共河床中间挖了一个2～3米宽,2米深的锅底形水坑。被申诉人未事先通知村委会和四团村村民,更未设置任何警示标志。1997年6月7日,申诉人的小孩刘××不知河中挖了个锅底形深水坑,放牛回家因天气热到河里去洗澡,掉入刚挖的锅底形水坑,爬不上来被水淹死。申诉人夫妇在广东打工,听到这个噩耗急忙赶回家,找该工程施工人员和西岩镇府负责该工程指挥长戴××问个清楚,戴××不但不进行安慰,反而恶语伤人说申诉人欺辱外地人。一次协商没有达成赔偿协议。事故发生后,城步劳动局伍××等人也到现场作了调查后,向局长杨××作了汇报。杨××又包庇二被申诉人,至今未将责任事故向县政府汇报。(见原政府办主任陈××证据)

申诉人为了给无辜淹死的小孩讨回公道,1997年7月25日向城步县法院起诉。西岩镇负责该工程的指挥长戴××诱导刘××作假证,又串通村支部书记刘××作假证。城步县法院审理时认定了刘××和刘××作的假证,于1997年12月12日作出(1997)城民初字第52号判决。邵阳市检察院1999年8月11日提出抗诉,城步县法院于1998年8月20日再审,作出(1999)城民初再字第04号判决。认定:"被申诉人肖×的施工人员在平整河道竣工时应部分群众要求,在河床中挖掘一个约2米深,2～3米宽的水坑方便群众洗澡,并无不当,其行为与刘××之死没有直接因果关系,故在本案中不应承担赔偿责任。"申诉人认为:(1997)城民初字第52号判决和(1999)城民再初字第04号判决没有适用本案事实的法律作出判决,是错误的判决,现提出申诉,申诉理由是:

1. 根据《中华人民共和国合同法》第二百七十二条第三款的规定和《水利工程项目建设招标管理规定》第二十六条,被申诉人西岩镇政府违反招标投标规定擅自将扩改河道工程发包给不具备资质的肖×发包违法,肖×不具备水利工程建设项目资质承包工程同样违法,肖×没有资质也就没有预见的能力,对该工程竣工后,为方便自己施工队人洗澡,再挖一个水坑会造成淹死人的事故发生没有预见到。

2. 被申诉人肖×在施工竣工后再挖一个水坑,是为方便自己工程队的人,借四团村部分群众的名义挖一个水坑洗澡,超出合同施工范畴,属于违规。

3. 一审和再审时二被申诉人举证的所谓部分群众只有刘××一人,刘××证词中称:"刘××、刘××、刘××、刘××四人同时要被申诉人挖水坑。"而实际上刘××等四人均不在施工现场,其中二人在离家二百里之外亲戚家中,是戴××为逃避责任向法庭作伪证。

4. 城步法院城民再初字第04号认定的刘××证词中所谓的部分群众仅有四人,而实际只有刘××一人,他既不是村干部,也不是人大代表,难道仅凭刘××一人就能代表四团村一千多口人的要求吗?这岂不是荒唐。(见四团村委会证据)

5. 城民再初字04号还称:"被申诉人西岩镇政府与被申诉人签订和履行河道平整合同时

没有过错,故被申诉人西岩镇政府对本案亦不应承担赔偿责任。"申诉人认为,被申诉人肖×是一个没有资质的承包人,根据《最高人民法院关于审理建设工程施工合同纠纷案件适用法律问题的解释》法释[2004]14号第一条规定,建设施工合同具有下列情形之一的,应当根据《合同法》第五十二条(五)项的规定,认定无效:

(一)承包人未取得建筑施工企业资质或者超越资质等级的;

《中华人民共和国水利工程建设项目招标投标管理规定》:

第二十六条:投标人必须具备水利工程建设项目所需的资质(资格)

申诉人认为,根据以上法律规定,被申诉人西岩镇政府与被申诉人肖×签订的合同属无效合同,在施工中违规操作造成淹死人命大案,应承担本案全部赔偿责任。(见二被申诉人的承包工程合同)

6. 城步法院城民再初字第04号还称:被申诉人肖×雇请的施工人员,在河道挖掘水坑的地方不属公共场所,也不是路旁,无需设立警示标志和张贴告示。申诉人认为,挖水坑的地方距村直走小道只有124米,自古就是四团村民平时洗衣、洗菜、放牧家禽,夏天上百人洗澡、小孩戏水的公共场所,无安全隐患,过去此地的老幼均无需监护,申诉人村中老少均可作证。这样一个公共场所,被申诉人肖×不经四团村大多数人及村委会同意,擅自做主挖了一个2米多深,2~3米宽的锅底形水坑,难道不需要立警示和张贴公告?城步县法院却视而不见,指为合法,这跟秦王朝的赵高指鹿为马又有何区别?

7. 根据2006年4月15日,刘××当着四团村干部刘××、刘××承认:1997年7月29日戴××、马××找他作证词是出于报复心理,是假的。该证明足以证明了戴××作为该工程的指挥长为逃避责任,故意诱导刘××作假证。刘××在1997年6月5日下午根本没有到过施工挖水坑现场,戴××与马××诱导刘××作出的假证误导城步县法院作出不公正的判决。据此,二被申诉人应负本案的全部法律责任。(见刘××2006年4月15日证据)

申诉人明白,本案的申诉人与二被申诉人双方权力和势力、财力相差悬殊,申诉人是无权、无势、无钱的弱势农民,而被申诉人是有权、有势、有钱的西岩镇政府和腰缠万贯的包工头肖×,原审城步县法院二次审理认定了戴××提供的伪证,不顾事实的真相,不适用本案的法律作枉法判决,为此,申诉人对(1999)城民再初字04号判决不服,根据《中华人民共和国民事诉讼法》第一百七十九条第(一)款、第(三)款、第(六)款,《中华人民共和国民法通则》第一百二十五条,《中华人民共和国合同法》第二百七十二条第三款和《中华人民共和国水利工程建设项目招标投标法》第二十六条的规定,请求撤销(1999)城民再初字第04号判决,要求上级法院裁定再审。

此致

邵阳市中级人民法院

申诉人:刘××

××××年×月×日

附项：
1. 2006年6月15日刘××向四团村委会承认是西岩镇副镇长戴××诱使作伪证，证据1份
2. 西岩镇政府与肖×签订的合同证据1份

（引自中顾法律网）

【评析】

这是一份对已产生法律效力的判决不服而写的申诉状。

首项部分列出了申诉人、被申诉人以及法定代表人的身份情况。案由部分用概括性的语言写清了申诉人是因为什么案件，对哪个法院不服而提出申诉。正文提出了申诉的事实情况，然后列出了七条申诉理由，据理力争，语言清楚。最后提出了明确的申诉请求。

结尾写明了致送机关，落款注明了申诉人名称和日期。本文附项部分列出了两项新的证据，有利于申诉成功。

第五节 答 辩 状

一、答辩状的含义及种类

（一）答辩状的含义

答辩状是民事、行政和刑事案件的被告人或被上诉人、被申诉人针对原告或上诉人和申诉人的诉讼请求或对其提出的事实和理由进行回答和辩解的文书。答辩状是诉状中使用频率最高的文种之一。

（二）答辩状的种类

答辩状的种类常见的有两种：

①根据审判程序，可分为一审答辩状和二审答辩状两种。

②根据答辩内容，可分为民事答辩状、刑事答辩状和行政答辩状三种。

二、答辩状的特点和作用

（一）答辩状的特点

1. 针对性

答辩状必须由案件被告提出来。同时，答辩状是被告针对原告或上诉人提出的诉状而写成的，针对性较强。

2. 时效性

根据法律规定，只有被告或被上诉人在收到起诉状或上诉状副本后15日内有权提交答辩状。

3. 论辩性

在答辩状中,被告或被上诉人会针对原告或上诉人的诉讼请求,事实和理由进行有力的反驳和辩解,以此来证明自己观点的正确。

4. 事实性

答辩状应该尊重客观事实,所述事实应有相应的证据材料来进行证明。

(二) 答辩状的作用

答辩状是法律赋予处于被告地位的案件当事人的一种权利,其有处置答辩权的自由,可以答辩,也可以沉默。但由于答辩状具有不可忽视的意义——有利于保护被告(人)的正当合法权益;有利于人民法院在全面了解案情的基础上,判明是非,作出正确的判决,因此应该对答辩权给予足够重视,积极以答辩状的形式提出答辩。

三、答辩状的格式和写法

答辩状的基本格式通常由首部、正文、尾部和附项四个部分组成。

(一) 首部

首部由标题、答辩的基本情况和案由说明三部分组成。

1. 标题

标题应居中写明答辩性质,如"民事答辩状""刑事答辩状"和"行政答辩状"等。不可只写文种"答辩状"。

2. 答辩人的基本情况

答辩人的基本情况要写明答辩人的身份和基本情况。根据被告人身份不同,写法略有不同。

被告人是公民的,就要写明答辩人姓名、性别、年龄、民族、籍贯、职业和住址。如果是有代理人的,标明是法定代理人还是指定代理人,并写明代理人的基本情况。

被告人是单位、机关或团体的,要先写明答辩人及其单位名称和地址,然后再写明该单位的法定代表人的姓名和职务,最后还要写明委托代理人及其姓名和职务。

3. 案由说明

案由说明其实就是首部和正文之间的一句过渡语。常见的写法是:"因×××(原告或上诉人、申诉人姓名或名称)提起××××(案由)诉讼一案,现答辩如下……"。

(二) 正文

正文部分主要是要写明答辩理由。答辩理由是答辩状的主体部分,一般要根据原告的起诉状或上诉人的上诉状的具体内容来确定。答辩理由大体包括以下两个大方面:

1. 事实部分的答辩

答辩状中要对诉状中所写的事实是否符合实际情况发表意见。揭示对方当事人不符合事实的地方,提出相反的事实和证据,说明自己的法律行为的合法性。同时,要应用有关的法律规定,加强自己的论证,便于请求法院给予司法支持。

2. 提出答辩主张

在对事实部分进行充分的辩解后,还要概括出自己对本案处理的注重和请求。一审答辩状应该提出对原告起诉状中的诉讼请求是完全不能接受,还是部分不能接受;上诉答辩状则要求二审人民法院维持原审的判决或裁定,或提出其他请求。

(三)尾部

尾部主要写明呈送机关,常见形式为"此致","××人民法院"。此外还要在右下方写明答辩人的姓名,并标注时间。

(四)附项

注明答辩状的副本数以及各种证物的名称和数量。

四、答辩状写作的注意事项

1. 答辩要讲究方法,以理服人

答辩的最终目的就是要证明自己的正确性,因此答辩时要注意讲究答辩方法,抓住问题的关键,讲道理、引用法律条文,有理、有据地依法驳倒对方,达到最终目的。

2. 答辩要尊重客观事实

答辩时切忌强词夺理,任意捏造虚假事实,答辩的事实要符合客观实际情况。

例文评析

【例文】

民事答辩状

答辩人:××市××××房地产开发总公司代表何××,公关部经理。

案由:上诉人张××因房屋拆迁一案,不服××市××区[19××]民字第19号的判决,提出上诉。现答辩如下:

答辩理由:为了适应本市商业发展的需要,我公司于19××年12月向市城建规划局提出申请报告,要求拓宽新建丝绸百货大楼前面场地150平方米。市城建局于12月25日以市城建字[19××]71号批文同意该项工程。同年在拓宽场地过程中,需要拆迁租住户张××一户约18平方米的住房,但张××提出的要求过于苛刻。几经协商,不能解决。答辩人不得已于19××年1月××日投诉于××市××区人民法院。××市××区人民法院于19××年2月以[19××]民字第19号判决书判处张××必须于19××年3月底前搬迁该屋,并由市房地产开发总公司提供不少于原居住面积的房屋租给张××居住,但张××仍无理取闹。据此,答辩人认为张××的上诉理由是不能成立的。

一、张××说我们拓宽新建丝绸百货大楼前面的场地是未经批准的。这是没有根据的。一审法庭曾审查过房地产开发总公司要求拓宽新建丝绸百货大楼前面场地的报告和市城建局城建字[19××]71号的批文，并当庭概述了房地产开发总公司的报告内容，还全文宣读了市城建局的批文。这些均有案可查。张××不能因为要求查阅市城建局的批文，未获准许，而否认拓宽工程的合法性。

二、张××说我们未征得她本人同意，与房主×××订立房屋拆迁协议是非法的。这更无道理。张××租住此屋，只有租住权，并无房屋所有权。所有权理当归属房主×××。我们拓宽场地，拆毁有碍交通和营业的房屋，理当找产权人处理，张××无权干涉和过问。

应当指出，对于张××搬迁房屋一事，我们已作了很大的让步和照顾。我们答应她在搬迁房屋时提供离现居住房屋500米的××新建宿舍大楼底层朝南房间一间，计20平方米，租给她居住。而张××还纠缠不清，漫天要价。扬言不达目的，决不搬迁。

综上所述，答辩人认为××市××区人民法院的原判决是正确的，合法而又合情合理，应予维持。

此致
××市中级人民法院

答辩人：××市房地产开发总公司
代表：何××
一九××年四月二十五日

（引自华律网）

【评析】

这份民事答辩状是被上诉人的答辩，所以属"被上诉答辩状"。状文先说明拓宽新建丝绸百货大楼前面的场地是经市城建规划局批准的；再陈述上诉人不服判决，提出的上诉理由是站不住脚的。这就为下面的答辩奠定了基础。理由部分，将上诉状的无理和歪曲事实的主要方面扼要地叙述出来；然后提出根据，列条论证，讲明道理，驳斥上诉人的无理要求；最后用"综上所述……"提出答辩请求，即要求二审法院维持原判。

总之，这份答辩状针对性强，目的明确，表述清晰，文字简洁，格式正确，可供借鉴。

第七章
Chapter 7

科技类文书

科技论文写作是一项很重要的写作形式,它可以把我们对科学问题的研究以书面的形式展现出来,以利于人们共同探讨研究。

第一节 科技实验报告

一、实验报告的含义及特点

(一)实验报告的含义

实验报告是人们为了检验某一科学理论或假设,在实验的基础上,通过实验中的观察、分析、综合、判断、总结,如实地把实验的全过程和实验结果以文字的形式记录下来的书面材料。

科学是如实反映客观事物固有规律的系统知识。而这些规律的取得源自于科学家们大量的反复的实验。实验报告恰恰是反映实验的基本情况,向人们展示实验成果的书面文书。

(二)实验报告的特点

1. 客观性

实验报告要如实的记录实验的有关情况和实验的结果,不可夸大其词更不可主观臆断。

2. 创新性

创新是科学的本质。人们总是在不断寻找新的东西来代替旧的东西,通过不断的研究与创新来改变这个世界。我们在做科学研究的时候要抓创新点,在实验的过程中要发现创新点,在写作的过程中更要突出创新点,这也是实验报告的价值所在。

二、实验报告的写作

实验报告一般由标题、署名、摘要、前言、正文五部分组成。

（一）标题

实验报告的标题要简明,能够突出重点内容,起到提纲挈领且引起读者注意的作用。

（二）署名

署名包括作者的单位、姓名及共同完成实验的人员。

（三）摘要

摘要是对实验报告的内容不加注释和评论的简短陈述。通过对实验报告的中心内容所做的准确概括,可以帮助读者在较短的时间内了解文章的内容,帮助读者判断论文价值、判断是否值得阅读。

（四）前言

前言主要交代实验的目的、对象、意义、作用,该课题的现状、目前的发展状况及存在问题,本实验达到的目标。

（五）正文

1. 实验原理

实验原理是我们在实验过程中所用到的一些与实验有关的原理、定律、法则公式等。所谓原理是指在自然科学和社会科学中,在大量观察、实践的基础上,经过归纳、概括而得出的具有普遍意义的基本规律。在自然科学中主要指一些定理、定律、法则、公式等。

2. 实验的方法

实验所采用的方法大致有以下几种:定性实验、定量实验、析因实验、对照实验、模拟实验。科学的实验方法应该包括六个重要步骤:

①观察:即对事实和事件的详细记录。

②对问题进行定义:即有确切程序可操作的。

③提出假设:对一种事物或一种关系的暂时性解释。

④收集证据和检验假设:一方面要能提供假设所需的客观条件,一方面要找到方法来测量相关参数。

⑤发表研究结果:科学信息必须公开,真正的科学关注的是解决问题。

⑥建构理论:孤立的问题无法建立理论,科学的理论是可以被证伪的。

3. 实验设备和实验的环境

实验设备是指完成本次实验所用到的器材、仪器、软件。实验环境是指实验是在什么环境下完成的,环境对实验会产生一定的影响,对于一些受环境影响大的实验有必要在实验报告中对实验环境有所交代。

4. 实验的步骤

实验步骤是指实验的实施情况,是实验的具体操作步骤。实验步骤的写作不要照抄实习指导,要尊重客观事实。

在实验的过程中我们可以采取一些科学的实验方法,如观察法、模拟法等。

5. 实验结果

实验结果是对实验现象的描述以及对实验数据的处理。

6. 讨论

根据相关的理论知识,对所得到的实验结果进行分析和解释,为结论提供依据。

7. 结论

结论是我们在实验结果的基础上,对实验结果进行分析,从而对事物作出的总结性的判断。结论是我们对这一事物更理性的思考和认识。

8. 鸣谢

对在实验中给予帮助的人予以感谢。

9. 参考文献

参考文献是在学术研究过程中,对某一著作或论文的整体的参考或借鉴。

例文评析

【例文1】

SQL 数据库制作考务管理系统实验报告

一、实验目的

1. 掌握 sql server 的基本用法
2. 熟悉掌握 asp 语言的应用
3. 掌握 asp 的页面结构和内置对象
4. 掌握 asp 与 sql server 数据库的连接和应用
5. 掌握 asp 另外一个重要的语言——javascript,并熟悉它的应用
6. 制作一个功能完善的考务管理系统
7. 能够独立的完成系统策划,系统分析和程序的编写
8. 提高发现问题,解决问题的能力

二、实验内容

制作一个考务管理系统,用于从考生报名、产生准考证到录取考生和打印成绩单即对考生考试和录取全过程的考务管理。系统要实现的功能有:考生报名,按报名顺序产生报名号;产生准考证号和打印准考证;输入考生成绩和输入录取合格标准;根据合格标准录取上线考生;打印考生成绩单和录取通知书;设置系统用户和系统初始化。

三、实验环境

1. windows XP 或 windows XX；
2. 安装 microsoft sql server XX 个人版。
3. iis 5.0 及以上版本和浏览器 ie5.5 及以上版本
4. macromedia dreamwezver8 等相关软件

四、实验步骤

首先：配置环境，安装 sql server，macromedia dreamwezver8。

第二：对要做的系统进行构思、策划、布局。

第三：建立数据库 kaoshi 及数据表：学生信息表（student），用户表（yonghu），考生表（biaozhun）。

第四：建立连接数据库的文件 conn.asp，其代码如下所示：

```
<%
set conn=server.createobject("adodb.connection")
conn.open" provider=sqloledb;"&" data source=localhost;initial catalog=ksd;user id=sa;password=100200;"
%>
```

第五：制作各个网页并链接所有需要链接的网页。

第六：运行整个系统，查找是否有错误，并进行修改直至整个系统运行无误。

五、实验过程与分析

（一）系统分析与总体设计

现在用计算机来进行考生的管理及考生的录取已普遍存在。因为如果用人来进行这项工作十分烦琐，系统管理员需要花费很多的时间和精力，还不能保证其正确率。用考务管理系统不仅可以简化管理员的工作，还会提高工作的正确率。以下将对考务管理系统进行系统分析和设计。

（1）系统的功能描述

考务管理系统包括学生报名管理、考生成绩管理和系统维护三大模块。

考生报名管理包括报名处理、产生准考证、打印准考证和退出系统等四项功能。

考生成绩管理包括考生成绩录入、合格标准录入、录取考生、打印成绩单和打印录取通知单等五项功能。

系统维护包括用户设置和系统初始化两项功能。

用户通过系统菜单执行相应的操作。

（2）数据库设计

本系统以 sql server XX 作为数据库平台。在 sql server XX 中设计一个数据库 kaoshi，其中包含如下数据表。

①student 表。

该表用于存放所有考生记录,包括基本数据。

②biaozhun 表。

该表用于存放录取考生的合格标准,其中只有一个记录,该记录指出各门课程的最低分和总分的最低分。只有各门成绩和总分都超过这个标准的考生才能被录取。

③yonghu 表。

该表用于存放本系统用户的信息。包括用户的用户名、密码和级别(只分"一般操作员"和"系统管理员"两类)。

六、实验结果与总结

实验中的考务管理系统是经过很多次的测试、修改、再测试、再修改才完成的。在多次的测试、修改的过程中,我发现了很多平时上课发现不了的问题,也认识到自己学习这门课程的薄弱的环节和不足之处。通过实验期间的发现问题、分析问题、解决问题及进一步完善考务管理系统的过程,我的能力和水平有一定程度的提高。这次独立完成系统为我以后编程打下了基础,让我面对编程不再茫然和无措,拥有了清晰的思路和坚定的信心。所以这次实验对我来说是一笔极大的财富。

当然,在实验中,我有很多不足的地方,系统也有需要进一步完善的地方,这主要是我对asp 与 sql server 数据库的连接和应用不熟悉和经验不足的原因造成的。所以我还要在以后继续学习,以求做得更好。

(摘自第一范文网)

【评析】

这是一则 SQL 数据库制作考务管理系统实验报告。

本文从实验目的、实验内容、实验环境、实验步骤、实验过程与分析、实验结论与总结等几个方面对这次实验的具体情况进行了全面的阐述,符合实验报告的写作要求。

第二节 科技开题报告

一、科技开题报告的含义及特点

(一)科技报告的含义

科技开题报告是科研人员在选定课题后,向科研主管部门报送的关于研究课题的相关材料,表明研究该课题的目的、此项课题的研究价值和意义以及论证对该课题进行研究的可行性的书面材料。

(二)科技开题报告的特点

1. 内容的创新性

开题报告是课题研究的实施计划,是获得主管部门同意的重要依据。在开题报告中要充分体现出本次研究的创新点,以便为主管部门提供参考。

2. 表述的准确性

对于开题报告而言准确表述尤为重要。开题报告是为尚未实施的科研项目服务的,期中需对可能获得的价值及可行性作出准确的表述,进而获得科研主管部门的支持。

二、科技开题报告的基本格式

科技开题报告主要包括封面、正文、结尾三部分。

(一)封面

封面主要包括:项目名称、承担单位、协作单位、项目负责人、主要合作人、起止时间、填写日期等。

(二)正文

1. 立项的目的和意义

目的是指预先设想的行为目标和结果。人们通过科学研究来认识客观事物的内在本质和规律,利用科研手段和设备,进行调查研究、实验、试制来证明这一目标和结果的正确性。立项的意义在于推动某一领域内科学研究的发展,同时也使研究者的各方面能力得到进一步的提高。

2. 国内外与该课题有关的研究现状

这一部分是阐述国内与国外对该课题进行研究的有关信息。包括以往人们对这一课题进行了哪些研究,研究的结果如何;现阶段对该问题又进行了哪些研究,对该课题的认识停留在哪一个层面;以及现阶段还存在哪些具有研究价值的问题。

3. 课题研究的主要内容

这一部分紧承国内外研究现状阐明本次研究的课题的主要内容。这一部分通常以提纲的形式展示。

4. 研究的方法、步骤、进度

常用的研究方法有观察法、归纳法、演绎法、科学推理法、类比法、对比法、放大法、等效代替法、累计法等。研究的步骤即研究中具体的研究程序。科学的研究方法和合理的研究步骤是科学研究取得成功的必备条件。进度是人们进行研究的先后快慢的计划,是对科学研究在时间上的要求。

5. 预期成果和提供成果的形式

科技开题报告是人们在开展某一项科学研究时预先制订的一种计划,研究者可以根据计划的情况对研究的结果作出事先的判断,以及以何种形式将研究的成果展现出来。

6. 承担该项目的具体条件

承担该项目的具体条件是指从事这一项目研究时所需达到的某些方面的要求或标准。这一标准包含主观和客观两个方面,如研究者所具备的科研能力及水平、具体资料的来源、图书馆资料配备等。

7. 经费来源及概算

经费来源及概算是研究人员向科研主管部门表明能够完成这一项目研究的经济基础。

8. 保障措施

保障措施是为保证研究顺利进行而采取的一些办法。

(三) 结尾

开题报告的结尾包括报送单位(加盖公章)、课题负责人、报送日期三部分。

例文评析

【例文1】

××××校《科技教育发展模式探索》开题报告

一、课题研究的背景与意义

1. 课题背景

(1) 政策依据

《中华人民共和国科学技术普及法》、《中共中央、国务院关于深化教育改革全面推进素质教育决定》及《中共中央、国务院关于加强科学技术普及工作的若干意见》指出,要普及科学知识,倡导科学方法,传播科学思想,弘扬科学精神,全面推动青少年科技教育工作的深入开展,提高我国各族人民的科学文化素质。《中国教育改革和发展纲要》指出:"中小学要由'应试教育'转向全面提高国民素质的轨道,面向全体学生,全面提高学生的思想道德、文化科学、劳动技能、身体心理素质,促进学生生动活泼的发展。"因此,科学文化技术素质是青少年整体素质的重要组成部分,实施科技教育的重点是使他们掌握科学的知识和方法,培养科学的观念与态度,树立科学思维、提高科学实践能力与创新能力。

(2) 时代需要

人类进入了知识经济时代,科学技术成为推动世界经济发展的主要力量。当前国际社会的竞争也主要表现为科学技术的竞争,科技人才的竞争。而提高国民的科技素养也成为新世纪国家竞争胜败的关键。于是,发展科技教育,提高中学生的科技素养,培养创新型的科技人才,成了时代赋予教育的历史使命。从当前学生的实际来看,学生的科学素养也存在发展不平衡的问题,有的学生科学素养还比较薄弱。要使学生能适应未来时代发展的需要,迎接科技革命的挑战,需要加强学生的科技教育。就目前全国科技教育的现状来看,不少学校也开展了这类教育活动,并取得了一定的经验,但系统的开展这类活动,并把科技教育作为学校的办学特色的学校还不多见,如何立足学校,创设学校科技教育的条件,营造良好的科技教育氛围,培养学生的创新意识和创新能力具有极为重要的现实意义。在学校教育中,我们可以通过哪些途径来营造科技教育的氛围呢,可以通过哪些方法来培养学生的科学素养呢,我们力求通过此项研究解决这个问题。

(3)学校现状

××中学建于1987年,当时是上海市徐汇区一所薄弱的公办学校。学校长期坚持以科技教育为主导推动学校发展,在科技教育的组织领导、教育教学、活动开展、基础建设、社会成效等方面开展了踏实细致的工作,使科技教育真正成为学校的特色和亮点。1993年,学校被评为以能源为特色的上海市科技教育特色学校,并成为上海能源协会首批会员学校。2005年,学校被评为上海市创造教育实验基地,同年又被评选为上海市"科技教育与研究显著成效学校"。2009年,学校被评为上海市科技教育特色示范学校。目前,我校的科技教育已打下了比较深厚的基础,在社会形成了良好的品牌效应。但长期以来,学校科技教育发展的方式和渠道只是实践经验的简单累积,缺少梳理和理论提炼。本课题是围绕我校科技教育进行的实践研究,在廓清、梳理实践经验的基础上,对于学校科技教育模式进行理论提升。同时学校也越来越认识到科技教育与学科教学整合的主阵地是课堂教学,课堂教学是学生获取科学知识的基本途径,它的主要任务是向学生传授人类历史发展过程中发现并积累起来的科学理论和文化知识。学科教学是学生整体素质提高的主要途径。占领了这一阵地,科技教育就有了肥沃的土壤,可以开出鲜艳的花朵,结出丰硕的果实。

2. 课题意义

(1)开展科技教育是落实"科教兴国"战略、推进素质教育的体现

21世纪的经济实力竞争实质是科学技术水平的竞争,世界各国都在重视加强科技教育,并把科技教育作为人才培养的重要组成部分。加强科技教育是应试教育向素质教育转变的重要标志,也是基础教育改革的重大措施。通过多种形式将科技教育与学科教育有机结合,把科学知识、科学方法、科学精神、科学能力等综合素质的提高作为培养目标,这不仅对于充分发掘学生聪明才智,培养实践创新能力,发展个性特长有明显效果,而且对于全面提高学生素质,推进学校素质教育有积极的突破作用。因此,无论从当今社会的需要看,还是面向未来的竞争挑战,学校必须充分认识科技教育在基础教育中的作用地位,切实开展好科技教育。

(2)探讨中学科技教育发展模式是凸现办学特色的需要

科技教育不是孤立存在的,它是学校整体发展的组成部分。本课题对学校科技教育发展的研究会与学校发展研究紧密结合在一起,找到科技教育与学校整体发展相结合的渠道,研究以科技教育发展为依托的学校发展模式。在调查上海市田林第三中学科技教育实践的基础上,对中学发展科技教育的路径和模式进行理论提升,对科技教育发展中存在的问题进行分析,这些研究活动会大大促进学校以科技教育为主线的全面发展,进一步形成田林三中科技教

育的特色和优势。

(3) 开展科技教育与学科整合是符合教育改革深化的需要。

科技教育与学科的有机结合将从根本上改变教师"教"的方式和学生"学"的方式,是落实教育部《基础教育课程改革纲要》的具体活动,是全面提高教育质量的重大举措。通过统整可以改变学生的思维方式、学习方式,为学生的主动学习、学会学习奠定基础,通过对每一个学生进行科学精神、科学思想、科学方法、科学知识等方面的教育,促进其形成科学的世界观和方法论,最终能用科学的态度去认识世界,用科学的方法解决问题,使之成为未来社会的建设人才。

二、课题研究的思路与方法

1. 基本思路

学校是中学生接受科技教育的主要场所,课程、活动是中学生接受科技教育的重要载体。我们把科技教育作为学校全面推进素质教育的突破口,以学生的发展为本。在课题实施中田林三中将继续实践学校"阳光科技"的教育思路:即首先是指以绿色能源为主的各项科技教育活动;其次是指田林三中的所有的教职工及社会科技工作者都是"光源",都是科技教育的传播者;第三是指田林三中的科技教育像阳光般地对每一位学生进行科技知识、科技方法、科技精神的普及性教育与培养。田林三中的科技教育网络整合了社会资源,将科技教育阳光般地辐射到社区和家庭,营造出人人关注科技、参与科技的育人氛围。

(1) 科技教育与基础型课程有机统整:以原有学科教材为基础,系统整合科技素养目标、内容和方法,优化课堂教学方式和学习方式,在教学中强化和渗透科技教育。采取理科为重点,文科为渗透的方式,将科技素养教育列入教学目标,整合教学内容,更新教学方式,开展教学研究。以课程统整的形式,形成具有科技教育特点的部分学科校本化教材,逐步建立科技教育基础课程部分学科指南。

(2) 科技教育与拓展活动、社团活动相结合:首先,学校在每周的拓展课中专门设置了科普专题:植物美化与养护、科技藏书票、环境保护、乐高机器人等课程。其次,学校组建三个科技类社团(OM头脑奥林匹克社团、太阳能小制作社团、创意机器人社团)和五个兴趣小组(科技藏书票、环保摄影、科普研究、科幻画、卫生救护等),满足学生的不同需求,逐步形成科技活动骨干和爱好者不同层次的梯队。

(3) 科技教育与陈瑞强工作室活动相联系:学校成立"陈瑞强青少年科技创新工作室",旨在形成以科教为指导和部分能力强的青年科技辅导教师为核心、各学科老师广泛参与的学校科技教育骨干队伍,发挥科技名师品牌效应,指导学生参加科技竞赛获得了丰硕的成果,从而带动学校科技教育整体发展,有效地提高了学校科技层面。

(4) 科技教育与校园科技文化艺术活动结合起来,设计切实可行的、有一定数量的科技活动方案,田三科技节成为科技教育的活动资源。学校每年举办一届区、市级的"田三杯"头脑奥林匹克创新大赛活动、环保科普讲座活动和科技成果展示活动。2009至2010年学校实施了OM头脑奥林匹克活动方案、太阳能小制作获得方案、创意机器人获得方案和科普研究课题等多项方案。

(5)科技教育与社区资源相结合:田三阳光科技整合社区资源是田林三中开展科技教育新的举措。学校科技教育不仅仅局限于校内,而且要延伸至社区,每年假期学校积极组织学生到社区开展社区垃圾分类等环保活动,使之成为田林三中师生与社区干部共同探讨和开展实践的课题。此外学校也积极组织学生走向社会开展各类环保科普教育活动,定期到上海环境科学院、上海师范大学等科研单位进行科普实践活动。

2.研究方法

本课题是一个理论与实践结合的课题,它需要理论的指导,也需要在实践中验证和提升理论。因此,课题以实践研究为主,结合文献研究、比较研究、案例研究、行动研究等方法。

三、课题研究的目标与内容

1.研究目标

(1)探讨中学科技教育的发展模式。

(2)研究田林三中科技教育普及方法:将科技教育有机地渗透于课堂教学之中,提升学校科技教育水准,提高课堂教学效果,提升学生的科学素养,促进学校整体发展。

2.研究内容

(1)探索中学发展科技教育的可能途径。在对上海市科技特色学校田林第三中学科技教育发展实践进行个案研究的基础上,理清并丰富中学发展科技教育的各种可能途径,分析科技教育发展不同途径之间的相互关联,构建中学发展科技教育的网络化模型。

(2)研究初中科技教育与学科教学的有效统整问题。具体针对三方面展开研究:首先从教材内容上研究,在编排时注意渗透现代科技的基础知识,引入现代科学思想方法。任课教师在备课时认真钻研教材,寻找课文知识与科技教育的结合点,挖掘教材本身的科技教育内容。其次从教学方法上研究,在教学时坚持启发式,创设问题情景,激发学生积极思维,引导他们自己发现和掌握有关规律。增加学生的实践时间,提高实践活动质量,让学生在做中学,在活动中学,培养学生的创新能力。最后从教学手段上研究,重视观察和实验教学,努力提高学生的观察能力、实验能力和动手操作能力。

四、课题研究的框架与策略

1.结构体系

2.实施策略

(1)学习策略:认真学习和研究国内外有关本课题的研究的内容、水平、进度、动向。

(2)研究策略:认真研究本课题的前沿理论和先进经验;研究本校教师和学生科技教育的现状,以及目前存在的问题,顺应现代科技教育发展方向和趋势,增强学生动手能力和综合解决问题的能力,制订有效的实施策略。

(3)推动策略:

①用以点带面的行动研究方法,使本校的科技教育一步步向纵深发展。

②在实验中建立"学科统整"的科技教育指南,使之推动"整合"科技教育的健康发展。

③组织管理机制:成立由校长任组长,副校长任副组长,教导处主任、教研室主任、科技总指导为成员的课题领导小组,使本课题的实施得以组织保证。

五、课题研究的关键与步骤

1. 关键问题

抓科技教育与学科教学的统整,做到科技教育"学科化"。

(1)将科技教育元素渗透到学科课堂教学中,逐渐地使每门学科成为培育科学精神,积累科学方法,探索科学知识的介质。加强教材建设,对参与整合研究的学科教材进行整理和挖掘,要将现行学科教材中隐含的科技教育元素充分地发掘出来,而每一位参与实验的教师要准确地理解和把握课程标准,吃透教材中每一章节的内容,要以科技教育的意识去指导自己备好每一节课,要充分发挥教研组和备课组的团队合作作用,形成一套"科技教育与各学科统整"的指南,使科技教育在各学科中具有可操作性,从而达到有机融合的目的。

(2)创设条件,进一步完善科技教育与学科教学统整的师资队伍。现代教育是以学生的发展为本,以学生的探究为主要的学习方式,以建构学生终身发展体系为目标,因此科技教育与学科教学统整是课堂教学改革的实践,必须以现代教育理念为指导,教师在思想观念和行为实验上都要有一个质的变化。为了能使研究顺利地展开,可在研究的过程中,重点挑选部分中青年骨干教师开设研究课、公开课、示范课,开展以"科技教育深入课堂"为主题的比赛活动,通过说课、上课、评课以点带面,交流成果,总结经验,推动实验不断向前发展。

2. 实施步骤

本课题的研究大致分为三个阶段:

第一阶段:准备和启动阶段,这一阶段的主要任务是:制订课题研究实验方案;收集资料,做好课题理论准备;召开课题开题会。

第二阶段:研究实验阶段,这一阶段的主要任务是:依照实验方案,开展各方面的实验研究,撰写阶段性实验研究报告、论文。

第三阶段:总结评价阶段,这一阶段的主要任务是:对各实验研究成果验收、鉴定,撰写总的实验研究报告;召开课题实验研究工作总结和成果鉴定会议。

××××科研室
二〇一〇年三月十八日

【评析】

这是一则科技开题报告。

本文分别从政策依据、时代需要、学校现状等方面阐述了课题研究的背景,接下来又从"开展科技教育是落实'科教兴国'战略、推进素质教育的体现""探讨中学科技教育发展模式是凸现办学特色的需要""开展科技教育与学科整合是符合教育改革深化的需要"阐述了课题研究的背景,这一部分的表述较为充分。课题研究的思路与方法、课题研究的目标与内容、课题研究的框架与策略、课题研究的关键与步骤等方面对这一课题研究做了全面的论述。

美中不足的是该文并没有对国内外与该课题有关的研究现状及承担该项目的具体条件进行说明。

第三节　可行性研究报告

一、可行性研究报告的含义及其特点

（一）可行性研究报告的含义

可行性研究报告是一种用于拟建项目最终决策研究的文书,它是企业在调查研究的基础上,对某种建设、工程、实验、某项经济活动进行全面分析,论证项目可行性和有效性的书面报告。它是人们从事一种经济活动（投资）之前,从经济、技术、生产、供销,以及社会环境、法律等各种因素进行具体调查、研究、分析,并确定有利和不利的因素,以此作为该项目是否可行、成功率有多少、具备多大的经济效益和社会效果的依据,最终作为呈交决策者和主管机关实行审批的上报文件。

（二）可行性研究报告的特点

1. 真实性

真实性是可行性研究报告的基本要求。可行性研究报告是为拟建某一项目而从各方面进行论证其可行性的书面材料,可行性研究报告对下一步工作的开展起到了至关重要的作用。只有经过深入的调查、科学的计算、综合的分析才能保障下一步工作的顺利实施。

2. 综合性

可行性研究报告是涉及自然科学、社会科学的多学科、多部门、多行业、多层次的综合性报告。

二、可行性研究报告的分类

1. 肯定性的可行性报告

肯定性的可行性报告是对项目实施的必要性和客观性予以肯定的一种报告类型。

2. 否定性的可行性报告

否定性的可行性报告是对项目实施的必要性和客观性予以否定的一种报告类型。

3. 选择性的可行性报告

选择性的可行性报告一般会写出两种以上的不同情况供决策者选择。

三、可行性研究报告的写作

可行性研究报告的写作包括首页、目录、正文三个部分。

(一)首页

首页包含的要素有项目名称、项目的主办单位、项目负责人、技术负责人以及参加本次项目研究和编写报告的人员和报告日期。

(二)目录

对于篇幅较长的可行性研究报告应该在第二页编排目录。

(三)正文

可行性研究报告的正文是报告的主体部分,由前言、论证、结论、附件四个部分组成。

1. 前言

前言是可行性研究报告的开头,是对项目立项的原因、目的、依据、范围、实施单位、承担者、报告人等信息的交代。

2. 论证

论证是引用论据来证明论点的过程和方法。论证部分是可行性研究报告的核心部分,是结论和建议赖以产生的基础。人们通过调查研究获得了各方面的数据,通过对数据的分析研究,对项目实施的可能性、有效性、如何实施、相关技术方案及财务效果进行具体、深入、细致的技术论证和经济评价,以求确定一个在技术上合理、经济上合算的最优方案。同时也包含对下一步工作如何开展或者能不能开展等问题进行全面的论述。

3. 结论

结论是对整个可行性研究提出的综合的分析评价,是对项目是否存在可行性的总结和建议。

4. 附件

附件是对可行性研究报告的主体进行的补充性的说明。

例文评析

【例文1】

大功率 LED 路灯可行性报告

LED 光源在照明领域的应用,是半导体发光材料技术高速发展及"绿色照明"概念逐步深入人心的产物。"绿色照明"是国外照明领域在 20 世纪 80 年代末提出的新概念,我国"绿色照明工程"的实施始于 1996 年。实现这一计划的重要步骤就是要发展和推广高效节能照明器具,节约照明用电,减少环境及光污染,建立一个优质高效、经济舒适、安全可靠、有益环境的照明系统。

一、LED 道路灯的现状及发展

路灯是城市照明的重要组成部分,传统的路灯常采用高压钠灯,高压钠灯整体上光效低的缺点造成了能源的巨大浪费,因此,开发新型高效、节能、寿命长、显色指数高、环保的路灯对城市照明节能具有十分重要的意义。LED 灯是继白炽灯、荧光灯(含高压钠灯、金卤灯)之后的第四代光源,具有高效、环保、节能、寿命长、显色指数高等特性,是当前全球最具发展前景的高新技术领域之一。美国加州大学著名科学家登巴斯表示,如果美国四分之一的灯泡换成"每瓦 150 流明"的发光二极管,则美国到 2025 年前将可以节省约合 1150 亿美元的电耗。这相当于新建 133 个热电厂,与此同时,向大气排放的二氧化碳数量将减少 258 吨。虽然目前 LED 道路灯的市场价是传统灯的四倍,而且目前还没有一个国家已经制订出完整的国家级技术标准,但一场全球范围内 LED 光源的技术革命已悄然展开。欧盟已立法要在 2012 年前全面禁使用除 LED 灯(含达到环保节能要求的灯)以外的其他传统灯;美国也正准备立法(其中部分州市已立法)实施;韩国目前转正计划,利用 5 年时间将国内 10% 的路灯换成 LED 路灯。我国科技部"十城万盏"计划:通过以 LED 在市政照明的应用示范工程为载体,选择 10 个城市,每个城市推广应用 LED 功能照明(路灯、隧道灯、地铁(轻轨)、加油站、地下停车场等功能照明灯)大功率 LED 路灯与常规高压钠灯路灯不同的是,大功率 LED 路灯的光源采用低压直流供电、由 GaN 基功率型蓝光 LED 与黄色荧光粉合成的高效白光二极管,具有高效、安全、节能、环保、寿命长、响应速度快、显色指数高等独特优点,可广泛应用于城市道路照明。自去年以来,在国家节能政策的推广下,很多省市已将应用 LED 道路灯的事宜列入政府的议事日程并提出发展规划,我国的技术标准今年内也将出台,LED 道路灯的大规模商业化应用指日可待。所以 LED 照明的发展趋势还是很好的。

二、LED 灯的市场情况

LED 灯的市场非常大,全球在未来 5～10 年内将形成 500 亿～1 000 亿美元的市场。中国的市场也将超过 2 500 亿人民币,仅广东省现有路灯就达 400 万盏,若全部更换的话需要人民币 300 亿。现在是 LED 技术产业化应用大规模展开、分工格局快速形成的重要阶段,因此,在这个阶段可利用我们已有的专利技术、已经成熟的生产工艺方法,在合适的地域迅速成立新的生产型企业,将企业在现有的基础上很快做大做强。抢占国内乃至国际 LED 道路灯的大市场。从全球 LED 产业发展看,现在正处于成长期,随着 LED 照明技术的突破、应用推广和投资的加快,LED 产业正迅猛发展、世界主要的 LED 厂商尚未形成垄断格局,为我们新成立的企业今后实现跨越式发展提供了机遇。

此外,国家也高度重视节能和环保,LED 作为节能减排的朝阳企业备受关注。《国家中长期科学和技术发展规划纲要》将 LED 列入第一重点领域,启动了"国家半导体照明工程"将其列入国家"863"计划及"十一五"重点攻关课题,大力扶持 LED 产业。各省市也积极规划"绿色节能照明工程"。以广东省为例,2008 年底计划实施"千里路十万盏灯"LED 示范工程,2009 年初已扩大至 20 万盏灯。(我们省现在还没有大面积推广 LED 路灯)为了扶持节能灯照明企业的发展,国家2008年采购了50万盏节能灯,补贴50%后推向用户,这一方式2009年将增加至100万盏,这些都充分显示政府推广LED节能灯的决心和强有力的倾斜式扶持政策。LED照明产业必将成为市场新的宠儿。综上所述,现在选择进入这个行业是一个非常好的时机,可谓"天时、地利、人和"均具有。

三、产品技术性能介绍

1. LED恒流源

LED由于环保、寿命长、光电效率高等众多优点,近年来在各行业应用得以快速发展,LED恒流源成了关注热点。理论上,LED的使用寿命在10万小时以上,但在实际应用过程中,由于LED恒流源的设计及驱动方式选择不当,使LED极易损坏。由于LED的生产厂家及LED规格不同,电流、电压特性均有差异。现以白光LED典型规格为例,按照LED的电流、电压变化规律,一般应用正向电压为3.0~3.6 V左右,典型值电压为3.3 V,电流为20 mA,当加于LED两端的正向电压超过3.6 V后,正向电压很小的增加,LED的正向电流都有可能会成倍增长,使LED发光体温升过快,从而加速LED光衰减,使LED的寿命缩短,严重时甚至烧坏LED。根据LED的电压、电流变化特性,对LED驱动的设计提出严格要求。当前很多厂家生产的LED灯类产品,采用阻、容降压,然后加上一个稳压二极管稳压,向LED供电,这样LED恒流源方式存在极大缺陷,首先是效率低,在降压电阻上消耗大量电能,甚至有可能超过LED所消耗的电能,且无法提供大电流驱动,因为电流越大,消耗在降压电阻上的电能就越大,所以很多产品的LED不敢采用并联方式,均采用串联方式降低电流;其次是稳定电压的能力极差,无法保证通过LED电流不超过其正常工作要求,设计产品时都会采用降低LED两端电压来供电驱动,这样是以降低LED亮度为代价的。采用阻、容降压方式驱动LED,LED的亮度不能稳定,当供电电源电压低时,LED的亮度变暗,供电电源电压高时,LED的亮度变亮些。阻、容降压方式驱动LED的最大优势是成本低。根据LED电流、电压变化特点,采用恒压驱动LED是可行的,虽然常用的稳压电路,存在稳压精度不够和稳流能力较差的缺点,但在某些产品的应用上可能过精确设计,其优势仍然是其他驱动方式无法取代的。采用LED恒流源方式,是比较理想的LED恒流源方式,它能避免LED正向电压的改变而引起电流变动,同时恒定的电流使LED的亮度稳定。还有一种LED驱动方式是可行的,它既不恒压,也不恒流,但通过电路的设计,当LED正向电压升高时,使驱动电流减小,保证了LED产品的安全。当然正向电压的升高只能在LED承受范围,过高也会损坏LED。理想的LED恒流源方式是采用恒压、恒流,但驱动器的成本增加。其实每种驱动方式均有优、缺点,根据LED产品的要求、应用场合,合理选用LED恒流源方式,精确设计驱动电源成为关键。我公司研发LED灯恒流源采用美国国家半导体公司生产的芯片,自主研发的恒压、恒流电路,模块化一体设计。可任意组合成不同功率及亮度需求的产品,每个模块是一个独立的光源且可互换,局部故障不会影响整个灯具的正常工作,方便拆卸及维护,节约维护成本。并且带自动光控电路,半功率自动控系统,恒流功率最大可到200 W。

2. 散热器与灯壳一体化设计

优良的结构设计,充分保障了 LED 的散热要求及使用寿命,同时兼顾了光的分布需要和使用的安全性。

3. 大功率 LED 特性

由于目前的检测方法和参数是参照传统灯的标准,它还不能完全准确地反应出用不同芯片规格生产出来的 LED 路灯所具有的全部性能。所以从检测报告看,其光通量、光效等数值并不高。但从实际使用效果来看,经过 5 000 多小时长期测试,其散热性、路面照度值、光斑均匀度、光强分布和眩光限制以及减少光衰等方面均优于单颗 1 W 的 LED 道路灯。这主要是单颗 8 W 比单颗 1 W 的 LED 光源照射强度更大,其穿透力亦更强,照射距离就远,灯光照到地面上亮度就好,灯的高度越高,比较效果越明显。本产品除具备 LED 路灯所具有的:无频闪,无光污染,启动无延时,耐冲击,抗震力强,无紫外线(UVO)和红外(IR)辐射,无不良眩光,显色指数高,显色特性好,超长寿命,绿色环保等通性外,更有以下特性:

4. 显著的节能性

采用单颗大功率 LED 光源制成的道路灯,比传统钠灯汞灯节能60%以上。

5. LED 光源具有高杆照明灯的能力

16 米 LED 高杆灯的诞生,刷新了人们对 LED 道路灯最高做到 10 米以下的传统认识。

6. 对电网无污染

选用了通过 UL、TUV、CE 等国际安全认证的恒流恒压电源,功率因数≥0.95,偕波失真≤20%,EMI 符合全球指标,降低了供电电路的电能损耗,避免了对电网的高频干扰。

7. 低热低压条件下工作,安全可靠

LED 结温控制在理想的温度下(环境温度 $T_a=25℃$ 时,$T_j<60℃±10\%$)使用安全稳定。

8. 灯体

使用铝、玻璃、不锈钢及 PC 等材料,防腐、防盐雾,经久耐用。

9. 成本低、稳定性好

合理的整灯设计,使灯的总成本低于普通 1 W LED15%,并且光衰减少,灯的无故障时间延长,稳定性能好,使得售后免费保修服务期可更长。

四、投资回报和效益风险分析

1. 投资回收期

本项目技术的最大优点是灯的结构简单、成本很低、产品的性价比高。在市场上将有很强的竞争力,并且整灯结构的兼容性好,可适应不断发展的 LED 芯片带来的新变化需求。

本产品的销售主要是政府(如城市道路)、大型团体(如大学)、大型企业(如高速公路公司)、部队(军营)、大型房地产商(大型生活小区)等特定的对象,因此,投资回报与销售方式有关。不同的方式回报率各不相同。

直销方式(直接销售给用户或代理商)

工程项目配套方式(承接整体新修道路照明工程)

节约电费返还方式(旧灯改造,利用节约电费的钱抵偿灯的改造费)

2. 年效益情况

按年产量8万盏灯设计(其中10~12 m路灯5万盏,6~8 m路灯2万盏,其他灯1万盏)年利润可超过2亿元,年产量按区域市场份额量的2%计算,应该是一个很低的估算。

3. 社会效益

本项目在获得丰厚的经济效益的同时,也将产生良好的社会效益。

4. 投资风险分析

投资风险应分为短期风险和长期风险。短期风险主要是直销或工程项目配套中意外因素造成货款收不到。长期风险是该技术领域发展很快,现产品技术在一段时间后落队造成竞争力下降,而近几年并无这方面的风险,所以,该项目很值得投资。

(摘自118论文网)

【评析】

这是一则关于投资大功率LED路灯的可行性报告。

本文分别从LED道路灯的现状及发展、LED灯的市场情况、LED灯的技术性能、投资回报和效益风险分析等方面对投资LED道路灯进行了全面的分析,通过具体的数据展示投资LED道路灯的可行性。

这是一篇较为不错的可行性研究报告。

第四节 科技论文写作

一、科技论文的含义及特点

(一)科技论文的含义

科技论文是科学技术人员在科学实验(或试验)的基础上,对自然科学或工程技术领域里的现象(或问题)进行科学分析、综合和阐述,从而揭示现象(或问题)的本质与规律的学术论文。

(二)科技论文的特点

1. 创新性

科技论文写作的目标是充分揭示作者的最新研究成果,体现作者研究工作的先进性。科技论文写作要紧紧围绕文章的新内容展开写作。

2. 科学性

科技论文是科学研究成果的书面表现形式。科技论文写作要尊重客观实际,不可编造数据、不可以偏概全,它应该在科学方法的指导下合理地进行科学研究活动,并如实地反映科学研究的成果。

二、科技论文的基本格式

科技论文由标题、署名、摘要、关键词、前言、正文、结论、致谢、参考文献、附录10个方面的内容构成。

1. 标题

标题也叫题名,是以最恰当、最简明的词语反映论文中最重要的特定内容的逻辑组合。标题中所用词语必须考虑到有助于选定关键词和编制题录、索引等,是为二次文献提供检索的特定实用信息。标题应该避免使用不常见的缩略词、首字母缩写字、字符、代号和公式等。标题一般不宜超过20字。外文标题一般不宜超过10个实词。

2. 署名

署名是文章著作权的重要体现。个人研究的成果只需要个人署名;集体的研究成果应按照贡献大小,先后署名;在集体研究成果的基础上进行撰写的,个人只能以执笔者的身份进行署名。作者署名一般标注在文章标题的正下方,要求用真实姓名,不用笔名。有的还需标明作者的单位名称及邮编。

3. 摘要

摘要是论文内容不加注释和评论的简短陈述。论文一般均应有摘要,为了国际交流,还应有外文(多用英文)摘要。摘要是论文的重要组成部分,主要对研究的目的、方法、结果、结论进行阐述。写作摘要的目的在于让读者了解文章的主要内容,具有较强的独立性。摘要位于作者之后,中文摘要一般不宜超过200~300字;外文摘要不宜超过250个实词。

4. 关键词

关键词是为了文献标引工作而从论文中选取出来用以表示全文主题内容信息款目的单词或术语。每篇报告、论文选取3~8个词作为关键词,以显著的字符另起一行,排在摘要的左下方。如有可能,尽量用《汉语主题词表》等词表提供的规范词。为了国际交流,应标注与中文对应的英文关键词。

5. 引言(或绪论)

引言(或绪论)简要说明研究工作的目的、范围、相关领域的前人工作和知识空白、理论基础和分析、研究设想、研究方法和实验设计、预期结果和意义等。引言部分的写作应言简意赅,不要与摘要雷同,不要成为摘要的注释。

6. 正文

正文是科技论文的核心部分,占据了主要的篇幅。主要包括:调查对象、实验和观测方法、仪器设备、材料原料、实验和观测结果、计算方法和编程原理、数据资料、经过加工整理的图表、形成的论点和导出的结论等。由于研究工作涉及的学科、选题、研究方法、工作进程、结果表达方式等有很大的差异,对正文内容不能作统一的规定。正文部分的写作要做到合乎逻辑、结构清晰、语言准确。

7. 结论

科技论文的结论是最终的、总体的结论,不是正文中各段的小结的简单重复。结论应该准确、完整、明确、精练。如果不可能导出应有的结论,也可以没有结论而进行必要的讨论。可以在结论或讨论中提出建议、研究设想、仪器设备改进意见、尚待解决的问题等。

8. 致谢

可以在正文后对下列方面致谢:国家科学基金、资助研究工作的奖学金基金、合同单位、资助或支持的企业、组织或个人;协助完成研究工作和提供便利条件的组织或个人;在研究工作中提出建议和提供帮助的人;给予转载和引用权的资料、图片、文献、研究思想和设想的所有者;其他应感谢的组织或个人。

9. 参考文献

参考文献是作者在写作论文过程中参阅和应用其观点、资料、研究成果的文献资料。参考文献应依次标上序码、作者或译者、文献题目、书或杂志名称、卷号、起止页码、书的出版社、出版时间等。

10. 附录

附录是作为报告、论文主体的补充项目,并不是必需的。有的附录可以编于论文后,也可以另编成册。

例文评析

【例文1】

化学机械法制备叶蜡石基复合钛白粉体研究

严俊 董楠 方伟 邵佳明 盛嘉伟

(浙江工业大学 化学工程与材料学院,杭州 310014)

摘要 以叶蜡石微粉为基核材料、金红石型钛白粉为包覆基质,利用内核化学表面改性与机械研磨的协同效应,实现叶蜡石/钛白粉的核壳包覆结构,进而得到新型的复合钛白粉体。高分辨透射电镜(HR—TEM)、能量分析光谱(EDX)、白度及遮盖力测试结果表明:钛白粉与叶蜡石基质达到较好的包覆,复合粉体可实现颜料级钛白粉的替代。

关键词 叶蜡石 酸洗 化学机械法 核壳结构 复合钛白粉

钛白粉(TiO_2)作为一种白色颜料,广泛用于涂料、塑料、橡胶、油墨、造纸、陶瓷、化妆品和合成纤维等诸多领域[1],随着上述产业对钛白粉需求量的日益增加,供需矛盾也日渐突出。因钛白粉颜料性能由二氧化钛粒子表面的光学性能体现,而未发挥作用的内核每年的浪费量高达其使用总量的30%~60%[2],因此使用廉价易得的矿物材料代替二氧化钛粒子的内核,进而大幅降低钛白粉的使用成本、提高颜料级钛白粉资源的利用率并缓解钛白粉产业严重的环境污染,对社会经济、资源的可持续发展具有极为重要的意义。

以往复合钛白粉的研究较多以高岭土[3-4]、滑石粉[5]为内核,直至目前尚未见有叶蜡石为内核的文献报道。本实验首次以浙江极为丰富的低品质叶蜡石矿为原料,以期制备高性能的复合钛白粉体。

1 试验部分

1.1 原材料 试验用金红石型钛白粉,购自辽宁锦州钛业(CR—501),蓝光白度97.0%,粒径0.3 μm;叶蜡石原矿取自浙江温州,其物化性能见表1。

1.2 试验设备及测试仪器 粉体粒度由LIRI—2006型图像颗粒分析仪测定,叶蜡石原粉酸洗改性后经南大天尊ND系行星式球磨机与钛白粉机械改性复合。复合粉体超声分散60 min后,采用HR—TEM进行微观形貌观察并附带EDX元素分析,遮盖力与白度测试分别采用QZP型黑白板及GQS—102白度仪测定。

表1 试验用叶蜡石的物化性能

遮盖力/(g·m^{-2})	粒径/μm	白度/%	化学成分/wt%						pH值 20%溶液
			SiO$_2$	Al$_2$O$_3$	Fe$_2$O$_3$	CaO	Na$_2$O	K$_2$O	
82.5	3.0	84.1	66.08	19.92	0.70	0.64	0.72	0.64	6.2

1.3 复合粉体制备工艺 取定量经微细处理的叶蜡石粉,将其加入酸溶液中并恒温下搅匀制浆。酸洗粉经水洗、抽滤,再转至已盛装钛白粉及少量表面活性剂的球磨罐中,加入球磨介质并湿磨陈化、过滤、干燥,进而得到样品。试验制备流程见图1。

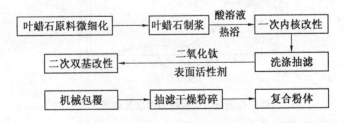

图1 叶蜡石基复合钛白粉的制备工艺流程

2 结果与讨论

2.1 影响复合钛白颜料白度与遮盖力因素

2.1.1 盐酸浓度:试验条件为钛白粉和酸洗叶蜡石粉的质量比,记为R(下同),$R=3/7$、球磨2 h、转速180 r/min,不同酸液浓度与复合颜料白度及遮盖力的关系曲线,见图2。因铁离子为叶蜡石原矿主要显色物质,在酸溶液环境中,将其转化为游离铁离子后过滤洗涤脱除,本实验以盐酸酸洗液为例。

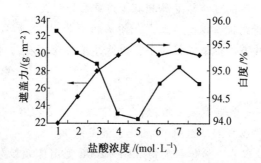

图2 盐酸浓度与复合粉体白度及遮盖力关系曲线

由图2可见,随着盐酸浓度的增加,复合粉体的白度与遮盖力性能明显提高,而当盐酸浓度高于5 mol/L后,复合粉体的颜料性能呈降低趋势。上述现象表明:叶蜡石微粉在经酸洗处理后,表面羟基得到活化,粉体表面的等电点在球磨罐中与钛白粉复合时也随之变化,因不同浓度的盐酸对叶蜡石粉体的活化作用及程度也各不同,当叶蜡石粉体经酸洗后,包覆环境的pH值位于酸洗粉和钛白粉两者等电点之间时,此时可实现较好的包覆,进而得到性能较高的钛白复合颜料。

2.1.2 钛白粉用量:试验条件为酸液(盐酸)浓度4 mol/L、球磨2 h、转速180 r/min,R与复合颜料白度及遮盖力的关系曲线,见图3。

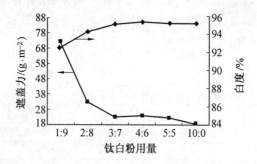

图3 钛白粉用量与复合粉体白度及遮盖力关系曲线

从图3可知,当钛白粉与酸洗叶蜡石粉复合后,复合粉体遮盖力与白度随着R增大呈准单调变化,且在$R=3/7$之后遮盖力与白度两个参数基本不变,上述现象表明:当$R=3/7$后,复合粉体的遮盖力并未有较大提高,因钛白粉颜料的体积浓度影响TiO_2粒子间的距离,高浓度涂料中TiO_2粒子间距较小,粒子排布相对拥挤,当粒子之间的距离小于半个光波长时,单个TiO_2粒子就不具备独立散射中心的功能,因此降低了涂料的遮盖性能;$R=3/7$为钛白粉包覆叶蜡石两者量化比对白度影响的临界值,其包覆形成的核壳结构见图4。由图4可知,TiO_2在叶蜡石表面形成单覆层即可实现单一TiO_2颜料功效,当$R>3/7$后,即可能出现多覆层结构,此时对复合粉体白度的提高并无意义。

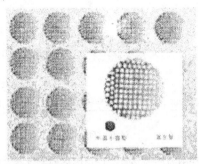

图 4　钛白粉与叶蜡石复合粉体的"核壳"结构

2.1.3　球磨转速:试验条件为酸液(盐酸)浓度 4 mol/L、球磨 2 h、$R=3/7$,球磨转速与复合颜料白度及遮盖力的关系曲线,见图 5。

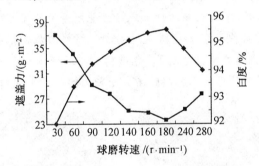

图 5　球磨速度与复合粉体白度及遮盖力关系曲线

由图 5 可见,复合粉体的颜料性能并非与球磨强度呈单调函数关系,球磨强度为 180 r/min 时粉体的遮盖力与白度同时出现最佳性能,而球磨强度进一步增大,粉体遮盖力和白度明显下降。上述现象产生的原因在于:粉体颗粒在球磨包覆的同时,两微粒粒径会逐渐减小,因表面能的增加,出现单一颗粒的团聚,且球磨强度的增加破坏两不同颗粒间的吸附力,最终影响复合粉体的包覆性能。

2.1.4　球磨时间:试验条件为酸液(盐酸)浓度 4 mol/L、球磨转速 180 r/min、$R=3/7$,球磨时间与复合颜料白度及遮盖力的关系曲线,见图 6。

综合图 5、图 6 发现,球磨转速与球磨时间两因素对复合粉体的性能变化呈一致规律,其原因均为粒子的团聚效应和包覆结合力的破坏。

2.2　二次改性与机械力包覆机理　粉体复合过程中,采用活性剂对两者进行表面改性,其机理在于:利用表面活性剂的有机官能团等与粒子表面进行化学吸附或化学反应,使表面活性剂覆盖于粒子表面[6-7]。

S.J.Monte 等人[8]提出表面改性剂烷氧基与刚性粉体表面的羟基作用,从而使改性剂包

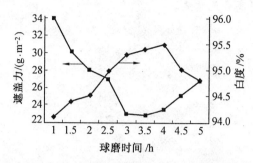

图6 球磨时间与复合粉体白度及遮盖力关系曲线

覆于无机填料表面,发挥改性功效。其次,机械力化学法改性是指利用球磨粉碎及其他强烈机械作用有目的地对粉体表面进行激活,粉体在机械力的作用下,其内部结构、物理化学性质以及化学反应活性也相应地产生一系列变化,在一定程度上改变粉体颗粒表面的晶体结构、溶解性能、化学吸附和反应活性,增加表面活性点或活性基团等。

2.3 粉体HR—TEM形貌观察及EDX元素分析 叶蜡石原粉体经酸洗、改性、机械力化学作用与钛白粉包覆后微观形貌特征见图7。包覆前叶蜡石粉体表面无明显可见颗粒的黏附现象,包覆后可看出在叶蜡石基底表面黏附较多大小较为均一的小颗粒,其中原粉及黏附小颗粒粒径分别为2.80 μm和0.23 μm左右。

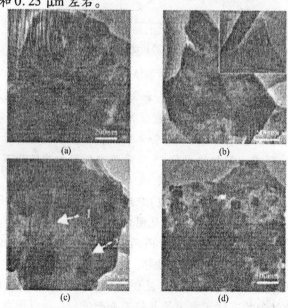

图7 叶蜡石原粉及复合粉体形貌TEM图
a,b—叶蜡石原粉;c,d—复合粉体;c1—基底;c2—包覆基质

因粉体包覆时存在机械力研磨，为消除研磨致原粉细化沉降至叶蜡石基体表面的可能性，在进行 TEM 测试前对复合粉进行较充分的超声分散，同时在与复合包覆球磨同一条件下对单组分叶蜡石球磨 4 h，并对球磨产物进行 TEM 测试，此外，对图 7 中 TEM 照片 C 中基底(1 处)与覆盖小颗粒(2 处)分别进行 EDX 分析，结果见图 8。图 8 表明：对单一叶蜡石球磨 4 h 后，叶蜡石颗粒粒径减小至 2.0 μm 左右，这与叶蜡石表面黏附颗粒粒径相差较远；其次，图 7c 中 1 与 2 点处的元素分布存在极为明显的差异，即 2 处小颗粒表现为有 Ti 元素而无 Si 存在特性，且对 2 处周围小颗粒进行 EDX 分析，也同样存在该现象。因此可以肯定，经表面改性—机械力包覆后 TiO_2 实现了对叶蜡石基体较好的包覆。

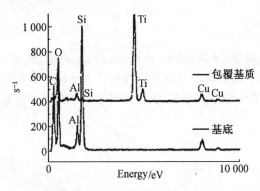

图 8　叶蜡石复合粉体基底与包覆基质的 EDX 分析

3 结论

1. 以价廉且蕴藏极为丰富的叶蜡石为原料，制备复合钛白粉，并可实现颜料级钛白粉的替代。
2. 叶蜡石基复合钛白粉体制备的较佳工艺条件为：酸液（盐酸）浓度 4 mol/L、球磨 2 h、$R=3/7$，球磨转速 180 r/min，能得到遮盖力为 23 g/m^2、白度达到 94% 的复合粉体。
3. 在机械力与表面活性剂的协同作用下，钛白粉能较好地实现对酸洗后叶蜡石的包覆。

参考文献：

[1] 宋爱军. 国内钛白粉的应用工艺和市场[J]. 中国氯碱, 2005(8):18-20.

[2] 柴修安, 王新春, 等. GR 复合钛白颜料在塑料领域的应用探讨[J]. 塑料工业, 2008, 36(8):74-75.

[3] 晏全香, 袁继祖. 溶胶—凝胶法制备高岭土基复合颜料[J]. 非金属矿, 2008, 31(4):26-28.

[4] N INNESS B J. Formation of a thin TiO_2 layer on the surface of silica and kaolin pigments through atomic layer deposition [J]. Colloids and surface A: Physicochemical and Engineering Aspects, 2003, 214(3):195-204.

[5] 张晓波, 郑水林, 等. 金红石型钛白/白色矿粉复合无机颜料的性能研究[J]. 非金属

矿,2008,31(6):33-34.
[6] 李勇进,王公善.不同偶联剂对叶蜡石表面的改性研究[J].塑料科技,1998(4):1-4.
[7] 陆厚根.粉体工程导论[M].上海:同济大学出版社,1993.
[8] WILSON MJ. Clay Mineralogy:Spectroscopic and chemical determinativemethods [M]. London,New York:Chapman&Hall,1994.
[9] 孔德玉,陆厚根.叶蜡石机械力化学表面改性研究[J].建筑材料学报,1998,1(1):63-67.

(引自《非金属矿》2011年3月 第34卷第2期)

【评析】

这是一篇科技论文。

这篇科技论文包含了标题、署名、摘要、关键词、引言、正文、结论、参考文献八个部分。格式上符合科技论文的要求。正文部分通过实验得到了大量的具有较强的说服力的数据来说明所阐述的问题,并采用了图文结合的形式,使得对问题的说明更加形象和准确。

附　录

附录一

2012年党政机关公文处理工作条例

中办发〔2012〕14号

第一章　总则

第一条　为了适应中国共产党机关和国家行政机关（以下简称党政机关）工作需要，推进党政机关公文处理工作科学化、制度化、规范化，制定本条例。

第二条　本条例适用于各级党政机关公文处理工作。

第三条　党政机关公文是党政机关实施领导、履行职能、处理公务的具有特定效力和规范体式的文书，是传达贯彻党和国家方针政策，公布法规和规章，指导、布置和商洽工作，请示和答复问题，报告、通报和交流情况等的重要工具。

第四条　公文处理工作是指公文拟制、办理、管理等一系列相互关联、衔接有序的工作。

第五条　公文处理工作应当坚持实事求是、准确规范、精简高效、安全保密的原则。

第六条　各级党政机关应当高度重视公文处理工作，加强组织领导，强化队伍建设，设立文秘部门或者由专人负责公文处理工作。

第七条　各级党政机关办公厅（室）主管本机关的公文处理工作，并对下级机关的公文处理工作进行业务指导和督促检查。

第二章　公文种类

第八条　公文种类主要有：

（一）决议。适用于会议讨论通过的重大决策事项。

（二）决定。适用于对重要事项作出决策和部署、奖惩有关单位和人员、变更或者撤销下级机关不适当的决定事项。

(三)命令(令)。适用于公布行政法规和规章、宣布施行重大强制性措施、批准授予和晋升衔级、嘉奖有关单位和人员。

(四)公报。适用于公布重要决定或者重大事项。

(五)公告。适用于向国内外宣布重要事项或者法定事项。

(六)通告。适用于在一定范围内公布应当遵守或者周知的事项。

(七)意见。适用于对重要问题提出见解和处理办法。

(八)通知。适用于发布、传达要求下级机关执行和有关单位周知或者执行的事项,批转、转发公文。

(九)通报。适用于表彰先进、批评错误、传达重要精神和告知重要情况。

(十)报告。适用于向上级机关汇报工作、反映情况,回复上级机关的询问。

(十一)请示。适用于向上级机关请求指示、批准。

(十二)批复。适用于答复下级机关请示事项。

(十三)议案。适用于各级人民政府按照法律程序向同级人民代表大会或者人民代表大会常务委员会提请审议事项。

(十四)函。适用于不相隶属机关之间商洽工作、询问和答复问题、请求批准和答复审批事项。

(十五)纪要。适用于记载会议主要情况和议定事项。

第三章 公文格式

第九条 公文一般由份号、密级和保密期限、紧急程度、发文机关标志、发文字号、签发人、标题、主送机关、正文、附件说明、发文机关署名、成文日期、印章、附注、附件、抄送机关、印发机关和印发日期、页码等组成。

(一)份号。公文印制份数的顺序号。涉密公文应当标注份号。

(二)密级和保密期限。公文的秘密等级和保密的期限。涉密公文应当根据涉密程度分别标注"绝密""机密""秘密"和保密期限。

(三)紧急程度。公文送达和办理的时限要求。根据紧急程度,紧急公文应当分别标注"特急""加急",电报应当分别标注"特提""特急""加急""平急"。

(四)发文机关标志。由发文机关全称或者规范化简称加"文件"二字组成,也可以使用发文机关全称或者规范化简称。联合行文时,发文机关标志可以并用联合发文机关名称,也可以单独用主办机关名称。

(五)发文字号。由发文机关代字、年份、发文顺序号组成。联合行文时,使用主办机关的发文字号。

(六)签发人。上行文应当标注签发人姓名。

(七)标题。由发文机关名称、事由和文种组成。

（八）主送机关。公文的主要受理机关，应当使用机关全称、规范化简称或者同类型机关统称。

（九）正文。公文的主体，用来表述公文的内容。

（十）附件说明。公文附件的顺序号和名称。

（十一）发文机关署名。署发文机关全称或者规范化简称。

（十二）成文日期。署会议通过或者发文机关负责人签发的日期。联合行文时，署最后签发机关负责人签发的日期。

（十三）印章。公文中有发文机关署名的，应当加盖发文机关印章，并与署名机关相符。有特定发文机关标志的普发性公文和电报可以不加盖印章。

（十四）附注。公文印发传达范围等需要说明的事项。

（十五）附件。公文正文的说明、补充或者参考资料。

（十六）抄送机关。除主送机关外需要执行或者知晓公文内容的其他机关，应当使用机关全称、规范化简称或者同类型机关统称。

（十七）印发机关和印发日期。公文的送印机关和送印日期。

第十条　公文的版式按照《党政机关公文格式》国家标准执行。

第十一条　公文使用的汉字、数字、外文字符、计量单位和标点符号等，按照有关国家标准和规定执行。民族自治地方的公文，可以并用汉字和当地通用的少数民族文字。

第十二条　公文用纸幅面采用国际标准 A4 型。特殊形式的公文用纸幅面，根据实际需要确定。

第四章　行文规则

第十三条　行文应当确有必要，讲求实效，注重针对性和可操作性。

第十四条　行文关系根据隶属关系和职权范围确定。一般不得越级行文，特殊情况需要越级行文的，应当同时抄送被越过的机关。

第十五条　向上级机关行文，应当遵循以下规则：

（一）原则上主送一个上级机关，根据需要同时抄送相关上级机关和同级机关，不抄送下级机关。

（二）党委、政府的部门向上级主管部门请示、报告重大事项，应当经本级党委、政府同意或者授权；属于部门职权范围内的事项应当直接报送上级主管部门。

（三）下级机关的请示事项，如需以本机关名义向上级机关请示，应当提出倾向性意见后上报，不得原文转报上级机关。

（四）请示应当一文一事。不得在报告等非请示性公文中夹带请示事项。

（五）除上级机关负责人直接交办事项外，不得以本机关名义向上级机关负责人报送公文，不得以本机关负责人名义向上级机关报送公文。

(六)受双重领导的机关向一个上级机关行文,必要时抄送另一个上级机关。

第十六条　向下级机关行文,应当遵循以下规则:

(一)主送受理机关,根据需要抄送相关机关。重要行文应当同时抄送发文机关的直接上级机关。

(二)党委、政府的办公厅(室)根据本级党委、政府授权,可以向下级党委、政府行文,其他部门和单位不得向下级党委、政府发布指令性公文或者在公文中向下级党委、政府提出指令性要求。需经政府审批的具体事项,经政府同意后可以由政府职能部门行文,文中须注明已经政府同意。

(三)党委、政府的部门在各自职权范围内可以向下级党委、政府的相关部门行文。

(四)涉及多个部门职权范围内的事务,部门之间未协商一致的,不得向下行文;擅自行文的,上级机关应当责令其纠正或者撤销。

(五)上级机关向受双重领导的下级机关行文,必要时抄送该下级机关的另一个上级机关。

第十七条　同级党政机关、党政机关与其他同级机关必要时可以联合行文。属于党委、政府各自职权范围内的工作,不得联合行文。党委、政府的部门依据职权可以相互行文。部门内设机构除办公厅(室)外不得对外正式行文。

第五章　公文拟制

第十八条　公文拟制包括公文的起草、审核、签发等程序。

第十九条　公文起草应当做到:

(一)符合国家法律法规和党的路线方针政策,完整准确体现发文机关意图,并同现行有关公文相衔接。

(二)一切从实际出发,分析问题实事求是,所提政策措施和办法切实可行。

(三)内容简洁,主题突出,观点鲜明,结构严谨,表述准确,文字精炼。

(四)文种正确,格式规范。

(五)深入调查研究,充分进行论证,广泛听取意见。

(六)公文涉及其他地区或者部门职权范围内的事项,起草单位必须征求相关地区或者部门意见,力求达成一致。

(七)机关负责人应当主持、指导重要公文起草工作。

第二十条　公文文稿签发前,应当由发文机关办公厅(室)进行审核。审核的重点是:

(一)行文理由是否充分,行文依据是否准确。

(二)内容是否符合国家法律法规和党的路线方针政策;是否完整准确体现发文机关意图;是否同现行有关公文相衔接;所提政策措施和办法是否切实可行。

(三)涉及有关地区或者部门职权范围内的事项是否经过充分协商并达成一致意见。

（四）文种是否正确，格式是否规范；人名、地名、时间、数字、段落顺序、引文等是否准确；文字、数字、计量单位和标点符号等用法是否规范。

（五）其他内容是否符合公文起草的有关要求。

需要发文机关审议的重要公文文稿，审议前由发文机关办公厅（室）进行初核。

第二十一条　经审核不宜发文的公文文稿，应当退回起草单位并说明理由；符合发文条件但内容需作进一步研究和修改的，由起草单位修改后重新报送。

第二十二条　公文应当经本机关负责人审批签发。重要公文和上行文由机关主要负责人签发。党委、政府的办公厅（室）根据党委、政府授权制发的公文，由受权机关主要负责人签发或者按照有关规定签发。签发人签发公文，应当签署意见、姓名和完整日期；圈阅或者签名的，视为同意。联合发文由所有联署机关的负责人会签。

第六章　公文办理

第二十三条　公文办理包括收文办理、发文办理和整理归档。

第二十四条　收文办理主要程序是：

（一）签收。对收到的公文应当逐件清点，核对无误后签字或者盖章，并注明签收时间。

（二）登记。对公文的主要信息和办理情况应当详细记载。

（三）初审。对收到的公文应当进行初审。初审的重点是：是否应当由本机关办理，是否符合行文规则，文种、格式是否符合要求，涉及其他地区或者部门职权范围内的事项是否已经协商、会签，是否符合公文起草的其他要求。经初审不符合规定的公文，应当及时退回来文单位并说明理由。

（四）承办。阅知性公文应当根据公文内容、要求和工作需要确定范围后分送。批办性公文应当提出拟办意见报本机关负责人批示或者转有关部门办理；需要两个以上部门办理的，应当明确主办部门。紧急公文应当明确办理时限。承办部门对交办的公文应当及时办理，有明确办理时限要求的应当在规定时限内办理完毕。

（五）传阅。根据领导批示和工作需要将公文及时送传阅对象阅知或者批示。办理公文传阅应当随时掌握公文去向，不得漏传、误传、延误。

（六）催办。及时了解掌握公文的办理进展情况，督促承办部门按期办结。紧急公文或者重要公文应当由专人负责催办。

（七）答复。公文的办理结果应当及时答复来文单位，并根据需要告知相关单位。

第二十五条　发文办理主要程序是：

（一）复核。已经发文机关负责人签批的公文，印发前应当对公文的审批手续、内容、文种、格式等进行复核；需作实质性修改的，应当报原签批人复审。

（二）登记。对复核后的公文，应当确定发文字号、分送范围和印制份数并详细记载。

（三）印制。公文印制必须确保质量和时效。涉密公文应当在符合保密要求的场所印制。

（四）核发。公文印制完毕，应当对公文的文字、格式和印刷质量进行检查后分发。

第二十六条　涉密公文应当通过机要交通、邮政机要通信、城市机要文件交换站或者收发件机关机要收发人员进行传递，通过密码电报或者符合国家保密规定的计算机信息系统进行传输。

第二十七条　需要归档的公文及有关材料，应当根据有关档案法律法规以及机关档案管理规定，及时收集齐全、整理归档。两个以上机关联合办理的公文，原件由主办机关归档，相关机关保存复制件。机关负责人兼任其他机关职务的，在履行所兼职务过程中形成的公文，由其兼职机关归档。

第七章　公文管理

第二十八条　各级党政机关应当建立健全本机关公文管理制度，确保管理严格规范，充分发挥公文效用。

第二十九条　党政机关公文由文秘部门或者专人统一管理。设立党委（党组）的县级以上单位应当建立机要保密室和机要阅文室，并按照有关保密规定配备工作人员和必要的安全保密设施设备。

第三十条　公文确定密级前，应当按照拟定的密级先行采取保密措施。确定密级后，应当按照所定密级严格管理。绝密级公文应当由专人管理。公文的密级需要变更或者解除的，由原确定密级的机关或者其上级机关决定。

第三十一条　公文的印发传达范围应当按照发文机关的要求执行；需要变更的，应当经发文机关批准。涉密公文公开发布前应当履行解密程序。公开发布的时间、形式和渠道，由发文机关确定。经批准公开发布的公文，同发文机关正式印发的公文具有同等效力。

第三十二条　复制、汇编机密级、秘密级公文，应当符合有关规定并经本机关负责人批准。绝密级公文一般不得复制、汇编，确有工作需要的，应当经发文机关或者其上级机关批准。复制、汇编的公文视同原件管理。复制件应当加盖复制机关戳记。翻印件应当注明翻印的机关名称、日期。汇编本的密级按照编入公文的最高密级标注。汇编，确有工作需要的，应当经发文机关或者其上级机关批准。复制、汇编的公文视同原件管理。

复制件应当加盖复制机关戳记。翻印件应当注明翻印的机关名称、日期。汇编本的密级按照编入公文的最高密级标注。

第三十三条　公文的撤销和废止，由发文机关、上级机关或者权力机关根据职权范围和有关法律法规决定。公文被撤销的，视为自始无效；公文被废止的，视为自废止之日起失效。

第三十四条　涉密公文应当按照发文机关的要求和有关规定进行清退或者销毁。

第三十五条　不具备归档和保存价值的公文，经批准后可以销毁。销毁涉密公文必须严格按照有关规定履行审批登记手续，确保不丢失、不漏销。个人不得私自销毁、留存涉密公文。

第三十六条　机关合并时，全部公文应当随之合并管理；机关撤销时，需要归档的公文经整理后按照有关规定移交档案管理部门。

工作人员离岗离职时,所在机关应当督促其将暂存、借用的公文按照有关规定移交、清退。

第三十七条　新设立的机关应当向本级党委、政府的办公厅(室)提出发文立户申请。经审查符合条件的,列为发文单位,机关合并或者撤销时,相应进行调整。

第八章　附　则

第三十八条　党政机关公文含电子公文。电子公文处理工作的具体办法另行制定。

第三十九条　法规、规章方面的公文,依照有关规定处理。外事方面的公文,依照外事主管部门的有关规定处理。

第四十条　其他机关和单位的公文处理工作,可以参照本条例执行。

第四十一条　本条例由中共中央办公厅、国务院办公厅负责解释。

第四十二条　本条例自 2012 年 7 月 1 日起施行。1996 年 5 月 3 日中共中央办公厅发布的《中国共产党机关公文处理条例》和 2000 年 8 月 24 日国务院发布的《国家行政机关公文处理办法》停止执行。

二〇一二年四月十二日

附录二

党政机关公文格式

1　范围

本标准规定了党政机关公文通用的纸张要求、排版和印制装订要求、公文格式各要素的编排规则,并给出了公文的式样。

本标准适用于各级党政机关制发的公文。其他机关和单位的公文可以参照执行。

使用少数民族文字印制的公文,其用纸、幅面尺寸及版面、印制等要求按照本标准执行,其余可以参照本标准并按照有关规定执行。

2　规范性引用文件

下列文件对于本标准的应用是必不可少的。凡是注日期的引用文件,仅所注日期的版本适用于本标准。凡是不注日期的引用文件,其最新版本(包括所有的修改单)适用于本标准。

GB/T 148　印刷、书写和绘图纸幅面尺寸

GB 3100　国际单位制及其应用

GB 3101　有关量、单位和符号的一般原则

GB 3102(所有部分)　量和单位

GB/T 15834　标点符号用法

GB/T 15835　出版物上数字用法

3　术语和定义

下列术语和定义适用于本标准。

3.1

字　word

标示公文中横向距离的长度单位。在本标准中,一字指一个汉字宽度的距离。

3.2

行　line

标示公文中纵向距离的长度单位。在本标准中,一行指一个汉字的高度加 3 号汉字高度的 7/8 的距离。

4　公文用纸主要技术指标

公文用纸一般使用纸张定量为 60 g/m² ~ 80 g/m² 的胶版印刷纸或复印纸。纸张白度 80% ~ 90%,横向耐折度≥15 次,不透明度≥85%,pH 值为 7.5 ~ 9.5。

5　公文用纸幅面尺寸及版面要求

5.1　幅面尺寸

公文用纸采用 GB/T 148 中规定的 A4 型纸,其成品幅面尺寸为 210 mm×297 mm。

5.2 版面

5.2.1 页边与版心尺寸

公文用纸天头(上白边)为 37 mm±1 mm,公文用纸订口(左白边)为 28mm±1mm,版心尺寸为 156 mm×225 mm。

5.2.2 字体和字号

如无特殊说明,公文格式各要素一般用 3 号仿宋体字。特定情况可以作适当调整。

5.2.3 行数和字数

一般每面排 22 行,每行排 28 个字,并撑满版心。特定情况可以作适当调整。

5.2.4 文字的颜色

如无特殊说明,公文中文字的颜色均为黑色。

6 印制装订要求

6.1 制版要求

版面干净无底灰,字迹清楚无断划,尺寸标准,版心不斜,误差不超过 1 mm。

6.2 印刷要求

双面印刷;页码套正,两面误差不超过 2 mm。黑色油墨应当达到色谱所标 BL100%,红色油墨应当达到色谱所标 Y80%、M80%。印品着墨实、均匀;字面不花、不白、无断划。

6.3 装订要求

公文应当左侧装订,不掉页,两页页码之间误差不超过 4 mm,裁切后的成品尺寸允许误差±2 mm,四角成 90°,无毛茬或缺损。

骑马订或平订的公文应当:

a) 订位为两钉外订眼距版面上下边缘各 70 mm 处,允许误差±4mm;
b) 无坏钉、漏钉、重钉,钉脚平伏牢固;
c) 骑马订钉锯均订在折缝线上,平订钉锯与书脊间的距离为 3mm～5mm。

包本装订公文的封皮(封面、书脊、封底)与书芯应吻合、包紧、包平、不脱落。

7 公文格式各要素编排规则

7.1 公文格式各要素的划分

本标准将版心内的公文格式各要素划分为版头、主体、版记三部分。公文首页红色分隔线以上的部分称为版头;公文首页红色分隔线(不含)以下、公文末页首条分隔线(不含)以上的部分称为主体;公文末页首条分隔线以下、末条分隔线以上的部分称为版记。

页码位于版心外。

7.2 版头

7.2.1 份号

如需标注份号,一般用6位3号阿拉伯数字,顶格编排在版心左上角第一行。

7.2.2 密级和保密期限

如需标注密级和保密期限,一般用3号黑体字,顶格编排在版心左上角第二行;保密期限中的数字用阿拉伯数字标注。

7.2.3 紧急程度

如需标注紧急程度,一般用3号黑体字,顶格编排在版心左上角;如需同时标注份号、密级和保密期限、紧急程度,按照份号、密级和保密期限、紧急程度的顺序自上而下分行排列。

7.2.4 发文机关标志

由发文机关全称或者规范化简称加"文件"二字组成,也可以使用发文机关全称或者规范化简称。

发文机关标志居中排布,上边缘至版心上边缘为35 mm,推荐使用小标宋体字,颜色为红色,以醒目、美观、庄重为原则。

联合行文时,如需同时标注联署发文机关名称,一般应当将主办机关名称排列在前;如有"文件"二字,应当置于发文机关名称右侧,以联署发文机关名称为准上下居中排布。

7.2.5 发文字号

编排在发文机关标志下空二行位置,居中排布。年份、发文顺序号用阿拉伯数字标注;年份应标全称,用六角括号"〔〕"括入;发文顺序号不加"第"字,不编虚位(即1不编为01),在阿拉伯数字后加"号"字。

上行文的发文字号居左空一字编排,与最后一个签发人姓名处在同一行。

7.2.6 签发人

由"签发人"三字加全角冒号和签发人姓名组成,居右空一字,编排在发文机关标志下空二行位置。"签发人"三字用3号仿宋体字,签发人姓名用3号楷体字。

如有多个签发人,签发人姓名按照发文机关的排列顺序从左到右、自上而下依次均匀编排,一般每行排两个姓名,回行时与上一行第一个签发人姓名对齐。

7.2.7 版头中的分隔线

发文字号之下4 mm处居中印一条与版心等宽的红色分隔线。

7.3 主体

7.3.1 标题

一般用2号小标宋体字,编排于红色分隔线下空二行位置,分一行或多行居中排布;回行时,要做到词意完整,排列对称,长短适宜,间距恰当,标题排列应当使用梯形或菱形。

GB/T 9704—2012

7.3.2 主送机关

编排于标题下空一行位置,居左顶格,回行时仍顶格,最后一个机关名称后标全角冒号。如主送机关名称过多导致公文首页不能显示正文时,应当将主送机关名称移至版记,标注方法见7.4.2。

7.3.3 正文

公文首页必须显示正文。一般用3号仿宋体字,编排于主送机关名称下一行,每个自然段左空二字,回行顶格。文中结构层次序数依次可以用"一、""(一)""1.""(1)"标注;一般第一层用黑体字、第二层用楷体字、第三层和第四层用仿宋体字标注。

7.3.4 附件说明

如有附件,在正文下空一行左空二字编排"附件"二字,后标全角冒号和附件名称。如有多个附件,使用阿拉伯数字标注附件顺序号(如"附件:1. ×××××");附件名称后不加标点符号。附件名称较长需回行时,应当与上一行附件名称的首字对齐。

7.3.5 发文机关署名、成文日期和印章

7.3.5.1 加盖印章的公文

成文日期一般右空四字编排,印章用红色,不得出现空白印章。

单一机关行文时,一般在成文日期之上、以成文日期为准居中编排发文机关署名,印章端正、居中下压发文机关署名和成文日期,使发文机关署名和成文日期居印章中心偏下位置,印章顶端应当上距正文(或附件说明)一行之内。

联合行文时,一般将各发文机关署名按照发文机关顺序整齐排列在相应位置,并将印章一一对应、端正、居中下压发文机关署名,最后一个印章端正、居中下压发文机关署名和成文日期,印章之间排列整齐、互不相交或相切,每排印章两端不得超出版心,首排印章顶端应当上距正文(或附件说明)一行之内。

7.3.5.2 不加盖印章的公文

单一机关行文时,在正文(或附件说明)下空一行右空二字编排发文机关署名,在发文机关署名下一行编排成文日期,首字比发文机关署名首字右移二字,如成文日期长于发文机关署名,应当使成文日期右空二字编排,并相应增加发文机关署名右空字数。

联合行文时,应当先编排主办机关署名,其余发文机关署名依次向下编排。

7.3.5.3 加盖签发人签名章的公文

单一机关制发的公文加盖签发人签名章时,在正文(或附件说明)下空二行右空四字加盖签发人签名章,签名章左空二字标注签发人职务,以签名章为准上下居中排布。在签发人签名章下空一行右空四字编排成文日期。

联合行文时,应当先编排主办机关签发人职务、签名章,其余机关签发人职务、签名章依次向下编排,与主办机关签发人职务、签名章上下对齐;每行只编排一个机关的签发人职务、签名章;签发人职务应当标注全称。

签名章一般用红色。

GB/T 9704—2012

7.3.5.4 成文日期中的数字

用阿拉伯数字将年、月、日标全,年份应标全称,月、日不编虚位(即1不编为01)。

7.3.5.5 特殊情况说明

当公文排版后所剩空白处不能容下印章或签发人签名章、成文日期时,可以采取调整行距、字距的措施解决。

7.3.6 附注

如有附注,居左空二字加圆括号编排在成文日期下一行。

7.3.7 附件

附件应当另面编排,并在版记之前,与公文正文一起装订。"附件"二字及附件顺序号用3号黑体字顶格编排在版心左上角第一行。附件标题居中编排在版心第三行。附件顺序号和附件标题应当与附件说明的表述一致。附件格式要求同正文。

如附件与正文不能一起装订,应当在附件左上角第一行顶格编排公文的发文字号并在其后标注"附件"二字及附件顺序号。

7.4 版记

7.4.1 版记中的分隔线

版记中的分隔线与版心等宽,首条分隔线和末条分隔线用粗线(推荐高度为 0.35 mm),中间的分隔线用细线(推荐高度为 0.25 mm)。首条分隔线位于版记中第一个要素之上,末条分隔线与公文最后一面的版心下边缘重合。

7.4.2 抄送机关

如有抄送机关,一般用4号仿宋体字,在印发机关和印发日期之上一行、左右各空一字编排。"抄送"二字后加全角冒号和抄送机关名称,回行时与冒号后的首字对齐,最后一个抄送机关名称后标句号。

如需把主送机关移至版记,除将"抄送"二字改为"主送"外,编排方法同抄送机关。既有主送机关又有抄送机关时,应当将主送机关置于抄送机关之上一行,之间不加分隔线。

7.4.3 印发机关和印发日期

印发机关和印发日期一般用4号仿宋体字,编排在末条分隔线之上,印发机关左空一字,印发日期右空一字,用阿拉伯数字将年、月、日标全,年份应标全称,月、日不编虚位(即1不编为01),后加"印发"二字。

版记中如有其他要素,应当将其与印发机关和印发日期用一条细分隔线隔开。

7.5 页码

一般用4号半角宋体阿拉伯数字,编排在公文版心下边缘之下,数字左右各放一条一字线;一字线上距版心下边缘 7 mm。单页码居右空一字,双页码居左空一字。公文的版记页前有空白页的,空白页和版记页均不编排页码。公文的附件与正文一起装订时,页码应当连续编排。

GB/T 9704—2012

8 公文中的横排表格

A4 纸型的表格横排时,页码位置与公文其他页码保持一致,单页码表头在订口一边,双页码表头在切口一边。

9 公文中计量单位、标点符号和数字的用法

公文中计量单位的用法应当符合 GB 3100、GB 3101 和 GB 3102(所有部分),标点符号的用法应当符合 GB/T 15834,数字用法应当符合 GB/T 15835。

10 公文的特定格式

10.1 信函格式

发文机关标志使用发文机关全称或者规范化简称,居中排布,上边缘至上页边为30mm,推荐使用红色小标宋体字。联合行文时,使用主办机关标志。

发文机关标志下 4 mm 处印一条红色双线(上粗下细),距下页边 20 mm 处印一条红色双线(上细下粗),线长均为 170 mm,居中排布。

如需标注份号、密级和保密期限、紧急程度,应当顶格居版心左边缘编排在第一条红色双线下,按照份号、密级和保密期限、紧急程度的顺序自上而下分行排列,第一个要素与该线的距离为 3 号汉字高度的 7/8。

发文字号顶格居版心右边缘编排在第一条红色双线下,与该线的距离为 3 号汉字高度的 7/8。

标题居中编排,与其上最后一个要素相距二行。

第二条红色双线上一行如有文字,与该线的距离为 3 号汉字高度的 7/8。

首页不显示页码。

版记不加印发机关和印发日期、分隔线,位于公文最后一面版心内最下方。

10.2 命令(令)格式

发文机关标志由发文机关全称加"命令"或"令"字组成,居中排布,上边缘至版心上边缘为 20 mm,推荐使用红色小标宋体字。

发文机关标志下空二行居中编排令号,令号下空二行编排正文。

签发人职务、签名章和成文日期的编排见 7.3.5.3。

10.3 纪要格式

纪要标志由"×××××纪要"组成,居中排布,上边缘至版心上边缘为 35 mm,推荐使用红色小标宋体字。

标注出席人员名单,一般用 3 号黑体字,在正文或附件说明下空一行左空二字编排"出席"二字,后标全角冒号,冒号后用 3 号仿宋体字标注出席人单位、姓名,回行时与冒号后的首字对齐。

标注请假和列席人员名单,除依次另起一行并将"出席"二字改为"请假"或"列席"外,编排方法同出席人员名单。

纪要格式可以根据实际制定。

附录三

标点符号用法

中华人民共和国标准(GB/T15834-1995)

1. 范围

本标准规定了标点符号的名称、形式和用法。本标准对汉语书写规范有重要的辅助作用。本标准适用于汉语书面语。外语界和科技界也参考使用。

2. 定义

采用下列定义。

句子 sentence

前后都有停顿,并带有一定的句调,表示相对完整意义的语言单位。(无主谓宾也可。如,唉! 这就是独词句,一个词加上句调,表示相对完整意义的语言单位。)

陈述句(declarative sentence)用来说明事实的句子

祈使句(imperative sentence)用来要求听话人做某件事情的句子。

疑问句(interrogative sentence)用来提出问题的句子。

感叹句(exclamatory sentence)用来抒发某种强烈感情的句子。

复句、分句(complex sentence,clause)意思上有密切联系的小句子组织在一起构成一个大句子。这样的大句子叫复句,复句中的每个小句子叫分句。

词语 expression

词和短语(词组)。词,即最小的能独立运用的语言单位。短语,即由两个或两个以上的词按一定的语法规则组成的表达一定意义的语言单位,也叫词组。

3. 基本规则

3.1 标点符号是辅助文字记录语言的符号,是书面语的有机组成部分,用来表示停顿、语气以及词语的性质和作用。

3.2 常用的标点符号有16种,分点号和标号两大类。

点号的作用在于点断,主要表示说话时的停顿和语气。点号又分为句末点号和句内点号。句末点号用在句末,有句号、问号、叹号3种,表示句末的停顿,同时表示句子的语气。句内点号用在句内,有逗号、顿号、分号、冒号4种,表示句内的各种不同性质的停顿。

标号的作用在于标明,主要标明语句的性质和作用。常用标号有9种,即:引号、括号、破折号、省略号、着重号、连接号、间隔号、书名号和专名号。

4. 用法说明

4.1 句号

4.1.1 句号的形式为"。"。句号还有一种形式,即一个小圆点".",一般在科技文献中使用。

4.1.2 陈述句末尾的停顿,用句号。例如:

a)北京是中华人民共和国的首都。

b)虚心使人进步,骄傲使人落后。

c)亚洲地域广阔,跨寒、温、热三带,又因各地地形和距离海洋远近不同,气候复杂多样。

4.1.3 语气舒缓的祈使句末尾,也用句号。例如:

请您稍等一下。

4.2 问号

4.2.1 问号的形式为"?"。

疑问句末尾的停顿,用问号。例如:

a)你见过金丝猴吗?

b)他叫什么名字?

c)去好呢,还是不去好?

4.2.2 反问句的末尾,也用问号。例如:

a)难道你还不了解我吗?

b)你怎么能这么说呢?

4.3 叹号

4.3.1 叹号的形式为"!"。

4.3.2 感叹句末尾的停顿,用叹号。例如:

a)为祖国的繁荣昌盛而奋斗!

b)我多么想看看他老人家呀!

4.3.3 语气强烈的祈使句末尾,也用叹号。例如:

a)你给我出去!

b)停止射击!

4.3.4 语气强烈的反问句末尾,也用叹号。例如:

我哪里比得上他呀!

4.4 逗号

4.4.1 逗号的形式为","。

4.4.2 句子内部主语与谓语之间如需停顿,用逗号。例如:

我们看得见的星星,绝大多数是恒星。

4.4.3 句子内部动词与宾语之间如需停顿,用逗号。例如:

应该看到,科学需要一个人贡献出毕生的精力。

4.4.4 句子内部状语后边如需停顿,用逗号。例如:

对于这个城市,他并不陌生。

4.4.5 复句内各分句之间的停顿,除了有时要用分号外,都要用逗号。

例如:据说苏州园林有一百多处,我到过的不过十多处。

4.5 顿号

4.5.1 顿号的形式为"、"。

4.5.2 句子内部并列词语之间的停顿,用顿号。例如:

a)亚马逊河、尼罗河、密西西比河和长江是世界四大河流。

b)正方形是四边相等、四角均为直角的四边形。

4.6 分号

4.6.1 分号的形式为";"。

4.6.2 复句内部并列分句之间的停顿,用分号。例如:

a)语言,人们用来抒情达意;文字,人们用来记言记事。

b)在长江上游,瞿塘峡像一道闸门,峡口险阻;巫峡像一条迂回曲折的画廊,每一曲,每一折,都像一幅绝好的风景画,神奇而秀美;西陵峡水势险恶,处处是急流,处处是险滩。

4.6.3 非并列关系(如转折关系、因果关系等)的多重复句,第一层的前后两部分之间,也用分号。例如:

我国年满十八周岁的公民,不分民族、种族、性别、职业、家庭出身、宗教信仰、教育程度、财产状况、居住期限,都有选举权和被选举权;但是依照法律被剥夺政治权利的人除外。

4.6.4 分行列举的各项之间,也可用分号。例如:

中华人民共和国的行政区域划分如下:

(一)全国分为省、自治区、直辖市;

(二)省、自治区分为自治州、县、自治县、市;

(三)县、自治县分为乡、民族乡、镇。

4.7 冒号

4.7.1 冒号的形式为":"。

4.7.2 用在称呼语后边,表示提起下文。例如:

同志们,朋友们:现在开会了。……

4.7.3 用在"说、想、是、证明、宣布、指出、透露、例如、如下"等词语后边,表示提起下文。例如:

他十分惊讶地说:"啊,原来是你!"

4.7.4 用在总括性话语的后边,表示引起下文的分说。例如:

北京紫禁城有四座城门:午门、神武门、东华门和西华门。

4.7.5 用在需要解释的词语后边,表示引出解释或说明。例如:

外文图书展销会

日期:10月20日至11月10日

时间:上午8时至下午4时
地点:北京朝阳区工体东路16号
主办单位:中国图书进出口总公司

4.7.6 总括性话语的前边,也可以用冒号,以总结上文。例如:

张华考上了北京大学,在化学系学习;李萍进了中等技术学校,读机械制造专业;我在百货公司当售货员:我们都有光明的前途。

4.8 引号

4.8.1 引号的形式为双引号""""和单引号"''"。

4.8.2 行文中直接引用的话,用引号标示。例如:

a) 爱因斯坦说:"想象力比知识更重要,因为知识是有限的,而想象力概括着世界上的一切,推动着进步,并且是知识进化的源泉。"

b) "满招损,谦受益"这句格言,流传到今天至少有两千年了。

c) 现代画家徐悲鸿笔下的马,正如有的评论家所说的那样,"神形兼备,充满生机"。

4.8.3 需要着重论述的对象,用引号标示。例如:

古人对于写文章有个基本要求,叫做"有物有序"。"有物"就是要有内容,"有序"就是要有条理。

4.8.4 具有特殊含意的词语,也用引号标示。例如:

a) 从山脚向上望,只见火把排成许多"之"字形,一直连到天上,跟星光接起来,分不出是火把还是星星。

b) 这样的"聪明人"还是少一点好。

4.8.5 引号里面还要用引号时,外面一层用双引号,里面一层用单引号。例如:

他站起来问:"老师,'有条不紊'的'紊'是什么意思?"

4.9 括号

4.9.1 括号常用的形式是圆括号"( )"。此外还有方括号"[ ]"、六角括号"〔 〕"和方头括号"【 】"。

4.9.2 行文中注释性的文字,用括号标明。注释句子里某些词语的括注紧贴在被注释词语之后;注释整个句子的,括注放在句末标点之后。例如:

a) 中国猿人(全名为"中国猿人北京种",或简称"北京人")在我国的发现,是对古人类学的一个重大贡献。

b) 写研究性文章跟文学创作不同,不能摊开稿纸搞"即兴"。(其实文学创作也要有素养才能有"即兴"。)

4.10 破折号

4.10.1 破折号的形式为"——"。

4.10.2 行文中解释说明的语句,用破折号标明。例如:

a) 迈进金黄色的大门,穿过宽阔的风门厅和衣帽厅,就到了大会堂建筑的枢纽部分——中央大厅。

b) 为了全国人民——当然也包括自己在内——的幸福,我们每一个人都要兢兢业业,努力工作。

4.10.3 话题突然转变,用破折号标明。例如:

"今天好热啊!——你什么时候去上海?"张强对刚刚进门的小王说。

4.10.4 声音延长,象声词后用破折号。例如:

"呜——"火车开动了。

4.10.5 事项列举分项,各项之前用破折号。例如:

根据研究对象的不同,环境物理学分为以下五个分支学科:

——环境声学;

——环境光学;

——环境热学;

——环境电磁学;

——环境空气动力学。

4.11 省略号

4.11.1 省略号的形式为"……",六个小圆点,占两个字的位置。如果是整段文章或诗行的省略,可以使用十二个小圆点来表示。

4.11.2 引文的省略,用省略号标明。例如:

她轻轻地哼起了《摇篮曲》:"月儿明,风儿静,树叶儿遮窗棂啊……"

4.11.3 列举的省略,用省略号标明。例如:

在广州的花市上,牡丹、吊钟、水仙、梅花、菊花、山茶、墨兰……春秋冬三季的鲜花都挤到一起啦!

4.11.4 说话断断续续,可以用省略号标示。例如:

"我……对不起……大家,我……没有……完成……任务。"

4.12 着重号

4.12.1 着重号的形式为"．"。

4.12.2 要求读者特别注意的字、词、句,用着重号标明。例如:

事业是干出来的,不是吹出来的。

4.13 连接号

4.13.1 连接号的形式为"—",占一个字的位置。连接号还有另外三种形式,即长横"——"(占两个字的位置)、半字线"-"(占半个字的位置)和浪纹"~"(占一个字的位置)。

4.13.2 两个相关的名词构成一个意义单位,中间用连接号。例如:

a) 我国秦岭-淮河以北地区属于温带季风气候区,夏季高温多雨,冬季寒冷干燥。

b)复方氯化钠注射液,也称任-洛二氏溶液(Ringer-locke solution),用于医疗和哺乳动物生理学实验。

4.13.3 相关的时间、地点或数目之间连接号,表示起止。例如:

a)鲁迅(1881-1936)中国现代伟大的文学家、思想家和革命家。原名周树人,字豫才,浙江绍兴人。

b)"北京——广州"直达快车。

c)梨园乡种植的巨峰葡萄今年已经进入了丰产期,亩产 1000 公斤~1500 公斤。

4.13.4 相关的字母、阿拉伯数字等之间,用连接号,表示产品型号。例如:

在太平洋地区,除了已建成投入使用的 HAW—4 和 TPC—3 海底光缆之外,又有 TPC—4 海底光缆投入运营。

4.13.5 几个相关的项目表示递进式发展,中间用连接号。例如:

人类的发展可以分为古猿—猿人—古人—新人这四个阶段。

4.14 间隔号

4.14.1 间隔号的形式为"·"。

4.14.2 外国人和某些少数民族人名内各部分的分界,用间隔号标示。例如:

列奥纳多·达·芬奇

爱新觉罗·努尔哈赤

4.14.3 书名与篇(章、卷)名之间的分界,用间隔号标示。例如:

《中国大百科全书·物理学》

《三国志·蜀志·诸葛亮传》

4.15 书名号

4.15.1 书名号的形式为双书名号"《》"和单书名号"〈〉"。

4.15.2 歌曲名、书名、篇名、报纸名、刊物名等,用书名号标示。例如:

a)《红楼梦》的作者是曹雪芹。

b)你读过鲁迅的《孔乙己》吗?

c)他的文章在《人民日报》上发表了。

d)桌上放着一本《中国语文》。

e)广播里响起了《义勇军进行曲》。

4.15.3 书名号里边还要用书名号时,外面一层用双书名号,里边一层用单书名号。例如:

《〈中国工人〉发刊词》发表于 1940 年 2 月 7 日。

注意:书名号与书名号之间不需要任何标点符号。例如:

《家》《春》《秋》是巴金的激流三部曲。

4.16 专名号

4.16.1 专名号的形式为"＿＿"。

4.16.2 人名、地名、朝代名等专名下面,用专名号标示。

例如:司马相如者,汉蜀郡成都人也,字长卿。

4.16.3 专名号只用在古籍或某些文史著作里面。为了跟专名号配合,这类著作里的书名号可以用浪线"～～"。例如:

屈原放逐,乃赋离骚,左丘失明,厥有国语。

5. 标点符号的位置

5.1 句号、问号、叹号、逗号、顿号、分号和冒号一般占一个字的位置,居左偏下,不出现在一行之首。

5.2 引号、括号、书名号的前一半不出现在一行之末,后一半不出现在一行之首。

5.3 破折号和省略号都占两个字的位置,中间不能断开。连接号和间隔号一般占一个字的位置。这四种符号上下居中。

5.4 着重号、专名号和浪线式书名号标在字的下边,可以随字移行。

6. 直行文稿和横行文稿使用标点符号的不同

6.1 句号、问号、叹号、逗号、顿号、分号和冒号放在字下偏右。

6.2 破折号、省略号、连接号和间隔号放在字下居中。

6.3 引号改用双引号"『 』"和单引号"「 」",而且应该先使用单引号,再使用双引号。

6.4 着重号标在字的右侧,专名号和浪线式书名号标的字的左侧。

附录四

应用写作常用词语汇释

一、公文类

备查：供查考。备，准备提供的意思。
备考：书册、文件、表格中供参考的附录或附注。
颁布：公布、发布（命令、指示等）。
存查：保存起来以备查考。
参照：参考并仿照。
定案：对方案、案件等所做的最后决定。
核准：审核后批准。
晋级：提升等级。晋，升的意思。
就绪：事情安排妥当。就，趋于，归于；绪，条理。
鉴于：考虑到，觉察到。
嘉奖：（上对下）赞许、奖励。嘉，夸奖；奖，奖励。
面洽：当面商量。洽，商量，接洽。
签发：由主管人审核后，签上名字，正式发出。签，书写名字。
签署：在重要文件上正式签字。署，题写名字。
报经：（向上级）报告并经由（上级处理）。
报批：（向上级）报告并请求予以批准。
报请：（向上级机关或有关部门）报告并请示。
报送：（将有关材料向上级机关）呈报并发送。
业已：即已经。
业经：即已经。
事宜：关于事情的安排处理。
兹：①这里；②现在。
此复：就此答复。用于复函、批复等公文的后面，另起一行，不加标点。
此令：就此命令。用于命令性文件正文的后面，另起一行，不加标点。

二、经济类

调拨：调动拨付（物资）。
托付：①委托银行部门付给（钱款）；②委托别人照料或办理。

托运：委托运输部门运送(行李、货物)。
查收：检查或清点后收下。
查照：示意对方注意文件内容，并按照文件内容办事。
债权：有权要求债务人按合同的约定或者依照法律的规定履行义务。
债主：借给别人钱收取利息的人。
收讫：收清("收讫"两个字常刻在印章上，加盖在发票或其他单据上)。
索供：请求成交供货。
售罄：货物卖光。
打烊：晚上关门停止营业。
标的：合同当事人权利义务所指的对象，如货物、劳务、工程项目等。
唛头：货物包装外面所做的标记，也指商标。

三、礼仪类

台鉴：你审阅的意思。台，对别人的敬称；鉴，审察的意思。
惠鉴：有劳你审阅的意思。惠，有求于人的敬辞。
雅鉴：请你指教、审阅的意思。雅，高尚不俗，对别人的敬誉之辞。
钧鉴：请你审阅的意思(对尊长或上级用)。
谨悉：谨慎地知道。悉，知道，了解。
台览：你审阅的意思。览，阅看。
已悉：已经知道了。
收悉：收到并知道了。
兹有：现在有。
兹对：现在对。
兹将：现在把。
顷接：刚才接到；顷，刚才。
拜托：托人办事的敬辞。
恭候：恭敬地等着。
光临：敬辞，称宾客到来。
惠临：敬称对方到自己这里来。
届时：到时候。届，到。
恳请：诚恳地请求。
莅临：到来，来临。莅，到。
乔迁：①搬到好地方住。②官职升高。
为荷：甚为感谢的意思。

笑纳:请人收下礼物的客套话。
谢忱:感谢的心意。
雅正:请对方指教,常用于书画题款上的客套话。
奉笺:接到来信的意思。
拟于:打算在。
本拟:本来打算的意思。
拟订:起草制词的意思。
就地:在原来的地方(不到别处)。
应予:应该给予的意思。
不予:不给予的意思。
径向:直接向的意思。
径与:直接同的意思。
均应:都应该的意思。
查复:检查后再做答复。
查收:检查后收下的意思。
查询:检查询问的意思。
当即:当时立刻就的意思。
洽商:接洽商谈的意思。
赓即:接着立即的意思。赓,继续。
洽妥:接洽妥当。
竭诚:竭尽忠诚,全心全意。
歉难:对方提出的要求难以满足,表示抱歉。
尚望:还希望的意思。
孔殷:十分急切的意思。孔,很,十分;殷,深厚。
鉴宥:请求审察原谅的意思。宥,原谅。
函复:写信答复。
惠纳:承您照顾能接受的意思。
诚盼:诚恳盼望的意思。
台祺:您吉祥的意思。
台安:您安好的意思。
见谅:请原谅我的意思。
拨冗:推开繁忙的事务,抽出时间。

参 考 文 献

[1] 段轩如,高玲. 应用文写作教程[M]. 北京:中国人民大学出版社,2010.
[2] 郝立新. 应用文写作教程[M]. 北京:商务印书馆,2009.
[3] 张芹玲. 应用文写作教程[M]. 北京:高等教育出版社,2009.
[4] 夏晓鸣. 应用文写作[M]. 上海:复旦大学出版社,2011.
[5] 赵玉柱. 现代通用应用文写作[M]. 北京:首都经济贸易大学出版社,2009.
[6] 高雅洁. 应用文写作[M]. 北京:清华大学出版社,2011.
[7] 金振邦. 应用文写作教程[M]. 北京:人民教育出版社,2006.
[8] 王建庄. 应用文写作[M]. 郑州:河南教育出版社,2006.
[9] 徐顽强. 应用文写作[M]. 武汉:华中科技大学出版社,2006.
[10] 金燕. 应用文写作实训教程[M]. 上海:上海交通大学出版社,2007.
[11] 蒋刘妹,李余璧. 职场应用文写作教程[M]. 合肥:安徽大学出版社,2010.
[12] 邓玉萍. 应用文书写作[M]. 北京:中国人民大学出版社,2008.
[13] 李振辉. 应用文写作实训教程[M]. 北京:机械工业出版社,2006.
[14] 王治生,张劲松. 应用文写作情景化实训教程[M]. 北京:北京理工大学出版社,2011.
[15] 蒙继承. 应用文写作实用教程[M]. 天津:天津大学出版社,2011.
[16] 邓艳华. 应用文写作实务[M]. 北京:人民邮电出版社,2011.
[17] 石秋仙. 大学应用文写作教程[M]. 杭州:浙江大学出版社,2009.
[18] 孟庆荣,任小平. 应用文写作[M]. 上海:暨南大学出版社,2009.
[19] 徐思生. 财经应用文写作教程[M]. 济南:山东人民出版社,2011.
[20] 李光. 应用文写作实用教程[M]. 北京:科学出版社,2010.

读者反馈表

尊敬的读者：

您好！感谢您多年来对哈尔滨工业大学出版社的支持与厚爱！为了更好地满足您的需要，提供更好的服务，希望您对本书提出宝贵意见，将下表填好后，寄回我社或登录我社网站（http://hitpress.hit.edu.cn）进行填写。谢谢！您可享有的权益：

☆ 免费获得我社的最新图书书目　　☆ 可参加不定期的促销活动
☆ 解答阅读中遇到的问题　　　　　☆ 购买此系列图书可优惠

读者信息

姓名＿＿＿＿＿＿　□先生　□女士　　年龄＿＿＿＿　学历＿＿＿＿
工作单位＿＿＿＿＿＿＿＿＿＿＿＿＿＿　职务＿＿＿＿＿＿
E-mail＿＿＿＿＿＿＿＿＿＿＿＿＿＿＿　邮编＿＿＿＿＿＿
通讯地址＿＿＿＿＿＿＿＿＿＿＿＿＿＿＿＿＿＿＿＿
购书名称＿＿＿＿＿＿＿＿＿＿＿　购书地点＿＿＿＿＿＿

---

1. 您对本书的评价

内容质量　　□很好　　□较好　　□一般　　□较差
封面设计　　□很好　　□一般　　□较差
编　　排　　□利于阅读　□一般　□较差
本书定价　　□偏高　　□合适　　□偏低

2. 在您获取专业知识和专业信息的主要渠道中，排在前三位的是：
①＿＿＿＿＿＿　　②＿＿＿＿＿＿　　③＿＿＿＿＿＿
A. 网络 B. 期刊 C. 图书 D. 报纸 E. 电视 F. 会议 G. 内部交流 H. 其他：＿＿＿

3. 您认为编写最好的专业图书（国内外）

书名	著作者	出版社	出版日期	定价

4. 您是否愿意与我们合作，参与编写、编译、翻译图书？
＿＿＿＿＿＿＿＿＿＿＿＿＿＿＿＿＿＿＿＿＿＿＿＿＿＿＿＿＿＿

5. 您还需要阅读哪些图书？
＿＿＿＿＿＿＿＿＿＿＿＿＿＿＿＿＿＿＿＿＿＿＿＿＿＿＿＿＿＿

网址：http://hitpress.hit.edu.cn
技术支持与课件下载：网站课件下载区
服务邮箱　wenbinzh@hit.edu.cn　　duyanwell@163.com
邮购电话　0451-86281013　　0451-86418760
组稿编辑及联系方式　赵文斌（0451-86281226）　杜燕（0451-86281408）
回寄地址：黑龙江省哈尔滨市南岗区复华四道街10号　哈尔滨工业大学出版社
邮编：150006　传真 0451-86414049